U0516057

BLUE BOOK

智库成果出版与传播平台

福建蓝皮书

BLUE BOOK OF
FUJIAN

福建乡村振兴报告
（2018~2020）

REPORT ON RURAL REVITALIZATION IN FUJIAN PROVINCE
(2018-2020)

杨国永　郑逸芳　阮晓菁 等 / 著
福建农林大学
福建农村发展智库

社会科学文献出版社
SOCIAL SCIENCES ACADEMIC PRESS (CHINA)

图书在版编目（CIP）数据

福建乡村振兴报告. 2018－2020 / 杨国永等著. －－
北京：社会科学文献出版社，2021.4
（福建蓝皮书）
ISBN 978－7－5201－7789－4

Ⅰ.①福…　Ⅱ.①杨…　Ⅲ.①农村－社会主义建设－
研究报告－福建－2018－2020　Ⅳ.①F327.57

中国版本图书馆 CIP 数据核字（2021）第 016587 号

福建蓝皮书
福建乡村振兴报告（2018~2020）

著　　者 / 杨国永　郑逸芳　阮晓菁 等

出 版 人 / 王利民
责任编辑 / 孙燕生　赵慧英　周　琼

出　　版 / 社会科学文献出版社·政法传媒分社（010）59367156
　　　　　　地址：北京市北三环中路甲 29 号院华龙大厦　邮编：100029
　　　　　　网址：www.ssap.com.cn
发　　行 / 市场营销中心（010）59367081　59367083
印　　装 / 天津千鹤文化传播有限公司

规　　格 / 开 本：787mm × 1092mm　1/16
　　　　　　印 张：16.75　字 数：248 千字
版　　次 / 2021 年 4 月第 1 版　2021 年 4 月第 1 次印刷
书　　号 / ISBN 978－7－5201－7789－4
定　　价 / 138.00 元

本书出版得到了福建农林大学、福建省以马克思主义为指导的哲学社会科学学科基础理论研究基地"新时代乡村治理研究中心"的资助，是国家社科基金年度项目（一般项目）"分类视角下空心村协同治理研究"成果之一，项目批准号：20BGL240。

《福建乡村振兴报告（2018～2020）》
编 委 会

主要作者简介

杨国永 福建漳浦人。福建农林大学公共管理学院公共事业管理系主任。博士，副教授，硕士生导师。兼任福建省社会学会常务理事、福建美丽乡村发展研究中心副主任、福建农村发展智库负责人。台湾大学建筑与城乡研究所、中国人民大学公共管理学院、厦门大学公共事务学院访问学者。主要研究领域：土地、住房与城乡发展，公共管理与公共政策等；提供项目策划、运营咨询等社会服务。主持国家社科基金年度项目（一般项目）1项，福建省社会科学规划项目、福建省软科学计划项目等省级课题5项。以第一作者/通讯作者在《资源科学》《农业技术经济》《中国农业大学学报》《改革》《城市发展研究》等CSSCI/CSCD期刊发表论文10余篇，其中权威期刊论文6篇；独立撰写出版专著2部。辅导晋江市、古田县、漳浦县多个村社的美丽乡村创建和乡村旅游发展。主要代表作：《农民工回乡建房的家庭福利效应》（论文）、《农民工回乡建房动机及其类型分析》（论文）、《耕地抛荒及其治理——文献述评与研究展望》（论文）、《权属意识、针对施治与耕地抛荒的现实因应》（论文）、《变局市场——厦漳地区房地产市场格局演替》（专著）、《我省耕地损毁情况及治理对策建议》（决策咨询报告）等。

郑逸芳 福建古田人。教授、博士生导师。福建农林大学公共管理学院原院长，福建省师德标兵，公共管理省级重点学科带头人，公共管理一级学科硕士点带头人，农村社会管理二级学科博士点带头人，福建省自然资源管理研究中心主任。兼任中国劳动学会理事，全国妇女理论研究会理事，全国农林水院校公共管理学科发展协作组副主任委员，福建省行政管理学会副会长，福建省社会建设研究会副会长，福建省妇女理论研究会副会长，福建农村发展研究中心特约研究员。主要研究领域：农村公共管理、基层廉政研究。主要研究成果：主持国家社科基金全国教育科学"十三五"规划项目1项，国家软科学项目1项，教育部人文社科项目1项，省社科重点项目等30多项；发表学术论文70余篇；相关成果获福建省社科成果三等奖1项、二等奖1项；获国家教学成果二等奖1项，省教学成果特等奖1项、二等奖1项，民政部优秀成果二等奖1项；多项研究咨询报告获省部级领导批示和厅级采纳；主编《新型社区治理理论与实践》《科技管理》等教材及《千方百计增进农民福祉》《科学发展观的历史演进和时代意蕴》等著作10部。

阮晓菁 福建福安人。现任福建农林大学公共管理学院院长。博士，研究员，硕士生导师。主要研究领域：公共管理、马克思主义中国化研究。主要代表作：《论习近平绿色发展理念的六维结构体系》（论文）、《习近平关于"中华优秀传统文化创造性转化、创新性发展"论述研究》（论文）、《传承发展中华优秀传统文化视域下红色文化资源开发利用研究》（论文）、《基于乡村治理的马克思主义大众化实现路径研究》（论文）等。

黄跃东 福建泉州人。福建农村发展研究中心办公室原主任，研究员。福建农林大学兼职教授、硕士生导师。兼任中国城郊经济研究会副秘书长、全国休闲农业与乡村旅游星级示范创建行动专家委员会首批专家，福建省农业经济学会副理事长、福建省生态学会副理事长、福建省社会主义新农村建设研究会副会长，福建省人民政府发展研究中心特约研究员。主要研究领域：农村经济与农村发展。主持承担和参与完成了5项国家级项目、20多项省科技重点项目以及省社科规划重点项目，获省部级奖7项。发表论文50多篇，合作编著著作6部。

郑永平 福建长汀人。福建农林大学公共管理学院公共事业管理系副主任。博士，讲师。主要研究领域：传统村落保护与开发、区域发展战略规划与评价、城镇发展战略等领域的研究。主要代表作：《传统村落空心化的成因及治理对策——以屏南县漈头村为例》（论文）、《台湾农村六级化产业发展对大陆乡村振兴的启示——以台东县永安社区为例》（论文）、《福建省设区市农业产业化发展水平差异比较研究》（论文）、《海西建设中的省部合作现状与对策探讨》《平潭综合实验区开发建设与海峡西岸经济区特色发展》（论文）、《生态文明建设视角下长汀县城镇化发展研究》（论文）等。

陈永贵　福建漳浦人。现任福建省漳州市畜牧技术服务站站长。硕士，高级农业经济师。主要研究领域：农业经济管理、畜牧产业技术体系等。主要代表作《漳州现代猪业发展现状及对策研究》《专业大户应该成为建设现代农业的主力军》等。

摘　要

实施乡村振兴战略,是党的十九大做出的重大决策部署,是新时代"三农"工作的总抓手。2018 年,福建省把实施乡村振兴战略摆在优先位置,让乡村振兴成为全省的共同行动。本书按照实施乡村振兴战略的产业兴旺、生态宜居、治理有效、乡风文明、生活富裕五个目标要求构建内容框架。在福建省的典型乡村进行实地调查,面向涉农部门、乡镇、村庄、企业、合作社和农户开展深度访谈和参与观察,基于年度统计和问卷调查数据,采用描述性统计和计量分析方法,并参考相关部门的工作总结和媒体公开报道,对 2018~2020 年福建省乡村经济、社会、政治、文化和生态发展状况及相关热点问题进行监测、分析和预测。全书共分四部分:总报告、专题篇、案例篇和附录。

研究发现,2018~2019 年福建省乡村振兴取得显著成效,其中优势特色产业产值继续保持增长势头,农村人居环境整治行动持续推进,建设了乡村公共文化服务体系,全省实现了所有贫困人口与省级贫困县脱贫摘帽,农村其他领域改革也取得新的进展。从具体方面看:福建省耕地流转在有序推进中;农村劳动力返乡创业带动了当地就业、社会发展、生产生活条件改善和扶贫开发工作;农村生活垃圾污染治理水平也逐渐获得提升;而近年来开展的移风易俗行动,在一定程度上影响了农村婚丧礼俗消费;全省农村集体产权制度改革正在有序开展;农民收入继续保持较快增长态势,城乡收入差距进一步缩小;金融扶贫、健康扶贫、社会保障等有效推进全省扶贫工作。福建省乡村振兴还存在一些突出问题,比如农业发展亟待提质增效,乡村建设短板亟待补齐,乡村治理水平亟待提升等。2020 年,福建省农业农村发展基本面依然向好,乡村振兴面临着重大机遇,政策叠加拓展农业农村发展

新空间，但外部环境更加错综复杂，乡村振兴战略实施所面临的不利因素不容忽视，特别是疫情影响程度还难以准确估计。基于此，应采取相应对策，加快推进福建省乡村振兴。

此外，在乡村振兴过程中，不少地方创造性地推进相关工作，为各地乡村振兴提供了参考借鉴，比如南平市政和县石圳村多元主体参与美丽乡村建设，三明市沙县盖竹村协同治理推进空心村"实心化"改造等。最后，为了更全面反映福建省乡村振兴情况，本书还以附录形式呈现了2018～2019年福建省乡村振兴大事记，以及几份相关重要政策文件，以供参考。

关键词：乡村振兴　精准扶贫　福建

目 录

Ⅳ　附录

皮书数据库阅读**使用指南**

总 报 告

General Report

B.1

2018~2020年福建省乡村振兴
进展与展望

杨国永　郑逸芳　郑永平　林晨蕾　林姝敏　黄跃东　陈永贵*

摘　要： 2018～2019年福建省乡村振兴取得显著成效。农村经济保
　　　　　持持续发展态势，2018年、2019年全年实现地区生产总值分别
　　　　　为35804亿元、42395亿元，比上一年增长8.3%和7.6%；
　　　　　优势特色产业产值继续保持增长势头。开展了农村人居环境
　　　　　整治行动，实施乡村山水林田湖草生态保护和修复工程。农

＊ 杨国永，福建农林大学公共管理学院副教授，博士，主要研究领域：土地、住房与城乡发展；
郑逸芳，福建农林大学教授，主要研究领域：农村公共管理等；郑永平，福建农林大学公共
管理学院讲师，博士，主要研究领域：传统村落保护与开发；林晨蕾，福建农林大学公共管
理学院讲师，博士，主要研究领域：社会保障；林姝敏，福建农林大学公共管理学院讲师，
硕士，主要研究领域：农村社会管理；黄跃东，福建农村发展研究中心办公室原主任，研究
员，福建农林大学兼职教授、硕士生导师，主要研究领域：农村发展；陈永贵，福建省漳州
市畜牧技术服务站站长，硕士，高级农业经济师。

村思想道德建设得到加强，弘扬和传承了优秀传统文化，建设更完善的乡村公共文化服务体系。围绕治理有效，夯实农村基层基础，加强了乡村法治和德治建设。农民获得感、幸福感得到增强。2018 年、2019 年农村居民人均可支配收入分别为 17821 元、19568 元，比上一年增长 9.1% 和 9.8%。精准脱贫攻坚工作取得了决定性进展，获得了明显成效，2019 年实现了所有贫困人口与省级贫困县脱贫摘帽。农村其他领域改革也取得新的进展。同时，福建省乡村振兴也存在一些突出问题，表现为：农业发展亟待提质增效，乡村建设短板亟待补齐，乡村治理水平亟待提升。对 2020 年福建省乡村振兴形势的基本判断是：全省农业农村发展基本面依然向好，乡村振兴面临着重大机遇，政策叠加拓展农业农村发展新空间；外部环境更加错综复杂，乡村振兴战略实施所面临的不利因素不容忽视，特别是疫情影响程度还难以准确估计。

关键词： 乡村振兴　精准扶贫　提质增效　福建

一　2018~2019年福建省乡村振兴进展分析

（一）落实乡村振兴总要求的情况

1. 围绕产业兴旺，建设特色现代农业

（1）农林牧渔业产值

2018 ~ 2019 年，福建省保持农村经济持续发展态势，2018 年全年实现地区生产总值 35804 亿元，按可比价格计算，比上年增长 8.3%；2019 年全年实现地区生产总值 42395 亿元，按可比价格计算，比上年增长 7.6%。分产业看，2019 年第一、二、三产业分别比上年增长 3.5%、8.3%、7.3%（见表1）。其中农林牧渔业完成总产值 4636.56 亿元，比上年增长 3.6%（见表 2）。①

表 1　2012～2019 年福建省三次产业产值、构成和增速

单位：亿元，%

项目			2012 年	2013 年	2014 年	2015 年	2016 年	2017 年	2018 年	2019 年
分产业	第一产业	产值	1776.7	1936.3	2014.8	2118.1	2363.2	2215.1	2379.8	2596.2
		占比	9.0	8.6	8.4	8.2	8.3	6.9	6.7	6.1
		增速	4.2	4.4	4.4	3.7	3.6	3.7	3.5	3.5
	第二产业	产值	10187.9	11315.5	12515.4	13064.6	13845.0	15354.3	17232.4	20581.7
		占比	51.7	51.8	52	50.3	48.5	47.7	48.1	48.6
		增速	14.3	12.9	11.9	7.4	6.8	6.8	8.5	8.3
	第三产业	产值	7737.1	8508.0	9525.6	10796.9	12311.0	14612.7	16191.9	19217.0
		占比	39.3	39.6	39.6	41.5	43.2	45.4	45.2	45.3
		增速	9.1	9.6	8.1	12.3	11.3	10.2	8.8	7.3
地区生产总值			19701.8	21759.6	24055.8	25979.8	28519.2	32182.1	35804.0	42395.0
地区生产总值增速			11.4	11.0	9.9	9.0	8.4	8.1	8.3	7.6

注：（1）增速为比上年增长速度，下同。
（2）2012 年 11 月，党的十八大召开。因此统计以 2012 年为基年。下同。
资料来源：《福建统计年鉴—2019》；《2019 年福建省国民经济和社会发展统计公报》，2020 年 2 月 27 日，http：//www.fujian.gov.cn/zc/tjxx/tjgb/202003/t20200302_ 5206444.htm。

福建省统计局发布的《2019 年全省国民经济主要统计指标》数据显示，与 2018 年相比，2019 年福建省农业、林业、牧业、渔业、农林牧渔服务业分别增长 4.0%、4.1%、0.5%、4.4%、6.1%。② 各个产业都呈现不同程度的增长，而且农林牧渔服务业产值的增幅最大。2019 年全省农林牧渔业总产值中，农业产值所占比重最高，为 38.28%；其次是渔业产值所占比重，29.37%，农林牧渔服务业产值所占比重最低，为 3.63%（见表 2）。

---

① 福建省统计局、国家统计局福建调查总队：《2019 年福建省国民经济和社会发展统计公报》，2020 年 2 月 27 日，http：//tjj.fujian.gov.cn/xxgk/tjgb/202003/t20200302_ 5206961.htm。
② 福建省统计局、国家统计局福建调查总队：《2019 年全省国民经济主要统计指标》，2020 年 1 月 21 日，http：//tjj.fujian.gov.cn/xxgk/jdsj/202001/t20200121_ 5184778.htm。

表2　2012～2019年福建省农林牧渔业产值

单位：亿元

项目	2012年	2013年	2014年	2015年	2016年	2017年	2018年	2019年
农业	1119.42	1196.59	1307.63	1358.58	1474.49	1527.00	1653.35	1774.77
林业	256.45	293.83	323.25	314.28	315.14	327.73	389.00	417.33
牧业	481.28	513.76	522.89	571.27	681.68	750.49	718.42	914.39
渔业	903.36	986.28	1025.19	1082.31	1235.48	1202.05	1318.20	1361.68
农林牧渔服务业	102.60	111.80	121.40	131.41	141.37	139.88	150.44	168.40
总产值	2843.47	3057.36	3247.11	3399.30	3784.24	3947.16	4229.41	4636.57

资料来源：《福建统计年鉴—2019》；《2019年福建省国民经济和社会发展统计公报》，2020年2月27日，http：//www.fujian.gov.cn/zc/tjxx/tjgb/202003/t20200302_5206444.htm。

（2）粮食安全

2018年，福建省继续全面深入实施"藏粮于地""藏粮于技"战略，以实现保障粮食生产能力、保障粮食安全的目标。2018年福建省粮食生产保持稳定，粮食种植面积1250.27万亩，比上年增加0.44万亩；粮食产量498.58万吨，比上年增长2.3%；新增、恢复有效灌溉面积19.76万亩，比上年新增节水灌溉面积75.08万亩。[1] 其中，稻谷产量398.31万吨，增加5.12万吨，增长1.3%。[2] 2019年福建省省绿色优质农产品保供水平获得新提升。粮食生产保持稳定，全面落实12.2亿元耕地地力保护补贴资金，2019年福建省粮食种植面积1233.65万亩，粮食产量493.90万吨（见表3），其中，稻谷产量388.79万吨，[3] 开展粮食绿色高产高效创建920万亩，划定水稻生产功能区800万亩，建成高标准农田147万亩，粮食安全省长责任制考核成绩位居全国前列。[4]

---

[1]　福建省统计局、国家统计局福建调查总队：《2018年福建省国民经济和社会发展统计公报》，2019年2月28日，http：//www.fujian.gov.cn/zc/tjxx/tjgb/201902/t20190228_4775098.htm。

[2]　福建省统计局、国家统计局福建调查总队：《2018年福建省国民经济和社会发展统计公报》，2019年2月28日，http：//www.fujian.gov.cn/zc/tjxx/tjgb/201902/t20190228_4775098.htm。

[3]　福建省统计局、国家统计局福建调查总队：《2019年全省国民经济主要统计指标》，2020年1月21日，http：//tjj.fujian.gov.cn/xxgk/jdsj/202001/t20200121_5184778.htm。

[4]　黄华康：《在全省农业农村重点工作培训班上的讲话》，福建省农业农村厅，2020年1月17日，http：//nynct.fujian.gov.cn/tpxw/202001/t20200117_5182525.htm。

表3   2014~2019年福建省粮食产量及其增长速度

单位：万吨，%

项目	2014 年	2015 年	2016 年	2017 年	2018 年	2019 年
粮食产量	520.43	500.05	477.28	487.15	498.58	493.90
增速	-2.7	-3.9	-4.6	2.1	2.3	-0.9

资料来源：《福建统计年鉴—2019》；《2019年福建省国民经济和社会发展统计公报》，2020年2月27日，http：//www.fujian.gov.cn/zc/tjxx/tjgb/202003/t20200302_5206444.htm。

2018~2019年福建省肉蛋奶产量保持稳定。2019年，福建省肉蛋奶总产量317.26万吨，比上年增长0.8%。肉类总产量253.53万吨，下降1.0%。其中：猪肉产量103.03万吨，下降8.9%；牛肉产量2.14万吨，增长10.4%；羊肉产量2.22万吨，增长8.5%；主要禽肉产量141.87万吨，增长3.7%。年末生猪存栏641.52万头，下降19.8%；生猪出栏1297.26万头，下降8.7%。牛奶产量14.46万吨，增长4.6%。[①]

（3）特色现代农业

首先，优势特色产业产值继续保持增长势头。2018年，福建省茶叶产值为231.23亿元，与2017年相比，增幅为2.20%，水果产值为291.27亿元，增幅为18.61%，蔬菜产值484.04亿元，增幅为8.97%（见表4）。2018年福建省批准大田等9个县（市）创建省级现代农业产业园，2018年茶叶、蔬菜、水果、畜禽、水产、林竹、花卉苗木7个全产业链产值超千亿元的优势特色产业，特色产业向适宜区域集聚发展的态势进一步形成。2019年大力实施"五千工程"，十大乡村特色产业全产业链总产值超过1.7万亿元，千亿产业增至8个。[②]

[①] 福建省统计局、国家统计局福建调查总队：《2019年福建省国民经济和社会发展统计公报》，2020年2月27日，http：//tjj.fujian.gov.cn/xxgk/tjgb/202003/t20200302_5206961.htm。

[②] 黄华康：《在全省农业农村重点工作培训班上的讲话》，福建省农业农村厅，2020年1月7日，http：//nynct.fujian.gov.cn/tpxw/202001/t20200117_5182525.htm。

表4　2012～2018年福建省优势特色产业产值

单位：亿元

项目	2012年	2013年	2014年	2015年	2016年	2017年	2018年
蔬菜	384.29	413.19	448.38	484.96	430.31	444.19	484.04
花卉	40.30	46.62	58.51	74.18	73.69	81.56	—
水果	201.98	217.73	249.28	265.51	290.57	245.56	291.27
茶叶	161.66	184.02	208.35	204.25	219.84	226.25	231.23
林业（林竹）	256.45	293.83	323.25	314.28	315.14	327.73	389.00
牧业（畜禽）	481.28	513.76	522.89	571.27	681.68	750.49	718.42
渔业（水产）	903.36	986.28	1025.19	1082.31	1235.48	1202.05	1318.20

资料来源：《福建统计年鉴—2019》；《2019年福建省国民经济和社会发展统计公报》，2020年2月27日，http://www.fujian.gov.cn/zc/tjxx/tjgb/202003/t20200302_5206444.htm。

其次，继续开展特色现代农业建设。2018年，福建省主要农作物耕种收防综合机械化率63%，农业科技进步贡献率61%，十大乡村特色产业全产业链总产值超1.5万亿元。此外，福建省继续加快推动特色产业转型升级、提质增效，茶产业突破千亿元。[1] 同时，继续开展产业兴村强县行动，培育发展安溪茶叶、平和蜜柚、古田食用菌等一批特色产业，支持发展"一村一品"，强化项目带动经济增长。2019年创建省级以上特色农产品优势区84个、现代农业产业园60个，实施现代农业重点项目435个，完成投资132亿元，培育了安溪铁观音、平和蜜柚、古田食用菌、福鼎白茶、光泽肉鸡等一批特色产业百亿强县，带动形成了一大批产业强镇强村，打造了一系列"福"字号福建绿色优质农产品品牌。[2]

最后，加快产业融合发展。2018年，福建省以延伸产业链、拓展农业多种功能为重点，推进农产品精深加工和流通，培育发展新产业、新业态，推进品牌强农，坚持品种引领、品质提升、品牌打造，切实走好福建农业品

----

① 黄华康：《在全省农业农村重点工作培训班上的讲话》，福建省农业农村厅，2019年1月11日，http://nynct.fujian.gov.cn/tpxw/201901/t20190111_4742277.htm。
② 黄华康：《在全省农业农村重点工作培训班上的讲话》，福建省农业农村厅，2020年1月17日，http://nynct.fujian.gov.cn/tpxw/202001/t20200117_5182525.htm。

牌提升之路。例如：组建福建百香果产业技术创新团队，扶持建立万亩标准化生产示范基地，探索绿色、高产、高效、生态生产模式；重点培育12家规模较大的深加工企业，开发百香果饮品、糕点、果脯等高附加值产品；聚焦公用品牌培育。2019年全省各地立足实际，深化农业供给侧结构性改革，加快现代农业高质量发展。例如：福州市推广"产业＋生态＋文化"发展模式，组织开展春茶开采节、明前茶祭、七境茶文化节等茶文化活动，推动三产深度融合发展。龙岩市出台《关于加快七大优势特色农业产业发展的实施意见》，市财政每年安排1000万元，重点扶持茶叶、水果、薯业等七大优势特色产业和"八大干、八大珍、八大鲜"名特优产品全产业链发展，着力打造"红古田"农产品区域公用品牌。①

（4）产业集聚

2018年福建省实施350个重点产业发展项目，新增投资100亿元以上。引导企业等主体到现代农业产业园投资兴业，加快发展现代高效林业，实施森林质量精准提升工程，完成示范项目建设10万亩。科学布局近远海养殖和远洋渔业，吸引社会资本投入中心渔港和一级渔港建设，推动"渔港＋"项目实施。② 2019年12月8日，全省有11家企业被认定为农业产业化国家重点龙头企业，平均总资产规模超过8亿元，平均销售收入（不含农产品专业批发市场的交易额）超过8亿元，平均税后利润超过5000万元。③

（5）农业绿色发展

2018年，福建省继续推行农业绿色发展，并取得新的突破。首先，打造生态茶园、果园、菜园。生态茶果园占70%以上，开展生态茶园、生态果园、生态菜园建设示范行动，建成不用化学农药绿色示范茶园超过100万亩。畜禽粪污综合利用率80%。举办全国畜禽养殖废弃物资源化利用会议，

---

① 中共福建省委实施乡村振兴战略领导小组办公室：《全省各级各部门扎实推进乡村振兴战略实施》，《福建乡村振兴简报》第21/22期，2019年11月7日。
② 福建省人民政府：《关于实施乡村振兴战略的实施意见》，2018年3月26日，http://www.moa.gov.cn/ztzl/xczx/yj/201811/t20181129_6163973.htm。
③ 《11家闽企入选农业产业化国家重点龙头企业名单》，人民网，2019年12月8日，http://fj.people.com.cn/n2/2019/1208/c181466-33614054.html。

并率先倡导茶园不用化学农药。其次，强化源头保护。提升5000个农产品产地环境长期定位监测点建设，加强土壤酸化治理，开展农药包装废弃物、地膜回收处置试点，农业生态环境不断改善。最后，推进农业废弃物资源化利用。积极探索畜禽养殖与生态环境协调发展新模式，支持新罗、南靖等6个县实施畜牧业绿色发展试点以及光泽、上杭、永定3县创建第二轮国家级畜牧业绿色发展示范县，组织17个县实施整县推进项目，指导漳州、南平2个国家级和仙游、长汀等8个省级农业可持续发展试验示范区开展示范创建。[①]

2019年福建省以绿色发展为导向，深入实施茶产业绿色发展、化肥和农药减量化、畜禽粪污资源化利用四大专项行动，不用化学农药示范茶园超过250万亩，占茶园总面积的80%，化肥、农药连续4年减量增效，减幅位居全国前列，畜禽粪污综合利用率达88%，顺利通过了第二轮中央环保督察。[②]

（6）质量兴农

2018年，福建省深入实施农产品质量安全"1213行动计划"，新建农业标准化规模生产基地3000个以上，推进食用农产品"一品一码"销售，建立健全农产品产地准出与市场准入无缝对接机制。"三品一标"和一些福建品牌慢慢走向全国，并将走向世界。深化农业供给侧结构性改革，突出质量兴农。一是深入实施种业创新工程，提升科技装备。农作物和畜禽良种覆盖率达96%以上，示范推广优质专用新品种80个。二是建立现代农业产业技术体系。福建"农业云131"信息工程获批建设，信息进村入户工程加快实施。促进主要增产技术入户到田，强化农业"五新"集成推广。强化农产品质量安全监管，农产品质量安全抽检合格率98.7%，保持全国前列。优化产业布局，创建特色农产品优势区84个，总投资129.5亿元，[③] 特色产

① 黄华康：《在全省农业农村重点工作培训班上的讲话》，福建省农业农村厅，2019年1月11日，http://nynct.fujian.gov.cn/tpxw/201901/t20190111_4742277.htm。

② 黄华康：《在全省农业农村重点工作培训班上的讲话》，福建省农业农村厅，2020年1月17日，http://nynct.fujian.gov.cn/tpxw/202001/t20200117_5182525.htm。

③ 福建省人民政府：《关于实施乡村振兴战略的实施意见》，2018年3月26日，http://www.moa.gov.cn/ztzl/xczx/yj/201811/t20181129_6163973.htm。

业加快向优势区集聚。此外，开展联合育种攻关，强化种业创新，扶持建设优质特色良种扩繁基地 20 个以上，加快选育一批优质、专用、特色新品种，推进南繁育种基地建设。①

2019 年，农业发展质量稳步提升。农产品质量安全合格率超过 98%，优质绿色农产品供给大幅增加。② 同年，全省 8 个县（市、区）荣获第二批"国家农产品质量安全县"，分别是安溪县、平和县、仙游县、泰宁县、武夷山市、上杭县、宁德市蕉城区、厦门市同安区。

（7）农业对外开放与闽台合作

2018~2019 年，福建省继续扩大优势特色农产品出口。2018 年全省农产品出口额达 98 亿美元，保持全国前三位。③ 2018 年全省新批台资农业项目 45 个，合同利用台资 1.2 亿美元。截至 2018 年底，全省累计批办台资农业项目 2681 个，合同利用台资 39.5 亿美元，农业利用台资的数量和规模继续稳居大陆各省、区、市首位。④ 支持茶企在"一带一路"沿线国家和地区设立闽茶文化推广中心，签订茶叶购销合同 10.5 亿元，⑤ 持续开展"闽茶海丝行"活动，并在闽台农业合作领域取得明显进展。2019 年农产品国际市场有效拓展，实施特色优势农产品出口提升行动，连续 4 年开展"闽茶海丝行"经贸活动，在 12 个国家和地区建立闽茶文化推广中心，农产品出口额居全国前三位。⑥

第一，农业合作交流项目方面。2018 年，福建省农业利用台资数量和

① 黄华康：《在全省农业农村重点工作培训班上的讲话》，福建省农业农村厅，2019 年 1 月 11 日，http：//nynct. fujian. gov. cn/tpxw/201901/t20190111_ 4742277. htm。
② 王宁：《在全省农村工作会议上的讲话》，2020 年 1 月 9 日，http：//www. fj. chinanews. com/news/fj_ zxyc/2020/2020 – 01 – 09/458030. html。
③ 李德金：《在全省农业农村局长会议上的讲话》，福建省农业农村厅，2019 年 1 月 11 日，http：//nynct. fujian. gov. cn/tpxw/201901/t20190111_ 4742277. htm。
④ 《2018 年我省新批台资农业项目 45 个》，《福建日报》2019 年 1 月 21 日，https：//www. fujian. gov. cn/xw/fjyw/201901/t20190121_ 4748035. htm。
⑤ 黄华康：《在全省农业农村重点工作培训班上的讲话》，福建省农业农村厅，2019 年 1 月 11 日，http：//nynct. fujian. gov. cn/tpxw/201901/t20190111_ 4742277. htm。
⑥ 黄华康：《在全省农业农村重点工作培训班上的讲话》，福建省农业农村厅，2020 年 1 月 17 日，http：//nynct. fujian. gov. cn/tpxw/202001/t20200117_ 5182525. htm。

规模保持全国第一，6个台创园在全国考评中包揽前六位。闽台农产品贸易继续保持稳定增长，总额超过21.2亿美元，同比增长12.8%。2018年福建省累计批办台资农业项目超过2500个，合同利用台资约39.5亿美元，农业利用台资数量和规模保持大陆第一。另外，福建省充分发挥创业园带动合作交流的优势。2018年累计约有600家台资企业入园，创业台胞1929人，引进台资11.1亿美元，年产值超过60亿元人民币。除此之外，福建省通过6个国家级台创园充分引导发展"一园一特色"，积极对接项目，促进产业提升，共引进台资农业企业32个，合同利用台资5500万美元。在大陆29个国家级台创园综合评价中，福建省台创园包揽前六名。重点推进漳浦兰花产业园二期等一批带动性强的项目建设，完成投资7.3亿元。① 2019年闽台农业融合发展步伐加快，6个国家级台创园连续三年包揽全国综合考评前六名，启动9个闽台农业融合发展产业园建设，全年新批农业台资项目40个，合同利用台资超过1亿美元，农业利用台资数量和规模继续保持全国第一。②

第二，人才、资金、科技等要素资源对接方面。首先，福建省制定扶持政策，吸引大量台湾优秀人才，加大资金奖补力度，支持森源兰惠等一批优秀企业的创办。其次，除了引进台湾优秀技术人才，还全力支持台湾青年在闽发展农业，不断推动"台青"农业创业平台的发展。2018年已有数百名台湾青年在花卉、茶叶、水果、蔬菜、休闲农业等农业领域创业，仅在台创园就业创业的台湾青年就有141名。最后，持续开展闽台基层农业交流。积极开展"台湾农民福建行"、"台湾青年农民中华农耕文化福建行"及"台湾高校学生校外教学实践"等专题活动。2018年邀请台湾农业团组232批3000多人次来闽参访，组织18批100多人赴台进行现代农业合作考察。③

① 《闽台农业合作去年取得新成效》，《福建日报》2019年2月22日，http://finance.sina.com.cn/roll/2019-02-22/doc-ihqfskcp7489626.shtml。
② 黄华康：《在全省农业农村重点工作培训班上的讲话》，福建省农业农村厅，2020年1月17日，http://nynct.fujian.gov.cn/tpxw/202001/t20200117_5182525.htm。
③ 《闽台农业合作去年取得新成效》，《福建日报讯》2019年2月22日，http://finance.sina.com.cn/roll/2019-02-22/doc-ihqfskcp7489626.shtml。

同时,漳浦、仙游、清流、福清和惠安等地台创园继续加强与台湾高校对接合作,并设立"台湾高校学生农业教学实践基地"。2018年,国台办在漳平台创园设立"海峡两岸青年就业创业基地",漳浦台创园成立"漳州市台湾青年创业辅导服务站"。2019年开展台湾同胞科技特派员选聘试点,深化两岸基层交流交往。

第三,闽台农业示范推广方面。2018年,闽台农业合作推广示范县共引进台湾农业"五新"技术50项、台湾农业良种109个,辐射推广面积约17.1万亩,开展台湾农业技术培训620人(次)。① 诏安火龙果、永春柑橘、邵武百香果、沙县茶叶等闽台合作特色产业不断发展壮大。2019年,两岸特色乡镇交流暨现代农业融合发展对接活动在厦门举行,第二届"'一带一路'南南合作农业教育科技创新联盟"大会暨2019年"一带一路"农林技术推广与合作论坛在福州举行。

(8)三产融合

2018年,福建省实现一、二、三产业深度融合和全链条增值,福清市、古田县、尤溪县成为全国农村一、二、三产业融合发展先导区,并在此基础上积极拓展农业多种功能,大力发展乡村旅游,扶持建设一批特色农业小镇,全年休闲农业营业收入超过300亿元,增长20%以上。② 2018年福建省建成121个产地初加工中心,农产品加工转化率提高到70%,并积极推动产销衔接,组建10个果业产销联盟,指导成立蔬菜供应链协会,农村网络销售额1300亿元,同比增长34.7%。③

2019年,福建省加快融合创新,拓展乡村文化旅游,打造"金牌旅游村"品牌。其中遴选30个村落,作为福建省首批"金牌旅游村"宣传对象,组织开展系列宣传活动。根据第三方统计,2019年上半年,全省乡村

---

① 《闽台农业合作去年取得新成效》,《福建日报》2019年2月22日,http://finance.sina. com.cn/roll/2019-02-22/doc-ihqfskcp7489626.shtml。
② 《闽台农业合作去年取得新成效》,《福建日报》2019年2月22日,http://finance.sina. com.cn/roll/2019-02-22/doc-ihqfskcp7489626.shtml。
③ 《闽台农业合作去年取得新成效》,《福建日报》2019年2月22日,http://finance.sina. com.cn/roll/2019-02-22/doc-ihqfskcp7489626.shtml。

旅游接待人数 7282.81 万人次，同比增长 19.3%；实现乡村旅游收入 536.77 亿元，同比增长 23.7%。[1] 同年，南平市武夷山市国家农村产业融合发展示范园、三明市建宁县国家农村产业融合发展示范园被认定为首批国家农村产业融合发展示范园。

2. 围绕生态宜居，建设清新富饶美丽乡村

（1）农村人居环境整治行动

2018 年以来，福建省高度重视改善农村人居环境，制定《福建省农村人居环境整治三年行动实施方案》，按照"因地制宜、分类指导、规划先行、完善机制、突出重点、统筹协调"的指导思想，开展了以"一革命四行动"为核心内容的系列整治行动，[2] 初步实现由"环境美"向"发展美"转变，打造了一批人居环境建设典型。2019 年，福建省委农办、农业农村厅等 16 个部门联合印发《福建省农村人居环境整治村庄清洁行动方案》，把开展"三清一改"行动[3]作为人居环境整治的重点工作。2019 年，福建省在全国率先出台《福建省乡村生态振兴专项规划（2018～2022 年)》，将生态环境建设同乡村振兴发展相结合，因地制宜，梯次推进富有绿化、绿韵、绿态、绿魂的"绿盈乡村"建设。[4]

①实施农村"厕所革命"。深入开展农村卫生厕所建设（见表5），农村卫生厕所普及率持续提升，从 2012 年的 88.50% 到 2018 年超过 95.00%。[5] 2018 年，福建省新建改造村庄三格化粪池 55 万户，[6] 85% 建制

---

① 《整合共享文化惠民福建省大力推进乡村文化振兴》，台海网，2019 年 12 月 17 日，http：//wht. fujian. gov. cn/whzx/whyw/201912/t20191217_ 5154643. htm。

② "一革命四行动"即：实施农村"厕所革命"、农村垃圾治理行动、农村污水治理行动、农房整治行动、村容村貌提升行动。

③ "三清一改"行动以清理农村生活垃圾、清理村内塘沟、清理农业生产废弃物和畜禽粪污、改变影响农村人居环境的不良习惯等为主要内容。

④ 方炜杭：《福建省约 6000 个村庄达到"绿盈乡村"标准》，福建人民政府网，2019 年 11 月 27 日，https：//www.fujian.cn/xw/fjyw/201911/t20191127_ 5140003. htm。

⑤ 福建省统计局：《福建统计年鉴—2019》，福建省统计局网，2019 年 2 月 28 日，http：//tjj. fujian. gov. cn/tongjinianjian/dz2019/index. htm。

⑥ 唐登杰：《2019 年福建省人民政府工作报告》，福建省人民政府网，2019 年 2 月 28 日，http：//www. fujian. gov. cn/xw/ztzl/xtfzq/zcwj_ 35024/201902/t20190220_ 4763273. htm。

村都有 1 座以上水冲式公厕，94% 的县（市、区）无害化户厕普及率达 85% 以上，[①] 厕所粪污基本得到处理或资源化利用。2019 年全国农村人居环境整治暨"厕所革命"现场会在宁德召开，中央领导对福建省因地制宜推进农村人居环境整治的做法给予充分肯定。[②] 宁德市自 2016 年起，在全省率先开展农村改厕改水的试点，按照"市级财政奖励 + 县乡财政投入 + 村民自发筹集"的组合创新方式，推进农村旱厕改造成水冲式卫生厕所，并同步推进村庄污水处理。[③] 莆田市在深入推进农村"厕所革命"中，在标准化的基础上向精细化转变，3 年来全市共拆除农村旱厕 3.2 万座，新建农村公厕 889 座，完成率为全省第一。[④]

表5 2012~2017 年福建省农村卫生厕所建设情况

项目	2012 年	2013 年	2014 年	2015 年	2016 年	2017 年
农村总户数（万户）	718.47	797.29	803.59	720.32	753.79	753.79
累计卫生厕所户数（万户）	635.62	722.90	737.26	676.81	707.82	716.25
农村卫生厕所普及率（%）	88.50	90.70	91.80	94.00	93.90	95.00
当年新增无害化卫生厕所户数（万户）	22.01	23.17	14.39	10.46	37.57	19.80
累计使用卫生公厕户数（万户）	72.99	83.60	74.16	74.27	56.89	52.44
当年用于改厕投资（万元）	44381.76	39656.68	26515.25	22444.19	28127.12	48242.80
国家	4359.28	3812.18	3812.18	3632.32	4629.94	29149.11
集体	2138.45	2791.91	1723.46	1437.89	1862.23	1355.40
个人	37679.80	32499.46	20621.61	17092.99	21101.97	17561.74
其他	204.23	542.00	358.00	281.00	533.00	176.55

资料来源：《福建统计年鉴》（2013~2019），福建省统计局、国家统计局福建调查总队，http://tjj.fujian.gov.cn/xxgk/ndsj/。

[①] 《福建日报》记者：《农村人居环境整治的福建实践：美丽乡村是我家》，手机人民网，2019 年 5 月 29 日，http://m.people.cn/n4/2019/0529/c1142-12763021.htm。

[②] 黄华康：《在全省农业农村重点工作培训班上的讲话》，福建省农业厅，2020 年 1 月 17 日，http://nynct.fujian.gov.cn/tpxw/202001/t20200117_5182525.htm。

[③] 刘成志、高建进：《福建莆田："厕所革命"让乡村更宜居》，光明网，2019 年 1 月 24 日，http://news.gmw.cn/2019-01/24/content_32399671.htm。

[④] 刘成志、高建进：《福建莆田："厕所革命"让乡村更宜居》，光明网，2019 年 1 月 24 日，http://news.gmw.cn/2019-01/24/content_32399671.htm。

②实施农村垃圾和污水治理行动。坚持"好操作、全覆盖、可持续"的原则，探索农村生活污水垃圾治理长效机制。现已建立省、市、县三级资金补助机制，推动落实垃圾治理农民缴费制度;① 全省实现乡镇生活垃圾转运系统全覆盖、建制村生活垃圾常态化治理机制全覆盖。② 截至 2019 年 9 月，全省 90% 的乡镇建成生活污水处理设施，近 1/2 的行政村建设有生活污水处理设施。探索形成多元投入机制，全省超过 90% 的县已推出以县域为单位的污水垃圾治理市场化项目。③ 晋江市金井镇围头村率先倡导实行"垃圾不落地"，引进台湾地区社区环保管理模式，引导村民逐步改变垃圾处理方式，强化动态保洁，并通过党群联动，依托每月的"党员主题日"和"村民主题日"，积极组织党员义工开展环境卫生整治和宣传教育。④ 厦门市建立"户分类、村保洁、镇收集、区转运、市处理"农村生活垃圾治理长效机制，提前完成 2020 年"五有标准"目标，在全省率先实现所有村庄农村生活垃圾有效治理全覆盖。⑤ 泉州市实行"以评代检、以奖代补"激励机制，每月对全市 2055 个行政村随机抽 300 个以上村庄和 100 段以上道路进行考评，对成绩排名前 50 名的村和村庄"三清一改"集中整治成效明显的村给予奖励。⑥

③实施农房整治和村容村貌提升行动。建立"审批简化、服务到位、监管有效"的农房建管机制，以镇为单位开展农房整治示范专项行动，有效提升了村容村貌。2018 年，全省完成农村存量危房改造 1.1 万户，累计整治完成 4700 多个村庄，并推进 180 条美丽乡村特色景观带建设，诞生了

① 吴宏雄:《福建省将在农村实施"一革命四行动"》，中国政府网，2018 年 4 月 15 日，http://www.gov.cn/xinwen/2018 – 04/15/content_ 5282562. htm。
② 《福建日报》记者:《农村人居环境整治的福建实践:美丽乡村是我家》，手机人民网，2019 年 5 月 29 日，http://m. people. cn/n4/2019/0529/c1142 – 12763021. html。
③ 中共福建省委实施乡村振兴战略领导小组办公室:《全省各级各部门扎实推进乡村振兴战略实施》，《福建乡村振兴简报》第 21/22 期，2019 年 11 月 7 日。
④ 沈茜:《晋江持续开展农村人居环境整治工作》，福建省生态环境厅网，2019 年 1 月 31 日，http://hbt. fujian. gov. cn/gkxx/gzdt/jcdt/201901/t20190131_ 4755763. htm。
⑤ 中共福建省委实施乡村振兴战略领导小组办公室:《全省各级各部门扎实推进乡村振兴战略实施》，《福建乡村振兴简报》第 21/22 期，2019 年 11 月 7 日。
⑥ 中共福建省委实施乡村振兴战略领导小组办公室:《全省各级各部门扎实推进乡村振兴战略实施》，《福建乡村振兴简报》第 21/22 期，2019 年 11 月 7 日。

160多个具有示范推广价值的典型村庄。[①] 制定《关于鼓励台湾建筑师来闽参与乡村建设的若干意见（试行）》，[②] 促进闽、台两地建筑师团队衔接开展村庄规划设计咨询"陪护式"服务，已有10余个美丽乡村建设项目对接台湾建筑师、文化创意团队。各地以平改坡和裸房整治为抓手，结合乡村文化旅游建设，探索出了各具特色的在农村环境整治路径。龙岩市严格落实"一户一宅"，充分发挥村民理事会、老干部、老党员示范带头作用，疏堵结合推进农房整治。[③] 厦门大帽山示范点在栋房改造过程中，把具有闽南红砖厝特色建筑的元素提炼出来，打造形成了以红色的陶土瓦、传统歇山顶为地域标志的统一风格，形成乡村旅游的特色文化品牌。[④] 屏南县以文化创意产业促进传统村落活化，以产业创新带动村容村貌提升，探索形成了"政府+艺术家+农民+古村+互联网"的文创带动模式，有力地吸引了文创企业、人才及各类资源，协同参与到古村落的修复与更新中来，活化再生的古建筑群演绎成艺术、文学、影视、动漫的发生地与输出地。[⑤]

（2）重要生态系统保护和修复工程

自2016年获批全国首个国家生态文明试验区以来，福建省深入开展生态文明体制改革综合试验，实施乡村山水林田湖草生态保护和修复工程，完善生态系统保护制度，有力地促进了乡村自然生态系统功能和稳定性的提升，打造了一批"山更好、水更清、林更优、田更洁、天更蓝、海更净、业更兴和村更美"的乡村生态振兴经典案例。

---

① 吴宏雄：《福建省将在农村实施"一革命四行动"》，中国政府网，2018年4月15日，http://www.gov.cn/xinwen/2018-04/15/content_5282562.htm。

② 福建省住建厅：《关于鼓励台湾建筑师来闽参与乡村建设的若干意见（试行）》，福建住房与城乡建设厅网，2018年10月29日，http://zjt.fujian.gov.cn/xxgk/zfxxgkzl/xxgkml/dfxfgzfgzhgfxwj/czjs_3793/201810/t20181029_4560139.htm。

③ 中共福建省委实施乡村振兴战略领导小组办公室：《全省各级各部门扎实推进乡村振兴战略实施》，《福建乡村振兴简报》第21/22期，2019年11月7日。

④ 黄岚：《大帽山狠抓平改坡和裸房整治推进乡村振兴》，厦门广电网，2018年11月8日，http://xiamen.xmtv.cn/2018/11/08/VIDENrb6Fb0ZxzFMod2xFyr2181108.shtml。

⑤ 李向娟：《文创，让古村再现芳华》，《福建日报》2019年9月5日，http://fjrb.fjsen.com/fjrb/html/2019-09/05/content_1208061.htm?div=-1。

①建设健康稳定的生态系统。2018 年以来，福建省深入贯彻"山水林田湖草是一个生命共同体"的理念，着力加强生态保育，落实"三个必造"① 原则，开展造林绿化行动。2018 年全省植树造林总面积 99.26 万亩，超过原计划任务的 20%。其中：人工荒山造林 9.78 万亩（含非规划林地造林 2.56 万亩）；人工迹地更新面积 65.94 万亩；低产低效林改造 23.54 万亩。2019 年，福建省森林覆盖率为 66.8%，连续 40 年保持全国第一。鲤城区、明溪县、光泽县、松溪县、上杭县、寿宁县 6 个县（区）获得第三批国家生态文明建设示范县（区）称号，厦门市、泉州市获得国家生态市命名，福州市通过国家生态市考核验收。获省级以上生态县（市、区）命名的 65 个县（市、区）中，有 32 个县获国家生态县（市、区）命名。获国家级生态乡镇（街道）命名乡镇（街道）共有 519 个。② 福建省 2012 ～2018 年造林情况见表 6。

表 6　2012～2018 年福建省造林情况

项目	2012 年	2013 年	2014 年	2015 年	2016 年	2017 年	2018 年
当年造林面积(千公顷)	63.06	100.18	44.34	87.11	10.30	8.09	6.52
用材林	42.22	73.49	28.98	45.81	4.71	3.87	3.24
经济林	7.23	9.47	7.52	32.47	3.80	2.55	1.28
防护林	13.53	14.24	5.68	7.25	1.54	0.97	1.63
薪炭林		0.26			0.07	0.20	
迹地更新面积(千公顷)	53.05	27.78	31.91	53.58	56.90	61.13	55.15
零星植树(万株)	3964.76	4773.00	3538.26	2845.61	3903.96	4412.69	4495.64
封山育林面积(千公顷)	600.62	704.21	696.13	522.03	543.59	662.81	703.16
育苗面积(千公顷)	2.32	3.91	7.70	8.40	8.65	9.02	8.48
幼林抚育作业面积(千公顷)	761.32	159.11	542.61	471.45	473.38	482.07	
成林抚育作业面积(千公顷)	249.60	229.30	276.99	418.11	371.57	519.96	586.68

资料来源：《福建统计年鉴》（2013～2019），福建省统计局、国家统计局福建调查总队，http：//tjj.fujian.gov.cn/xxgk/ndsj/。

---

① "三个必造"（即上年林木采伐迹地必须造上林，上年森林火灾、林业有害生物危害和盗砍滥伐迹地必须造上林，上年项目建设占用征收林地的必须通过等面积以上荒山或非规划林地造予以补充）。

② 福建省统计局：《2019 年福建省国民经济和社会发展统计公报》，福建省统计局网，2020 年3 月 2 日，http：//tjj.fujian.gov.cn/xxgk/tjgb/202003/t20200302_ 5206961.htm。

②推进乡村绿化美化。2018年以来，福建省启动"百城千村"绿化美化宜居工程，出台了《"百城千村"绿化美化宜居工程实施方案》《乡村绿化技术规程》《古树名木养护与复壮技术规程》，把建设一批"山清水秀、绿树成荫、花果飘香、宜居宜业"的省级森林村庄（城镇）作为打造生态宜居乡村、助力美丽新福建建设的重要抓手。2019年，200个村庄获首批"福建省森林村庄"命名，①省财政对每个省级森林村庄予以10万元补助。各地加大财政支持力度，加强乡村绿化美化，加强对古树名木的保护。如：福州市实施"村植千树"三年绿化行动，每年安排3600万元补助村庄绿化。漳州市实施古树名木保护三年行动，对一级古树名木每株补助3万元、古树群每片补助2万元。福建在全国率先完成古树名木资源普查，开展古树名木的挂牌保护，建档达10.2万余株，为保护生态、留住乡愁提供重要保障。②全省有12株古树被遴选为"中国最美古树"，居全国首位。此外，各地将乡村绿化与乡村旅游休闲产业发展结合起来，大力发展森林观光、林果采摘、森林康养、森林人家、乡村民宿等业态，推动实现"因绿兴产、因绿脱贫、因绿致富"。③

③实施生态修复重大工程。2018年，福建省各地成立生态修复试点工作领导小组，健全完善"省级协调、市为主体、县抓落实"的三级联动推进机制，形成"上下畅通、左右融通、内部打通"的工作格局，协同推进生态综合保护修复。如：在全省首批综合治水试验县沙县，2018年挂牌成立生态综合执法局，集中整合了环保、农业、林业、水利、住建、国土等部门73项行政处罚权，生态问题实现"一局统管"。④闽江流域山水林田湖草

---

① 福建省林业局：《我省建成首批200个省级森林村庄》，福建省林业局网，2019年3月5日，http://lyj.fujian.gov.cn/zxzx/lydt/201903/t20190305_4777651.htm。

② 王钰：《福建：百城千村建成森林乡村（推进乡村绿化美化）》，福建省林业局网，2019年3月5日，http://lyj.fujian.gov.cn/zxzx/sxdt/201907/t20190730_4954664.htm。

③ 王钰：《福建：百城千村建成森林乡村（推进乡村绿化美化）》，福建省林业局网，2019年3月5日，http://lyj.fujian.gov.cn/zxzx/sxdt/201907/t20190730_4954664.htm。

④ 潘园园：《福建：山水林田湖草，一个也不能少》，中国水网，2019年3月5日，http://www.h2o-china.com/news/288261.html。

生态修复项目被列入全国第二批试点（2018 年），实施水环境治理与生态修复、生物多样性保护、水土流失治理及农地生态功能提升、废弃矿山生态修复和地质灾害防治、机制创新与能力建设五大重点工程，对于促进东南地区和台湾海峡的生态保护具有重要意义。试点工作取得初步成效，2018 年，闽江干流和二级以上支流水质优良比例达 100%，比 2017 年提高 1.7 个百分点，小流域优于Ⅲ类水质比例达 93.1%，比 2017 年提高 2.4 个百分点，劣Ⅴ类水质已基本消除。此外，海洋生态保护修复也日益得到重视：实施"南红北柳"湿地修复工程，开展重要滨海沙滩恢复和重建滨海湿地保护；实施"蓝色海湾"整治修复项目，持续推进不符合水产养殖规划设施的清退工作；统筹陆域和海域污染防治，开展入海排污源摸底排查和分类整治，印发《福建省近岸海域海漂垃圾综合治理工作方案》，推进海漂垃圾攻坚治理。①

④先行先试探索生态补偿机制。2018 年以来，结合主体功能区规划和国家生态文明试验区建设的要求，福建省出台了《福建省综合性生态保护补偿试行方案》，该方案面向以重点生态功能区、重点流域上游地区和欠发达地区为主的 23 个县（市）区域，开展综合性生态保护补偿，通过统筹整合不同类型、不同领域的生态保护资金，使福建成为我国在省域范围内实施综合性生态补偿机制的首创省份，充分体现了生态补偿机制多元化、生态补偿资金制度化、生态补偿范围全面化的特色，有助于整体提升区域生态环境质量。② 河湖长制工作成效显著，从"有名"走向"有实"，总体工作水平位居全国前列，连续两年获得国家专项奖励。全省共设立区域河长 1326 名、流域河长 3647 名，聘请村级河道专管员 13231 名，覆盖 143386 村，设立182 个省、市、县、乡河长办，形成了区域流域结合，省、市、县、乡、村五级穿透的河长管河架构。在生态补偿机制和河长制等多重机制协同作用下，各流域生态环境质量得到进一步提升。全省主要流域Ⅰ～Ⅲ类水质比例

① 中共福建省委实施乡村振兴战略领导小组办公室：《全省各级各部门扎实推进乡村振兴战略实施》，《福建乡村振兴简报》第 21/22 期，2019 年 11 月 7 日。
② 程晖、张自芳：《福建：先行先试综合性生态补偿》，中国水网，2018 年 4 月 23 日，http：//www.h2o－china.com/news/view？id＝273892&page＝2。

达95.8%，高于全国平均水平24.8个百分点。全省小流域Ⅰ～Ⅲ类水质比例84.7%，同比提高4.3个百分点，基本消灭劣Ⅴ类小流域、"牛奶溪"。市级、县级集中式生活饮用水水源地水质达标率均达100%。

3.围绕乡风文明，繁荣兴盛农村文化

"文融于党"是近年来福建省深入实施乡村文化振兴战略的独特优势。中共福建省委、福建省政府充分发挥乡村文化振兴专项小组的牵头作用，以精神文明建设、文化旅游、遗产传承与保护为重要抓手，持续挖掘乡土文明内涵与精神文化内核，为新时代新福建乡村振兴注入了强大的精神动力。

（1）农村思想道德建设

福建省委、省政府以习近平新时代中国特色社会主义思想为引领，持续推进乡村思想道德建设，为"再上新台阶、建设新福建"提供了有力的思想保证、精神力量、道德滋养和文化条件。[1]

①深学细悟新思想，践行初心担使命。福建省农村基层党组织因地制宜，不断掀起习近平新时代中国特色社会主义思想"大学习"热潮。[2] 福建省委宣传部培育福清市新厝镇等10个"农村宣传思想文化工作先进典型"、连江县东风村9个"农村宣传思想文化阵地扶持项目"；积极实施"基层工作加强年"活动，全省县级社科联、讲师团覆盖率均为97.6%，居全国前列；[3] 南靖县在全省率先组建宣讲团，创新成立了"夕阳红女子说唱队""土楼红妹子说唱队"等基层民间宣讲组织。[4] 福州市建立130个乡镇党校、537

---

① 《八闽大地新风劲起美丽乡村宜居宜业——党的十八大以来福建省农村精神文明建设工作综述》，《福建日报》2017年7月20日，http://fjrb.fjsen.com/fjrb/html/2017－07/20/content_1041373.htm? div=－1。

② 程宏毅、常雪梅：《福建省基层党组织和党员广泛兴起习近平新时代中国特色社会主义思想"大学习"热潮》，人民网，2018年5月21日，http://dangjian.people.com.cn/n1/2018/0702/c117092－30105511.html。

③ 《八闽大地新风劲起美丽乡村宜居宜业——党的十八大以来福建省农村精神文明建设工作综述》，《福建日报》2017年7月20日，http://fjrb.fjsen.com/fjrb/html/2017－07/20/content_1041373.htm? div=－1。

④ 张梦帆、游雪慧、陈瑞章：《福建南靖：壮大文化"生力军" 夯实宣传"主阵地"》，手机人民网，2018年11月2日，http://m.people.cn/n4/2018/1102/c1142－11834745.html。

个（社区、企业）教学点，对"在家"党员完成一遍轮训；①龙岩市基层党员把新思想融入客家山歌，让新思想走进田间地头；永定区积极保护开发中央红色交通线，为农村党员干部接续接力闽西红色基因提供了实践教育平台；福安市以"水上党校"推动新思想进岛礁上鱼排，深受基层干部群众欢迎。

②崇德向善育典范，掌舵引领价值观。全省农村基层党组织不断挖掘新时代道德典范，把社会主义核心价值观融入乡村精神内核。2018年福建省涌现出了周炳耀、张茂发2名农村籍全国道德模范，陈伟琳、黄文谦、张汉隆等8名农村籍省级道德模范，②加深了新时代新福建新农村的道德河床，为新时代新福建新乡村立标杆、树典型。福建省委文明办、省教育厅紧紧抓好"扣好人生第一粒扣子"主题教育实践活动，2019年全省新时代好少年暑期研学实践活动在福州市闽侯县白沙镇孔源村华窈拓展教育基地顺利开营；福州市晋安区宦溪镇降虎村建成党性教育、爱国主义教育、乡村振兴示范三个特色教育基地，让核心价值观走进了寻常百姓家。

③移风易俗树新风，诚信建设居前列。2018年，福建省以福州市长乐区等10个县区为试点，由点扩面，全面开展移风易俗专项治理。推动"一约四会"③全省全覆盖，注重运用党风廉政建设考核硬约束，有效遏制大操大办、高额彩礼、厚葬薄养等不良习俗。省、市、县三级均建立了诚信促进会，广泛开展"坚守诚信·共同追梦"等宣传活动，乡村诚信守约蔚然成风。为全省行政村颁发"特别法人资格证书"，并将诚信纳入2018年村级组织换届选举候选人资格审查内容。此外，福建省农村信用社联合社规划未来5年创建信用乡镇300个、信用村5000个，评定信用农户150万户，④为乡村振兴注

---

① 《中国组织人事报》：《福建省福州市乡村党校实现党员教育常态化》，共产党员网，2018年1月10日，http://news. 12371. cn/2018/01/10/ARTI515578323284805. shtml。

② 福建省道德模范评选表彰活动组委会办公室：《福建省第六届全国道德模范候选人及第五届福建省道德模范候选人公示》，《福建日报》2017年6月28日，http://fjrb. fjsen. com/fjrb/html/2017 – 06/28/content_ 1036291. htm？div = −1。

③ "一约四会"，即村规民约和红白理事会、道德评议会、村民议事会和禁毒禁赌会。

④ 蒋柠潞：《福建农信乡村振兴的金融力量》，中国经济网，2017年11月29日，http://finance. ce. cn/bank12/scroll/201711/29/t20171129_ 27032429. shtml。

入了诚信资本。

④文明创建植乡土，志愿服务助"三农"。省文明乡风建设专项小组以文明村镇、星级文明户、文明家庭创建活动为重要抓手，创新创优新时代文明实践中心，为新时代乡风民风蓄能攒劲。在 2018 年第五届全国文明村镇创建活动中，福清市新厝镇等 50 个村镇获评文明村镇、闽清县梅城镇等 63 个村镇继续保留全国文明村镇；省委办公厅制定实施《福建省建设新时代文明实践中心试点工作实施方案》，培育新时代文明实践中心全国试点县 2 个、省试点县 7 个，2019 年再新增全国试点县 20 个，建成乡镇实践所 129 个、村实践站 1673 个，65 万人在册志愿者开展各类志愿服务 3 万多场次，受益群众 400 多万人次；① 省委文明委开展"助力新福建、建功新时代"志愿服务行动，培育省助力乡村振兴发展志愿服务中心 23 个，使 23 个省级扶贫开发工作重点县实现全覆盖，持续提升乡村振兴的文明内涵。②

（2）优秀传统文化

深厚的人文历史积淀是新时代新福建的一张亮丽名片，弘扬和传承优秀传统文化也为乡村振兴注入鲜活的生命力。2017 年 5 月福建省制定实施《福建省优秀传统文化传承发展工程实施方案》，支持各地传承与保护优秀传统文化。2019 年 10 月，省乡村文化振兴专项小组在永泰县召开全省乡村文化振兴现场会，对继承发扬优秀乡土文化、挖掘保护乡愁记忆场所做出了重要部署。

①重现非遗生机，弘扬传统优秀文化。编制《客家文化（闽西）生态保护实验区总体规划》与《闽南文化生态保护区总体规划》并获文化和旅游部批复同意，其中"闽南文化生态保护区"于 2019 年 12 月入选国家文化生态保护区名单，并逐步带动"湄洲妈祖文化""朱子文化""畲族文化"等省级文化生态保护实验区创建工作，促进全省非物质文化遗产整体性保护；鼓浪屿申遗成功，古泉州（刺桐）、海上丝绸之路、三坊七巷等申遗工作稳步开

---

① 王永珍：《2019 年省委省政府为民办实事项目全部如期完成》，《福建日报》2020 年 2 月 12 日，http：//fjrb. fjsen. com/fjrb/html/2020－02/12/content_ 1241965. htm？ div＝－1。

② 福建省委文明办：《精神文明建设重点领域在改进创新中展现新的气象》，文明风，2019 年 1 月 23 日，http：//wmf. fjsen. com/topic/2019－01/23/content_ 21916053. htm。

展，三明万寿岩在福建省首次被列入国家考古遗址公园名单。支持南音、闽剧、剪纸、莆仙戏、木偶戏、汉剧、木雕等项目申报非物质文化遗产。截至2019年底福建省入选非遗名录492项，其中世界级非遗7项、国家级非遗114项，福州、漳州两地市分别占到福建省非遗名录总数的14.84%、14.23%，其中"传统技艺"类占比最大，为35.01%；有非物质文化遗产传承人605人，其中国家级109人、省级522人，"传统技艺""传统戏剧"类传承人分别占福建省非物质文化遗产传承人总数的27.87%和22.79%（见表7、表8）。2019年福建省省文化旅游厅突出抓好"文化和自然遗产日"非物质文化遗产宣传展示展演活动，组织7项世界级非物质文化遗产在俄罗斯、法国、德国、瑞士等国家和地区展演；省文化旅游厅积极推动7个项目入选"中国民间文化艺术之乡"，深入实施乡村非遗传习所示范点建设；① 漳州市开展关帝文化节、三平祖师文化节、保生大帝文化节等闽台民间民俗文化交流活动；② 泉州市积极开发泉州古城、清源山风景区、刺桐古港文旅综合体等"海上丝绸之路"文化项目，③ 不断增强福建传统优秀文化的传承能力与世界影响力。

表7　福建省各地市非物质文化遗产名录及非物质文化遗产传承人分布情况

地　区	非物质文化遗产名录		非物质文化遗产传承人	
	数量（个）	占比（%）	数量（个）	占比（%）
福　州	73	14.84	45	7.44
厦　门	47	9.55	61	10.08
宁　德	62	12.60	72	11.90
莆　田	47	9.55	75	12.40
泉　州	50	10.16	163	26.94

---

① 福建省文旅厅：《整合共享　文化惠民——我省大力推进乡村文化振兴（下）》，2019年12月17日，http://wht.fujian.gov.cn/whzx/whyw/201912/t20191217_5154643.htm。

② 漳州市文化广电新闻出版局：《2017年度闽南文化生态保护　实验区（漳州市）建设情况汇报》，福建省文化和旅游厅网，2018年1月24日，http://wht.fujian.gov.cn/ggwhfw/whstbhq/201801/t20180124_2036544.htm。

③ 林春茵、刘小东：《福建省"海丝"文化遗址丰富多远　亟待加强保护与利用》，中国新闻网，2019年1月14日，http://www.fj.chinanews.com/news/fj_ttgz/2019/2019-01-15/431510.html。

续表

地 区	非物质文化遗产名录		非物质文化遗产传承人	
	数量(个)	占比(%)	数量(个)	占比(%)
漳 州	70	14.23	71	11.74
龙 岩	29	5.89	41	6.78
三 明	47	9.55	24	3.97
南 平	53	10.77	47	7.77
省 直	14	2.85	6	0.99
合 计	492	100.00	605	100.00

资料来源：福建省艺术馆（福建省非物质文化遗产保护中心），http://www.fjysg.net/heritagedirectory。

表8 福建省非物质文化遗产名录和传承人类型构成

单位：%

类别	名录数量占比	传承人数量占比
民间文学	3.48	1.89
传统音乐	8.12	11.32
传统舞蹈	6.58	5.08
传统戏剧	8.90	22.79
曲艺	2.71	6.39
传统体育、游艺与杂技	6.77	5.95
传统美术	7.16	12.77
传统技艺	35.01	27.87
传统医药	1.93	1.31
传统民俗	19.34	4.64
合 计	100.00	100.00

资料来源：福建省艺术馆（福建省非物质文化遗产保护中心），http://www.fjysg.net/heritagedirectory。

②传承家规家训，展现乡土家风新貌。福建省委文明办、省妇联以十一届五好文明家庭评选和寻找最美家庭活动为抓手，持续深化传家训、立家规、扬家风活动，农村地区涌现出"五好家庭标兵"3户、"五好家庭"40户、"十佳最美家庭"5户、"最美家庭"93户；省委文明办建成省级文明乡风联系点29个、公民思想道德教育馆42个、乡村学校少年宫中央项目校

396 所；积极扶持 33 个省级家风家训乡贤文化馆建设，开展万场"立德树人从家出发"家庭教育公益大讲堂活动，① 推动良好家风在农村地区践行认同。连江县重点建设敖江镇石头村、江南乡梅洋村、丹阳镇上周村等 6 处家风家训馆，并以群团组织为纽带，以"我们的节日·拗九节"等活动为载体，推动福建省好家风好家训好家教巡讲活动向农村地区延伸。② 惠安县第一批省级家风家训乡贤文化馆示范点——"惠风"传统家训展示馆，2018年以来已接待干部群众 8 万多人次。③ 颂家训、守家规、展家风在福建乡土大地上呈现盎然生机。

③保护记忆场所，赓续人文历史脉络。福建省各级各部门积极探索具有福建特色的历史文化名城名镇名村和传统村落保护与传承模式。加强地方立法与政策保障，2017 年 3 月福建省人大会常委会通过了《福建省历史文化名城名镇名村和传统村落保护条例》，福建省文化和旅游厅出台了实施优秀传统文化传承发展工程的"八项举措"。④ 加强规划指导与督查督促，出台《历史文化名镇名村保护和整治导则》，编制《福建省乡村建设历史文化保护线划定导则（试行）》，成立省级专家服务团，探索开展两岸建筑师联合驻村行动，推动设计服务下乡，每年开展两次以上全省督察。启动《八闽文库》出版项目，组织编撰《乡士乡贤》《乡居乡聚》2 册福建乡村文化记忆系列丛书，撰续历史古籍文脉、承续乡愁古迹命脉；屏南县漈头村张书岩自筹自建屏南耕读博物馆，收藏明代以来各种民间文物 3 万逾件，补续闽东

---

① 福建省委文明办：《群众性精神文明创建活动在常态长效中实现提档进位》，文明风，2019年 1 月 23 日，http：//wmf. fjsen. com/topic/2019 – 01/23/content_ 21916049. htm。

② 福州市文明办：《福建多载体传承好家风好家训　让传统文化浸润人心》，中国文明网，2018 年 11 月 7 日，http：//www. wenming. cn/dfcz/fj/201811/t20181107_ 4887271. shtml。

③ 福建省惠安县委宣传部：《福建惠安县"四部曲"传承弘扬优秀传统文化》，党建网，2018年 11 月 8 日，http：//www. wenming. cn/djw/djw2016sy/djw2016gddj/201811/t20181108 _ 4890474. shtml。

④ "八项举措"：推动福建优秀传统文化的研究挖掘整理、加强福建优秀传统文化保护、推动福建优秀传统文化的宣传展示、打造福建优秀传统文化艺术精品、建设全国地方戏曲保护传承示范基地、推动优秀传统文化融合发展、推动优秀传统文化阵地建设、推动优秀传统文化交流传播工程。

物脉、相续传家瑰宝；连城县培田村吴氏一族修旧如旧，完整保留了近700年历史的明清古建筑群，永续客家古厝血脉、延续耕读文明精髓。截至2018年底，福建省有国家级历史文化名村57个、历史文化名镇19个，合计占到全国总量的9.51%，位居全国第一、华东地区第一；国家级传统村落494个，占全国总量的7.27%，位居华东地区第二（见表9）；省级历史文化名村57个、历史文化名镇19个，其中宁德市合计占比最大，达25%；省级传统村落573个，其中宁德市占比最大，达21.99%（见表10）。

表9　截至2018年底华东地区国家级历史文化名镇名村和传统村落统计

省　　份	名村(个)	名镇(个)	名镇名村合计(个)	占全国总量比重(%)	传统村落(个)	占全国总量比重(%)
福建省	57	19	76	9.51	494	7.27
浙江省	44	27	71	8.89	636	9.35
江西省	37	13	50	6.26	558	8.21
江苏省	12	31	43	5.38	33	0.49
安徽省	24	11	35	4.38	400	5.88
山东省	11	4	15	1.88	125	1.84
上海市	2	11	13	1.63	5	0.07
全　　国	487	312	799	100.00	6799	100.00

资料来源：住房和城乡建设部，http：//www.mohurd.gov.cn/。

表10　福建省各地市省级历史文化名村、历史文化名镇、传统村落情况统计

地区	名村(个)	名镇(个)	占全省总量比重(%)	传统村落(个)	占全省总量比重(%)
福州	1	5	7.89	75	13.09
厦门	0	0	0	3	0.52
宁德	5	14	25.00	126	21.99
莆田	0	1	1.32	12	2.09
泉州	3	5	10.53	52	9.08
漳州	2	6	10.53	33	5.76
龙岩	3	14	22.37	69	12.04
三明	2	8	13.16	77	13.44
南平	3	4	9.21	121	21.12
平潭综合试验区	0	0	0	5	0.87
合计	19	57	100.00	573	100.00

资料来源：福建省住房和城乡建设厅，http：//zjt.fujian.gov.cn/。

（3）乡村公共文化服务体系

近年来，福建省委、省政府坚持把乡村公共文化服务体系建设植入"文化强省"建设的内核之中，围绕改善供给结构、发展三农文创、繁荣文化市场，相继出台了《关于加快构建现代公共文化服务体系的实施意见》《福建省"十三五"文化改革发展专项规划》等指导文件，有力推动乡村公共文化服务体系迈进中高端、走向高水平。

①加强公共文化基础建设，提高服务供给品质。省委、省政府认真抓好全国文化科技卫生"三下乡"集中示范活动（福建分会场），为"三下乡"集中服务活动所在地捐建农民文化广场，各地精心选聘村级文化协管员、实施艺术扶贫工程、培养农村文化骨干、加强农村科普教育，2018 年以来共筹集款物 6984.9 万元。[1][2] 加强财政投入保障，全面增量提质综合性文化服务中心建设，2018~2019 年福建省财政合计下达预算资金 6.9 亿元用于公共文化服务体系建设，[3][4][5] 投入 3800 万元资金用于支持 380 个省级综合性文化服务中心示范点建设，[6] 实现全省乡镇（街道）综合性文化服务中心全覆盖，村（社区）综合性文化服务中心完成建设 13652 个，覆盖率为82.3%。进一步丰富文化惠民工程组织实施形式，乡村电影、图书、广播电

① 陈亮：《全省文化科技卫生"三下乡"启动》，人民网，2017 年 1 月 11 日，http：//fj. people. com. cn/n2/2017/0111/c350390 – 29579244. html。

② 蔡丽洁、林瑶：《2018 年全国文化科技卫生"三下乡"福建分会场活动　文艺工作者送温暖》，东南网，2018 年 2 月 2 日，http：//fjnews. fjsen. com/2018 – 02/02/content_ 20709451_ all. htm。

③ 福建省财政厅：《关于福建省 2019 年预算执行情况及 2020 年预算草案的报告》，福建省人民政府网，2020 年 2 月 17 日，http：//www. fujian. gov. cn/szf/gzbg/czysjsbg/202004/t20200429_ 5256731. htm。

④ 福建省财政厅：《关于福建省 2018 年预算执行情况及 2019 年预算草案的报告》，福建省财政厅网，2019 年 1 月 28 日，http：//czt. fujian. gov. cn/zfxxgkzl/zfxxgkml/czyjsbg/czysbg/201901/t20190128_ 4755728. htm。

⑤ 福建省财政厅：《关于福建省 2018 年预算执行情况及 2019 年预算草案的报告》，福建省财政厅网，2019 年 1 月 28 日，http：//czt. fujian. gov. cn/zfxxgkzl/zfxxgkml/czyjsbg/czysbg/201901/t20190128_ 4755728. htm。

⑥ 福建省文旅厅：《整合共享　文化惠民——我省大力推进乡村文化振兴（下）》，2019 年 12 月 17 日，http：//wht. fujian. gov. cn/whzx/whyw/201912/t20191217_ 5154643. htm。

视等精神文化服务能力不断增强，支持各地利用古厝、祠堂、礼堂、戏台开展乡村群众性文化活动，全省有农民业余文化组织的村比重达38.90%，其中厦门市比重最高，达81.1%；"一村一月放映一场电影"目标顺利实现，在全国率先进入农村电影数字放映时代，并实现从"市外"到"室内"的蜕变；出台《福建省深化农家书屋延伸服务工作方案（2017年）》，有力抓好农家书屋日常管理、使用与书籍更新，全省有图书馆、文化站的乡镇占97.3%，其中三明、南平、宁德三地市达到了100%（见表11）。

表11　福建省各地市乡镇、村文化教育设施建设情况

单位：%

地区	有图书馆、文化站的乡镇	有剧场、影剧院的乡镇	有农民业余文化组织的村
全省	97.3	15.6	38.9
福州市	97.9	26.9	42.3
#平潭	86.7	13.3	27.6
厦门市	83.3	33.3	81.1
莆田市	95.7	13.0	56.6
三明市	100.0	11.6	25.8
泉州市	94.7	24.1	52.1
漳州市	93.9	9.6	48.4
南平市	100.0	7.8	32.8
龙岩市	96.7	9.1	33.8
宁德市	100.0	16.1	21.2

资料来源：福建省统计局、国家统计局福建调查总队：《福建省第三次全国农业普查主要数据公报》，http：//tjj. fujian. gov. cn/xxgk/tjgb/201805/t20180518_ 2384552. htm。

②精准对接精品文化需求，增强市场供给能力。2018年以来，福建省创新实施文化惠民工程，加强乡村公共文化设施网络建设，不断丰富乡村文化旅游产业形态，有力增强文化供给的内生动力。省文旅厅因地制宜实施文化惠民工程，2019年安排专项资金1950万元补助49个基层非遗院团开展公益性演出活动，开展"百姓大舞台"演出84场，并将春节联欢晚会搬进了农家大院，2019年春节期间全省1610个村开展"乡村春晚"968场次，受益群众

182 万人次,①"乡村春晚"成为农村群众家门口的"文化大餐"。提高文化设施网络覆盖率,2018 年福建省农村广播节目、电视节目人口覆盖率分别为98.8%和99.0%,农村有线广播电视用户数占家庭总户数的比重从 2010 年的43.1%,增长至 2018 年的 64.2%,高出全国平均水平 33 个百分点(见表12),全省 15.6%的乡镇"有剧场、影剧院",4D、VR、AR 等现代科技加快融入乡镇影院建设中。"数字乡村"跑出"加速度",2018 年底,每百户农户电脑、手机拥有量分别为 54.1 台、292.0 台,上网手机比重为 53.4%(见表13),全省超 98%的行政村实现光纤入网与 4G 信号覆盖,提前完成省"十三五"规划纲要目标。制定实施《特色文化文物示范村镇建设项目实施方案(2017)》,扶持 10 个文化文物示范村镇,推动工艺美术、传统戏曲与乡村文化旅游融合发展,促进农村文化消费质量提升。不断丰富乡村文化旅游产业形态,共设立福建省首批 30 个"金牌旅游村",有力壮大乡村文化旅游品牌。长泰县山重村以马洋溪生态旅游区建设为契机,推出非遗民俗游、农耕文化游等多种特色旅游活动,2018 年接待游客 200 多万人次,旅游总收入 6000 多万元;荔城区西天尾镇后黄社区返聘村民从事传统农耕、民俗文化、非遗文化等演出项目,既壮大了集体经济又促进了农民增收;永春县仙夹镇龙水村通过"公司＋农户"模式开发非遗手工艺品——水漆篮加工制造,产品深受华侨喜爱。②

表 12　2010～2018 年全国及福建省农村广播及电视节目覆盖率

单位：%

年份	农村广播节目人口覆盖率		农村电视节目人口覆盖率		农村有线广播电视用户数占家庭总户数的比重	
	福建省	全国	福建省	全国	福建省	全国
2018	98.8	98.6	99.0	99.0	64.2	31.2
2017	98.7	98.2	98.9	98.7	59.4	31.7
2016	98.7	97.8	98.9	98.5	57.5	33.2

---

① 福建省文旅厅：《整合共享　文化惠民——我省大力推进乡村文化振兴(下)》,2019 年 12 月 17 日,http://wht.fujian.gov.cn/whzx/whyw/201912/t20191217_ 5154643.htm。

② 福建省文旅厅：《整合共享　文化惠民——我省大力推进乡村文化振兴(上)》,2019 年 12 月 17 日,http://wht.fujian.gov.cn/whzx/whyw/201912/t20191217_ 5153798.htm。

续表

年份	农村广播节目人口覆盖率		农村电视节目人口覆盖率		农村有线广播电视用户数占家庭总户数的比重	
	福建省	全国	福建省	全国	福建省	全国
2015	98.3	97.5	98.7	98.3	47.4	33.5
2014	97.9	97.3	98.4	98.1	53.8	31.5
2013	97.8	97.0	98.4	97.9	52.6	35.3
2012	97.7	96.6	98.4	97.6	51.8	33.5
2011	97.5	96.1	98.3	97.1	60.5	32.4
2010	97.4	95.6	98.2	96.8	43.1	29.4

资料来源：国家统计局官方网站，http：//data. stats. gov. cn/easyquery. htm？cn＝C01。

表13　2018年底福建省各地市农户主要耐用消费品拥有量情况统计

地区	彩色电视机（台/百户）	按电视节目接收方式分的户比重		电脑（台/百户）	手机（部/百户）	上网手机比重（%）
		有线电视接收（%）	卫星接收（%）			
全省	131.8	84.1	15.8	54.1	292.0	53.4
福州市	159.4	92.8	6.8	56.4	284.0	46.9
#平潭	133.3	97.9	2.5	50.3	280.4	45.1
厦门市	116.1	98.1	1.4	60.5	249.5	58.1
莆田市	121.7	83.5	16.5	60.7	306.3	52.3
三明市	145.2	84.1	16.4	51.6	307.8	55.5
泉州市	122.2	91.1	8.1	67.4	306.9	60.2
漳州市	113.0	77.4	21.9	46.4	276.4	51.9
南平市	142.7	93.8	6.5	43.2	280.7	51.3
龙岩市	126.9	60.8	41.5	50.8	288.7	54.8
宁德市	139.7	78.5	21.0	42.0	294.3	48.0

资料来源：《福建省第三次全国农业普查主要数据公报》，福建省统计局、国家统计局福建调查总队，http：//tjj. fujian. gov. cn/xxgk/tjgb/201805/t20180518_ 2384552. htm。

4. 围绕治理有效，夯实农村基层基础

（1）农村基层党组织建设

2018年，福建省农村基层党组织建设有三个特点和一个核心抓手。首先，农村基层党组织建设以广泛深入地学习作为基础。2018年，福建省委

指导各地各部门集中轮训，共举办培训班 8100 多场，培训 118 万人次，基层党组织通过特色形式开展宣讲习近平新时代中国特色社会主义思想 14 万场次。① 其次，各地基层党组织实施因地制宜的建设党建机制。如德化县上涌镇推行的"跨村联带、村村联建"模式，引导 3 个村成立联合党总支，建立大事共商、发展齐谋等议事制度，推动 3 个村的 15 个贫困户抱团发展。② 最后，农村基层党组织紧密联动政府和各类组织。1282 家民营企业和商会组织参与"千企帮千村"行动。截至 2018 年底，人均年收入低于 4500元的民族村全部脱贫摘帽。农村基层党组织建设核心抓手是优化提升农村带头人队伍。对村两委候选人资格进行全覆盖联审，取消不符合村干部条件候选人资格 4725 人，全省 14357 个村全面完成 2018 年村两委换届选举，村党组织一次性选举成功率 100%。③

2019 年，各地扎实推进党建振兴乡村，洛江区"党建同心圆"，仙游县南兴村"聚力聚心聚财"，将乐县常口村从党建出发做好"联"字文章。6月 11 日，福建省委乡村振兴办选送的泉州市洛江区罗溪镇《党建"同心圆"激活基层治理神经末梢》入选全国 20 个乡村治理典型案例。④ 截至2019 年底，同心圆模式已在全镇所有 17 个行政村推行。为健全党组织领导的议事决策机制、监督机制，全面建立村务监督委员会，落实"四议两公开""六要"群众工作法，强化农村基层党组织领导作用，乡村组织振兴专项小组大力推进村党组织带头人队伍整体优化提升，建立村（社区）党组织书记县级备案管理制度，清理受过刑事处罚、存在"村霸"和涉黑涉恶等问题的村干部 128 人；全面开展村党组织书记集中轮训，选派 3800 名相

① 谢婷、肖榕：《党旗飘扬聚合力》，党建网，2019 年 3 月 15 日，http：//www. wenming. cn/djw/djw2016sy/djw2016gddj/201903/t20190318_ 5041779. shtml。
② 谢海潮：《把党建与脱贫拧成"一股绳"——全省抓党建促脱贫攻坚工作现场推进会观察》，人民网，2018 年 8 月 6 日，http：//dangjian. people. com. cn/n1/2018/0806/c117092 - 30211731. html。
③ 林宇熙、林蔚：《福建省：风展党旗万象新》，法制网，2019 年 1 月 31 日，http：//www. legaldaily. com. cn/locality/content/2019 - 01/31/content_ 7761081. htm。
④ 王宁：《在全省农村工作会议上的讲话》，2020 年 1 月 9 日。

对薄弱村党组织书记到先进村挂职；加强驻村第一书记服务管理，建立每个村至少2名后备力量的干部梯队。持续提升农村基层党组织建设水平，深入开展党支部"达标创星"活动，坚持"抓两头带中间"，整顿转化软弱涣散基层党组织235个。2019年到2022年，将重点扶持先行示范村2000多个，带动全省各地全面消除村集体经济5万元以下薄弱村，全力发展村级集体经济。①

（2）村民自治实践

村级事务制度体系日趋健全，从"各行其道"到"照章办事"。村级财务是村民自治重点，2018年6月，全省财政下拨资金及相关建设项目内容上线公开，增设"村务公开查询"栏目，将全市173个乡镇街道涉及2690个村（居）的村务村财共计95亿元收支数据公开。截至2018年8月底，福州市惠民资金网，共公示64类资金项目，涉及金额51亿元，惠及群众140万余人，共计1400多万条发放记录，网站总访问量突破2000万人次。②

农村和谐稳定局面有力维护，从"封闭操作"到"阳光运行"。2018年，长泰县充分利用互联网信息技术，开通以"听民声，聚民意，促发展，保稳定"为主题的网格服务微信公众号，截至10月中旬，全县81个村已全部开通网格服务微信公众号，关注人数达51770人，覆盖率达71%以上；全县群众通过网格服务微信公众号上报事件247件，解决答复247件，群众满意率高达100%。③

村级民主决策水平显著提升，从"一言之堂"到"群英荟萃"。2018年，翔安区创新推行"1152"工作机制，83%的村（居）务监督委员会主任由村党组织纪检委员担任，村委会党员比例超60%，结合换届选举，

---

① 中共福建省委实施乡村振兴战略领导小组办公室：《全省各级各部门扎实推进乡村振兴战略实施》，《福建乡村振兴简报》第21/22期，2019年11月7日。
② 张铁国：《福州市惠民资金网荣获首届"中国廉洁创新奖"》，福州市监察局，2018年9月18日，http://jcj.fuzhou.gov.cn/zz/lztt/201809/t20180918_2606303.htm。
③ 尹孟迪：《长泰"微"治理服务群众零距离》，长泰政府网，2018年12月12日，http://www.changtai.gov.cn/cms/html/ctxrmzf/2018-12-12/526799071.html。

调整处理能力弱、不称职的村干部25名,约谈工作推进不力的村干部9名。① 2018年7月,柘荣县大力推行"阳光村务"工程,采用"线上+线下"的模式,统筹县、乡、村三级资源合力打造了以"一号一栏一广"为依托的村务公开综合平台。截至12月,该县9个乡镇116个行政村和社区已全面创建完成以"一号一栏一广"为载体的"线上+线下"村务公开全覆盖平台。②

截至2019年11月17日,全省已建设9902个益农信息社站点,计划至2020年覆盖全省主要建制村。各地坚持自治、法治、德治相结合,抓基层党建促乡村振兴,着力建设善治乡村。12月19日,厦门市海沧区、长泰县、晋江市三地入选全国乡村治理体系建设试点单位,试点期至2021年12月底。福州市深化村民自治实践,举办村务监督委员会主任示范培训班,加强村委会成员教育管理;开展村规民约修订工作,将村民自我管理、自我教育、自我监督、开展协商等内容纳入村规民约。漳州市大力推进乡村振兴服务站建设,整合农村"六大员"、医疗教育、就业培训、社会救助、金融保险、电子商务等服务内容,完善功能设置,规范服务标准,实现全市乡村振兴服务站全覆盖。泉州市实施民意诉求回应机制创新专项行动,提升12345等便民服务平台,完善责任链条、拓展服务功能,形成群众诉求回应闭环,提升信访"三率"水平。龙岩市全力打好发展壮大村集体经济攻坚战,全市村集体经济1万~5万元的薄弱村从442个减少为123个。宁德市实施"乡村振兴领航计划"试点工作,出台驻村干部管理服务办法和考评办法,选派一批具有乡村情怀、临近退休的领导干部脱产回乡担任乡村振兴"领航员"。③

---

① 翔安区委组织部:《翔安区创新推行"1152"工作机制为村级组织和村干部立规明矩》,2019年5月27日,http://www.xiangan.gov.cn/mlxa/ztzl/fgqy/gzdt/201905/t20190527_193777.htm。

② 游晓铃:《柘荣打造村务公开综合平台》,《福建日报》2018年12月27日,http://fjrb.fjsen.com/fjrb/html/2018-12/27/content_1155605.htm。

③ 中共福建省委实施乡村振兴战略领导小组办公室:《全省各级各部门扎实推进乡村振兴战略实施》,《福建乡村振兴简报》第21/22期,2019年11月7日。

（3）乡村法治建设

福建省共16762个村（社区）的法律服务联系点（法律诊所），施行"3 + X"模式的法律服务。全省各地实体平台在工作日安排专业人员进驻窗口值班，打造"一站式"的法律服务模式。截至2018年底，全省已建成86个市（县、区）公共法律服务中心、1105个乡镇（街道）法律服务站、16762个村（社区）法律服务联系点（法律诊所），实现公共法律服务市、县、乡、村四级全覆盖。公共法律服务体系实体、热线、网络三大平台建设基本完成，实现村（社区）法律顾问全覆盖，完善公共法律服务体系建设。① 2019年，省法治乡村建设专项小组推动公安派出所设立乡镇人民调解委员会驻所调解室或联调机构，开展农村法律援助专项行动，推进法治宣传教育，实现"一村（社区）一法律顾问"全覆盖。

（4）乡村德治

截至2018年底，全省80%以上的建制村（社区）将移风易俗融入村规民约。② 永安城乡2万余名党员干部主动签署拒打"带彩牌"承诺书。同时，乡规民约和村民议事会、道德评议会、禁毒禁赌会、红白理事会等"一约四会"的道德激励约束作用形成崇文重教的良好风气。石狮市持续纠正"四风"，根据《石狮市推进移风易俗工作的实施意见》，2018年11月底前，在全市所有村（社区）建立"四会"，切实发挥"一约""四会"的作用，使广大村居（居民）自觉移风易俗。石狮市"阳光太太"志愿者协会发出"婚事新办、丧事简办"倡议，自编闽南文化剧《丑女"洒缘"》开展巡演，宣传婚事新办，在第三届石狮婚博会上发起设立"爱心银行"，引导到场新人参加"捐公益，延续爱"活动。石狮市灵秀镇引导各村将以往陋习转化为文化周活动，将"佛生日"转变为文艺演出或者篮球赛；举办邻里文化节系列活动以及"家 + 文化"系列活动等。

---

① 杨少华：《福建法律服务网助推公共法律服务体系建设》，福建省司法厅，2019年5月23日，http://sft.fujian.gov.cn/zwgk/ywbd/mtbd/201905/t20190523_4881662.htm。

② 林智岚：《乡村新变，美了村民的心》，《福建日报》2018年4月23日，http://fjrb.fjsen.com/fjrb/html/2018-04/23/content_1101889.htm。

为巩固乡村德治成效，乡村进一步完善组织制度。安溪县组织县、乡、村干部开展"移风易俗，从我做起，从现在做起"的千人承诺签名活动。县里重点抓虎邱、桃舟、长坑 3 个示范乡镇，湖头山都村、蓬莱彭格村、虎邱罗岩村、桃舟吾培村、福田丰田村 5 个示范村，以及凤城、城厢、参内 3 个乡镇所辖 24 个社区和各乡镇政府所在地 23 个村的移风易俗工作。长坑乡长坑等 4 个王氏村落制定出台《长卿王氏村规民约》，村民做"佛头"不设宴席、不请客、不燃放烟花；感德镇华地村把 6 年轮一回的"佛头"改为 12 年轮一回，并杜绝请客习俗。安溪县成立 4 支移风易俗工作督查组，建立职能部门整治办丧扰民联动工作机制，设立公布举报电话。安溪县出台的《2018 年安溪县深化移风易俗工作实施方案》，将移风易俗工作纳入各乡镇和单位的绩效评估考核，各乡镇将移风易俗工作列入镇、村两级干部年度考核内容。[①] 2019 年 11 月 21 日，全省乡村治理体系暨乡风文明建设现场推进会在晋江市召开。参会人员来到磁灶镇东山村、金井镇围头村、英林镇西埔村，深入了解乡村治理的创新实践。

（5）平安乡村建设

2018 年底，群众安全感率、平安建设知晓率、执法工作满意率分别达98.45%、86.13% 和96.75%。全省打掉黑社会性质组织 69 个、恶势力犯罪团伙 401 个，纪检监察机关立案审查 464 件、561 人，根据中央督导组的问责建议，处理 262 名干部。全省黄赌毒等警情大幅下降，村两委换届风气明显好于以往。新收执行案件 3301 万件，执结 23.89 万件，执行到位金额442.93 亿元，100 家省直单位纳入并对接失信惩戒平台。[②] 严格监管执法，安全风险管控和隐患排查治理双重预防。例如芦溪镇的"乡村 110"农村网格治理新机制，各村民小组组长兼任网格员及"乡村 110"巡防队员，协助辖区派出所开展平安建设各项工作。2019 年，省法治乡村建设专项小组深

① 刘益清：《安溪：冲破"人情网" 弘扬"文明风"》，泉州市纪检委网站，2018 年 8 月 24 日，http://www.qzcdi.gov.cn/content/2018-08/24/content_5861066.htm。

② 何祖谋：《福建政法综治工作综述：建设更高水平的平安》，福建福建省司法厅，2019 年 1 月 30 日，http://sft.fujian.gov.cn/zwgk/ywbd/fjs/201901/t20190130_4754670.htm。

入推进扫黑除恶专项斗争，1月至8月全省共打掉农村涉黑犯罪组织15个，农村恶势力犯罪集团41个、团伙50个；三类可防性案件发案数同比下降46.4%。①

5. 围绕生活富裕，增强农民获得感幸福感

（1）农民人均可支配收入

2018年，福建省居民人均可支配收入32644元，比上年增长8.6%。其中，城镇居民人均可支配收入42121元，农村居民人均可支配收入17821元，城乡间收入仍有较大的差距。但从人均可支配收入增长率上分析，农村居民人均可支配增长率比2017年名义上增长9.1%，实际上增长7.5%；城镇居民人均可支配收入增长率比2017年名义上增长8.0%，实际上增长6.4%。城乡居民人均可支配收入比为2.36，较2017年下降0.03，收入差距有缩减的趋势。②

2019年，福建省居民人均可支配收入35616元，比上年增长9.1%。其中，城镇居民人均可支配收入45620元，农村居民人均可支配收入19568元，城乡间收入仍有较大的差距。但从人均可支配收入增长率上分析，2019年农村居民人均可支配增长率比2018年名义上增长9.8%，实际上增长6.9%；城镇居民人均可支配收入增长率比2018年名义上增长8.3%，实际上增长5.6%。

对比2018年、2019年两年，福建省居民人均可支配收入增长2972元，涨幅增加0.5个百分点，其中，城镇居民人均可支配收入增长3499元，农村居民人均可支配收入增长1747元，城镇居民人均可支配收入增长约为农村居民人均可支配收入增长的2倍，城乡间收入仍有较大的差距（见表14）。其中，值得注意的是，城镇居民人均可支配收入和农村居民人均可支配收入在实际收入上有所下降，城镇居民实际收入降幅更大，达到0.8%。

① 中共福建省委实施乡村振兴战略领导小组办公室：《全省各级各部门扎实推进乡村振兴战略实施》，《福建乡村振兴简报》第21/22期，2019年11月7日。

② 《2018年福建省国民经济和社会发展统计公报》（2019年2月28日），http://tjj.fujian.gov.cn/xxgk/tjgb/201902/t20190228_4774952.htm。

表14 2012~2019年福建省农村与城镇居民人均可支配（纯）收入及其增长速度

单位：元，%

年份	农村居民人均可支配(纯)收入			城镇居民人均可支配收入			城乡居民人均可支配收入比（以农民人均纯收入为1）
	数值	比上年增长		数值	比上年增长		
		名义	实际		名义	实际	
2012	9967	13.5	10.8	28055	12.6	10.0	2.81
2013	11405	12.2	9.7	28174	9.8	7.0	2.47
2014	12650	10.9	8.8	30722	9.0	6.8	2.43
2015	13793	9.0	7.2	33275	8.3	6.5	2.41
2016	14999	8.7	7.1	36014	8.2	6.3	2.40
2017	16335	8.9	8.0	39001	8.3	6.9	2.39
2018	17821	9.1	7.5	42121	8.0	6.4	2.36
2019	19568	9.8	6.9	45620	8.3	5.6	2.33

资料来源：《福建统计年鉴—2019》；《2019年福建省国民经济和社会发展统计公报》，2020年2月27日，http://www.fujian.gov.cn/zc/tjxx/tjgb/202003/t20200302_5206444.htm。

从2019年农村居民人均可支配收入的结构上看：工资性收入的占比最大，约为45.73%，较2018年有小幅度下降；经营性收入占比其次，约为36.69%，该收入逐年稳定下降；转移净收入位列第三，约为15.82%，每年有小幅度的增长，2019年增长幅度较大；财产净收入为第四，占比为1.76%，其总体呈现缓慢上升的趋势，2019年轻微下降（见表15）。将福建省农村居民按收入五等分分组可知，2018年高收入户的农村居民人均收入达到37903元，且收入增长最快，比2017年人均可支配收入增加4459元，中等偏下户2018年人均可支配收入为11575元、低收入户2018年人均可支配收入仅为6422元，比2017年人均可支配收入分别增加347元和353元（见表16）。农村居民间收入差距较大且差距较明显。

从福建省设区市农村居民人均可支配收入上看，2019年厦门市的农村居民人均可支配收入最高，达到24802元；南平市最低，仅为17385元，不同地区间农村居民可支配收入差距较大，且随着年份的增加，收入差距值也在扩大（见表17）。

表15 2013~2019年福建省农村居民人均可支配（纯）收入构成

单位：%

年份	工资性收入	经营净收入	财产净收入	转移净收入
2013	44.32	41.08	1.40	13.21
2014	44.70	40.27	1.59	13.44
2015	44.86	39.55	1.69	13.90
2016	45.24	38.81	1.70	14.25
2017	45.40	38.42	1.78	14.40
2018	46.10	37.63	1.81	14.47
2019	45.73	36.69	1.76	15.82

资料来源：《福建统计年鉴—2019》；《2019年福建省国民经济和社会发展统计公报》，2020年2月27日，http://www.fujian.gov.cn/zc/tjxx/tjgb/202003/t20200302_5206444.htm。

表16 2013~2018年福建省农村居民按收入五等分分组的人均可支配收入

单位：元

年份	低收入户	中等偏下收入户	中等收入户	中等偏上收入户	高收入户
2013	4360.76	7741.66	10869.8	14312.49	21905.18
2014	4691.41	8576.55	11955.23	15607.56	25534.43
2015	5099.66	9700.01	12867.71	17129.45	27535.95
2016	5587.86	10168.39	13796.67	18491.94	31015.04
2017	6069.11	11228.13	15102.75	20038.63	33443.99
2018	6422.00	11575.00	16539.00	22448.00	37903.00

资料来源：《福建统计年鉴—2019》；《2019年福建省国民经济和社会发展统计公报》，2020年2月27日，http://www.fujian.gov.cn/zc/tjxx/tjgb/202003/t20200302_5206444.htm。

表17 2014~2019年福建省设区市农村居民人均可支配收入

单位：元

设区市	2014年	2015年	2016年	2017年	2018年	2019年
福州市	14012	15203	16346	17865	19419	21320
厦门市	16219	17558	18885	20460	22410	24802
莆田市	12828	13882	15131	16492	17991	19687
三明市	11665	12806	13918	15212	16601	18312
泉州市	14586	15861	17179	18606	20277	22142
漳州市	12690	13866	15320	16676	18186	19885

续表

设区市	2014 年	2015 年	2016 年	2017 年	2018 年	2019 年
南平市	11251	12264	13331	14558	15868	17385
龙岩市	12054	13274	14429	15698	17154	18859
宁德市	11301	12391	13516	14722	16147	17804
福建省	—	13793	14999	16335	17821	19568

资料来源：《福建统计年鉴—2019》；《2019 年福建省国民经济和社会发展统计公报》，2020 年 2 月 27 日，http：//www.fujian.gov.cn/zc/tjxx/tjgb/202003/t20200302_ 5206444.htm。

综上可知，人均可支配收入在城乡间存在较大差距的同时，农村居民自身也存在较大差距。不同地区间、高收入户和低收入户的农民人均可支配收入差距较大，人均可支配收入的构成大体没有变化，发生小幅调整。

2019 年，福建各地加大乡村民生保障力度，持续改善农村生产生活条件。福州市推动城乡基本公共服务一体化，开工建设村卫生所 129 个、乡村幼儿园 10 所、乡村义务教育学校 17 所、乡镇普高和完中 7 所，实施 20 所中心卫生院支持发展工程，到 2020 年达到或接近二级综合性医院服务水平。厦门市推进医养融合发展，农村基层医疗机构为 65 岁以上老年人建立健康档案，提供免费健康体检。三明市进一步巩固"村村通"成果，实现 1672 个具备通客车条件建制村 100% 通客车，占全市建制村的 96.2%。龙岩市从 2018～2020 年市级财政每年安排 500 万元资金，用于基层医疗卫生机构"双达标"建设，全市完成 849 个村标准化卫生所建设。南平市拓宽融资渠道，在省级财政下拨的 14.57 亿元限额债券资金中，安排 5.17 亿元用于乡村振兴，占债券总额的 35.5%；利用土地增减挂钩与耕地占补平衡等存量资源，设立乡村振兴基金，目标规模 20 亿元，首期已到位 6000 万元。[①]

（2）农村居民消费水平和消费结构

农村经济结构的改善以及农村居民人均收入水平的提高，带动农村居民

---

① 中共福建省委实施乡村振兴战略领导小组办公室：《全省各级各部门扎实推进乡村振兴战略实施》，《福建乡村振兴简报》第 21/22 期，2019 年 11 月 7 日。

经济消费水平提高。2019 年，福建省城镇居民人均生活消费支出为 30946 元，农村居民人均生活消费支出为 16281 元，恩格尔系数农村为 35.5，城镇为 30.8，可以发现城乡居民的食品消费支出占总消费支出的比重逐年下降，反映人们的生活质量在改善，生活水平逐步提高。城乡居民人均消费水平对比（农村居民 = 1）有轻微上涨。2018 年，福建省居民人均消费支出为 22996 元，比 2017 年增长 8.2%，其中，农村居民人均生活消费支出为 14943 元，比 2017 年增长 6.7%；城镇居民人均生活上消费支出为 28145 元，比 2017 年增长 8.3%，[①] 可以看出无论是城镇还是农村，居民整体消费水平良好，恩格尔系数整体上在不断降低，表明食品支出占总消费支出的比重在减少，居民人均生活消费较 2012 年都有较大提升（见表18）。[②]

此外，2018 年福建省城乡间居民在生活消费支出上仍存在较大差距，且城镇居民人均生活消费支出增长比大于农村居民人均生活消费支出增长比，食品支出总额占个人消费支出的比重仍较大，但从城乡居民人均消费水平对比上看，城乡间差距在缓慢缩减，2012 年城乡居民人均消费水平对比为 2.2，2017 年城乡间消费差距对比达到最小值为 1.7，2018 年城乡间居民人均消费水平对比小幅度增长为 1.88。同时，消费结构也在进一步改善（见表18）。[③]

表18　2012~2019 年福建省农村和城镇居民人均生活消费支出与消费水平

单位：元/人

年份	地区	人均生活消费支出	恩格尔系数	人均消费水平	城乡居民人均消费水平对比（农村居民 = 1）
2012	农村	7401.92	46.0	9596	2.20
	城镇	—	39.4	20722	

---

① 《2018 年福建省国民经济和社会发展统计公报》，2019 年 2 月 28 日，http：//tjj. fujian. gov. cn/xxgk/tjgb/201902/t20190228_ 4774952. htm。

② 《2018 年全省国民经济主要统计指标》，http：//tjj. fujian. gov. cn/xxgk/jdsj/201901/t20190125_ 4751366. htm。

③ 《国民经济和社会发展比例和效益指标》，http：//tjj. fujian. gov. cn/tongjinianjian/dz2018/ index – cn. htm。

年份	地区	人均生活消费支出	恩格尔系数	人均消费水平	城乡居民人均消费水平对比（农村居民＝1）
2013	农村	9986.15	38.9	10147	2.10
	城镇	20564.70	32.7	21725	
2014	农村	11055.93	38.2	11908	2.00
	城镇	22204.06	33.2	23642	
2015	农村	11960.79	37.6	13631	1.80
	城镇	23520.19	33.0	25202	
2016	农村	12910.84	37.3	15653	1.80
	城镇	25005.52	33.2	27859	
2017	农村	14003.40	36.9	17885	1.70
	城镇	25980.45	32.9	30474	
2018	农村	14943.00	35.7	——	1.88
	城镇	28145.00	32.0	——	
2019	农村	16281.00	35.5	16281	1.90
	城镇	30946.00	30.8	30946	

注：2018年人均消费水平数据缺失。

资料来源：《福建统计年鉴—2019》；《2019年福建省国民经济和社会发展统计公报》，2020年2月27日，http://www.fujian.gov.cn/zc/tjxx/tjgb/202003/t20200302_5206444.htm。

从2013～2019年福建省农村和城镇居民人均生活消费支出构成上来看，农村地区食品烟酒消费占比下降较多，由2013年的38.9%降至2019年的35.5%，[①] 比重逐年下降，城镇地区食品烟酒消费占比从2013年的32.67%降至2019年的30.8%（见表19），但从福建省农村和城镇居民人均生活消费支出构成整体看，食品烟酒仍然是居民消费支出中最大的一部分，居民生活水平仍处于中等阶段，有较大的提升空间。衣着、生活用品及服务、教育文化娱乐服务和其他用品及服务等方面的消费占比开始下降，同时，农村居民用于居住、交通和通信以及医疗保健等方面的消费占比出现提升。此外，

---

① 《2018年全省国民经济主要统计指标》，2019年1月25日，http://tjj.fujian.gov.cn/xxgk/jdsj/201901/t20190125_4751366.htm。

由于城镇化发展，大量农村人口转移到城镇，农村地区出现地多人少现象，从城乡人均住房建筑面积上看，可知，城镇和农村的住房建筑面积都有所增加，农村居民人均住房建筑面积较城镇居民人均住房建筑面积大得多（见表20）。

表19　2013～2019年福建省农村和城镇居民人均生活消费支出构成

单位：%

年份	地区	食品烟酒	衣着	居住	生活用品及服务	交通和通信	教育文化娱乐服务	医疗保健	其他用品及服务
2013	农村	38.90	5.29	23.34	5.97	9.19	9.39	5.64	2.28
	城镇	32.67	6.76	24.40	6.19	12.51	9.82	4.50	3.14
2014	农村	38.19	5.18	23.59	5.81	9.93	8.51	6.66	2.14
	城镇	33.19	6.58	24.48	5.86	12.33	9.77	4.77	3.02
2015	农村	37.57	5.10	24.31	5.19	10.44	8.39	6.91	2.08
	城镇	32.99	6.33	24.71	5.68	12.85	9.84	4.95	2.64
2016	农村	37.32	4.40	24.82	5.33	11.25	8.30	6.71	1.88
	城镇	33.19	5.77	26.12	5.57	12.82	9.84	4.71	1.97
2017	农村	36.86	4.50	25.34	5.15	11.10	8.39	6.47	2.18
	城镇	32.92	5.53	26.29	5.69	12.91	9.56	4.75	2.36
2018	农村	35.74	4.53	24.42	5.12	12.16	9.09	6.80	2.14
	城镇	31.98	5.52	27.41	5.39	12.90	9.69	4.89	2.22
2019	农村	35.50	4.80	23.30	5.00	11.70	9.90	7.40	2.40
	城镇	30.80	5.40	28.90	5.00	12.00	9.90	5.50	2.50

资料来源：《福建统计年鉴—2019》；《2019年福建省国民经济和社会发展统计公报》，2020年2月27日，http://www.fujian.gov.cn/zc/tjxx/tjgb/202003/t20200302_5206444.htm。

表20　2013～2018年福建省农村和城镇居民人均住房建筑面积

单位：平方米

项目	2013年	2014年	2015年	2016年	2017年	2018年
农村	63.71	60.83	63.48	66.47	68.00	69.40
城镇	38.70	40.70	42.50	42.70	43.40	43.00

资料来源：《福建统计年鉴—2019》；《2019年福建省国民经济和社会发展统计公报》，2020年2月27日，http://www.fujian.gov.cn/zc/tjxx/tjgb/202003/t20200302_5206444.htm。

近年来，福建省乡村基础设施专项小组加快建设"四好农村路"，实施"百乡千村"路网提升工程，重点推进通乡镇公路、资源路旅游路产业路、通村公路窄路面拓宽改造，完成全省农村公路建设改造1446公里。加快建设县、乡（镇）、村三级物流网络，2019年建成乡镇综合运输服务站91个，占年计划的91%，农村电商覆盖80%的乡镇。完善农村水利设施，重点推进7座中型水库、"五江一溪"防洪治理、中小河流治理、安全生态水系、水土流失综合治理等项目建设。实施农村饮水安全巩固提升工程，在12个县（市）开展城乡供水一体化建设试点，2019年1~9月完成投资12.48亿元，占年计划的69.3%。推进新一轮农网改造升级，新增投运10KV配电变压器5318台，新建及改造10KV高压线路4628.7千米。加快农村光纤网络建设，推进农村"提速降费"，深化电信普遍服务。完善乡村气象监测信息网络，加快气象现代化。①

基础设施和社会事业建设提速，95%的乡镇通三级以上公路，城乡供水一体化建设提速，农村电网升级改造加快，光纤宽带与4G网络覆盖所有行政村，农村学校"全面改薄"工程加快实施，近70%的村卫生所完成标准化改造，农村幸福院覆盖率超60%，农村社会和谐稳定。②

此外，福建省乡村公共服务专项小组大力发展农村教育，规划建设乡村公办幼儿园项目155个，开展乡村小规模学校建设与评估，推进"全面改薄"项目，持续提升高中办学质量和条件。持续推进健康乡村，完成乡村一体化村卫生所标准化建设9324个。完善乡村养老服务，推进500所农村幸福院建设，在66个单位试点建设医养结合综合体示范基地及培训基地。进一步加强农村就业服务和就业保障，提升社会救助、基本养老保险水平，加大农村留守妇女儿童关爱保护、农村残疾人服务力度。③

① 中共福建省委实施乡村振兴战略领导小组办公室：《全省各级各部门扎实推进乡村振兴战略实施》，《福建乡村振兴简报》第21/22期，2019年11月7日。
② 王宁：《在全省农村工作会议上的讲话》（2020年1月9日）。
③ 中共福建省委实施乡村振兴战略领导小组办公室：《全省各级各部门扎实推进乡村振兴战略实施》，《福建乡村振兴简报》第21/22期，2019年11月7日。

（二）精准扶贫工作进展

精准扶贫是乡村振兴战略中的重要一笔，随着进入脱贫工作的攻坚期，福建省的精准扶贫工作也呈现更加良好的状态。2018年实施乡村振兴战略以来，福建省加速下沉资源到贫困地区，精准扶贫工作整体上取得了决定性进展，获得明显成效。2018年全省脱贫0.4万人，纳入农村最低生活保障的居民37.81万人，"造福工程"搬迁1.6万人。① 现行扶贫标准下的建档立卡贫困人口基本实现脱贫，建档立卡贫困村新退出1158个。2019年，省农村脱贫攻坚专项小组紧盯6个尚未摘帽的重点县、151个建档立卡贫困村和尚未脱贫的465个建档立卡贫困人口，精准施策，全力推动责任落实、政策落地。② 着力巩固脱贫成果，全面落实"三不脱"要求，促进45.2万个已脱贫建档立卡贫困人口稳定脱贫。其中，在科技扶贫、产业扶贫、金融扶贫、搬迁扶贫和健康扶贫等方面，福建省开展了一系列扎实工作。

1. 科技助力精准脱贫，建设科技扶贫强省

2018年以来，福建省加大对扶贫开发工作重点县扶持力度，福建省科协组织收听收看2019年全国科技助力精准扶贫工作交流视频会议，因地制宜融合科学技术与扶贫工作。在当地推广与应用先进的农业科学技术，在各挂点贫困县建立了科技扶贫示范基地、农业科学技术试验基地，并通过科技人才引进以及科学技术的扶持，带动贫困地区资源有效开发，特色产业得以发展，提高了贫困县、贫困村至贫困户的基本生活水平和收入水平。

2018年福建共选认省级科技特派员2483名，其中科技特派员团队105个，并有56家省级星创天地，其中42家星创天地获科技部备案。③ 2019年

---

① 《福建统计年鉴2019》。
② 中共福建省委实施乡村振兴战略领导小组办公室：《全省各级各部门扎实推进乡村振兴战略实施》，《福建乡村振兴简报》第21/22期，2019年11月7日。
③ 《2018年福建省科技特派员工作现场会》，《福建日报》2018年10月19日，http://www.fujian.gov.cn/xw/fjyw/201810/t20181019_4544097.htm。

是福建省推行科技特派员制度20周年，计划选认省级科技特派员1000名以上，实现省级科技特派员乡镇全覆盖，带动市、县（区）科技特派员逐步实现行政村全覆盖，强调将坚持科技特派员制度与县域科技创新、农业农村发展和精准扶贫相衔接，同时发展"互联网＋"创业体系，建设"星创天地"等新型服务平台，推动创业与创新、创业与就业、线上与线下协同，加速推动人才、知识、技术、成果、资金等要素在县域流动。①

2. 产业推进精准脱贫，发挥产业持续动力

在特色资源农业方面。经过多年培育，福建特色现代农业交出了一张亮眼的成绩单——毛茶产量、产值均居全国第一；食用菌栽培种类居全国之冠、产量全国第三；特色畜牧业规模化、标准化生产水平居全国前列；水产品产量全国第三；蔬菜、水果等特色农产品也在全国占据重要位置，特色农产品出口额长期保持全国前三位。② 2018年以来，福建省加快发展设施蔬菜、特色水果、名优茶、珍稀食用菌等高附加值产业，扶持发展福建百香果、富硒农产品等新兴产业，大力发展家禽业和草牧业，十大乡村特色产业全产业链总产值超1.5万亿元，茶产业突破千亿元。③

在特色旅游农业方面。福建省印发《福建省文化和旅游厅关于2019年度乡村旅游"百镇千村"及扶贫有关工作的通知》及《福建省乡村旅游"百镇千村"提质升级三年行动方案（2018～2020年）》，发挥乡村文化振兴作用，建设特色文化设施，利用古厝、祠堂、礼堂、戏台、乡村游客服务中心等，拓展一批基层特色文化服务中心，组织开展特色文化活动，打造"升级版""特色版"乡村公共文化服务阵地，2019年完成380家省级示范点建设，并持续扶持全省50个乡村旅游扶贫重点村，完成对472个全国旅

① 《2019年福建力争实现省级科技特派员乡镇全覆盖》，福州新闻网，2019年1月24日，http：//news.fznews.com.cn/dsxw/20190124/5c491cabda379.shtml。

② 黄华康：《在全省农业农村重点工作培训班上的讲话》，福建省农业农村厅，2019年1月11日，http：//nynct.fujian.gov.cn/tpxw/201901/t20190111_4742277.htm。

③ 《2019年福建省农业农村厅工作报告》，福建省农业农村厅，2019年2月28日，http：//nynct.fujian.gov.cn/zjnyt/gzbg/201902/t20190228_4775348.htm。

游扶贫重点村旅游"百企百村"帮扶专项行动。①

3. 金融助力精准脱贫，强化金融扶贫能力

福建省下达 2019 年度省级财政专项扶贫资金的通知，制定资金分配方案、加快资金拨付、强化资金监管，进一步加快补齐短板巩固脱贫成效。一方面，福建省借力金融扶贫贷款平台，为贫困农户提供小额信贷担保、信用评价等相关金融服务；另一方面，发挥各地农村信用社联合社在金融精准扶贫方面的作用，为企业、贫困户提供优惠、便捷、高效的金融服务。

此外，充分发挥民间资本的作用。多地开展"千企帮千村"扶贫活动，截至 2020 年 4 月 23 日全省 1300 家民营企业和商会组织结对帮扶 1397 个贫困村，投入资金 7.9 亿元，惠及 4.9 万名贫困人口。②

4. 搬迁落实精准脱贫，一方水土养活一方人

易地搬迁是解决"一方水土养不活一方人"现实困境的有效脱贫途径。福建省通过实施扶贫搬迁，把造福工程与小城镇发展、工业园区开发、美丽乡村建设、生态保护、灾后重建等工作有机结合起来，积极推进精准脱贫工作。2019 年，全省造福工程易地扶贫搬迁任务 3650 人，③ 引导易地搬迁，同时加大力度支持贫困户危旧房改造。④

5. 健康托底精准脱贫，对症开方拔"穷根"

完善农村医疗保险。2018 年福建省陆续落实大病叠加补助、开启贫困户就医绿色通道、家庭医生引导及时就医等举措，为全县贫困户撑起了一把

---

① 《福建省文化和旅游厅办公室关于印发 2019 年福建文化和旅游工作主要任务分工方案的通知》，福建省文化和旅游厅，2019 年 3 月 5 日，http://wlt.fujian.gov.cn/zfxxgkzl/zfxxgkml/30qtyzdgkdzfxx/13qtxx/201911/t20191101_5083331.htm。

② 《福建"千企帮千村"，这些做法"真暖"！》，2020 年 4 月 23 日，人民网 - 福建频道，http://fj.people.com.cn/n2/2020/0423/c181466-33971389.html。

③ 《福建省农业农村厅关于切实做好 2019 年造福工程易地扶贫搬迁工作的通知》，2019 年 2 月 18 日，福建省农业农村厅，http://www.putian.gov.cn/ztzl/shgysyjsly/tpgjly/fpzc_33197/201904/t20190429_1319929.html。

④ 福建省人民政府：《关于实施乡村振兴战略的实施意见》，2018 年 3 月 26 日，http://www.moa.gov.cn/ztzl/xczx/yj/201811/t20181129_6163973.htm。

坚实有力的"健康伞"。2019年福建省印发《福建省人民政府办公厅关于进一步完善精准扶贫医疗叠加保险政策的通知》，进一步加大扶持力度，降低贫困人口医疗费用负担。[①]

细化家庭医生签约服务。2019年国家卫生健康委印发《国家卫生健康委办公厅关于做好2019年家庭医生签约服务工作的通知》，各地继续巩固家庭医生签约服务的成果，在保证服务质量的基础上，稳步扩大签约服务覆盖面，并将签约服务纳入基层医疗卫生机构综合考核。

提升基层医疗卫生服务能力。福建省继续推进乡村医生教育工作，通过设立福建省乡村医生规范平台、线上教学、外出学习等方式，加强乡村医生规范培训，通过培训解读国家新政策、传授学习医疗知识，提高医师个人的医疗水平，使中国医改"卫生资源下沉"途径更为直接和有效地得以实现。2019年4月18日福建省召开乡村医生规范培训工作会议，通报2018年全省乡村医生规范培训工作开展情况并部署2019年全省乡村医生规范培训工作，明确乡村医生培训任务，切实解决了基层贫困群众最切身的看病难问题，为基层医疗事业的发展添砖加瓦。

（三）农村其他领域改革进展

1. 农村土地制度改革

2018年，福建省土地确权工作已全面结束，大部分农民拿到宅基地确权证书。其中，作为全省首个土地制度改革试点县，晋江市共办理宅基地确权登记发证104747宗，并推进"房地一体"的农村地籍和房屋调查，截至2018年底已完成147个行政村的调查工作。通过宅基地有偿使用渠道，制定市、镇、村三级配套政策，明确了宅基地有偿使用缴费的对象、范围、收费标准，共形成4种宅基地自愿有偿退出方式，截至2018年底，全市共腾退宅基地6345亩。推动宅基地抵押贷款从独立授信向批量授信提升，已办

---

① 《福建省关于进一步完善扶贫医疗叠加保险政策的通知》，2019年10月3日，https://www.sogou.com/link?url=DSOYnZeCC_oRXLDbFefilv4T17ln4fKR3ZgmgLIfokzlQxfUrNv0tjaRGyxRFACb0ztd7q5nl6o。

理宅基地和农房抵押3137笔，发放贷款20.32亿元。[①]

2019年，全面完成农村土地承包经营权确权登记，证书到户率97.6%，全省1917万农民吃上定心丸；[②] 农村改革持续深化，农村集体产权制度改革整省推进，福清市坚持系统集成思路，在对全市农村集体各类资产进行全面清产核资、精准界定组织成员身份的基础上，推行一人一份额的资产量化和收益分配，有效保护农民合法权益，得到农业农村部充分肯定。[③]

2. 农村集体产权制度改革

在实施乡村振兴战略过程中，农村集体产权制度改革既是重要的制度支撑，也是深化农村改革的重点任务。闽侯县是福建省首个获批改革试点县。该县农村集体产权制度改革从保障农民集体利益、发展股份合作和完善集体资产股份权能三方面展开，上至政府下至百姓，积极探索实践，对闽侯县所有农户进行清产核资、确认农村经济组织成员身份、建立新型农村集体经济组织和完善集体股权管理制度，一系列举措下，取得较好成效。2018年2月，福建省农业厅出台《2018年推进农村集体产权制度改革工作方案》发布，厦门作为改革试点单位，于全省率先完成农村集体资产清查核实工作，全市318个村（居）及2516个有独立资产的小组均已完成集体资产清查核实。[④]

2019年，农村集体经济实力有效增强，通过全面清产核资，摸清了集体家底，全省村均集体资产接近1000万元，其中经营性资产超过200万元；通过盘活集体资源资产、开展股份合作等方式，积极探索集体经济新的发展路径，全部行政村年经营收入均超过5万元，50%以上的村

---

① 齐培松、蔡天文：《晋江农村土地制度改革三项试点取得好成效》，福建省自然资源厅，2019年1月22日，http：//zrzyt. fujian. gov. cn/xxgk/gtdt/jcdt/201901/t20190122_4749554. htm。

② 黄华康：《在全省农业农村重点工作培训班上的讲话》，福建省农业农村厅，2020年1月17日，http：//nynct. fujian. gov. cn/tpxw/202001/t20200117_5182525. htm。

③ 王宁：《在全省农村工作会议上的讲话》（2020年1月9日）。

④ 陈永章、谢星星：《闽侯54个村完成农村集体产权制度改革 12.8万多农民变股民》，闽南网，2018年8月21日，http：//www. mnw. cn/news/fz/2049302. html。

超过 10 万元。① 2019 年，整省推进农村集体产权制度改革，15362 个村
（居）全部完成成员身份确认，55 个试点县率先完成股份合作制改革，农民
真正成为集体资产的所有者、管理者和受益者。

3. 农业农村风险防控

（1）有效防控非洲猪瘟疫情。2018 年，福建省委、省政府高度重视，
制定《福建省非洲猪瘟疫情应急实施方案》，并多次专题部署；省、市、县
三级防控指挥部成员单位密切配合，强化督导检查，推动措施落实，疫情得
到有效控制，没有扩散蔓延，部分瘟疫区按期解除封锁。

（2）加强农村假冒伪劣食品治理。2018 年，福建省制订《农村假冒伪
劣食品专项整治行动方案》，并组织开展专项治理宣传活动 1500 多场次，印
发宣传材料 12 万多份，组织执法人员 1.7 万人次，检查食品生产经营主体
1.1 万个，收缴假冒伪劣食品 3.5 万公斤，捣毁制假售假窝点 17 个，查处
假冒伪劣食品案件 48 起。②

（3）深入开展"大棚房"问题专项清理整治。2018 年，福建省农业农
村厅积极会同自然资源厅、住建厅组织开展全面排查，推动各地全面整改，
取得阶段性成效，共排查设施农业大棚 57.54 万个、39.70 万亩，发现问题
160 宗，违法违规占用耕地 450.07 亩，整改完成 88 宗、340.03 亩，正在整
改 72 宗、110.04 亩。③

2019 年，农业安全生产形势得到新巩固。"大棚房"问题专项清理整治
任务如期完成，发现的 538 宗问题 3 月底全部整改到位，并及时向党中央、
国务院提交了报告。非洲猪瘟疫情有效防控，落实八项重点措施，强化动物
卫生和屠宰行业等关键环节监管，没有发生新的疫情。有力防治草地贪夜
蛾，没有转移为害、暴发成灾。安全生产监管全面加强，农机、农药、兽

① 黄华康：《在全省农业农村重点工作培训班上的讲话》，福建省农业农村厅，2020 年 1 月 17
日，http：//nynct. fujian. gov. cn/tpxw/202001/t20200117_ 5182525. htm。

② 黄华康：《在全省农业农村重点工作培训班上的讲话》，福建省农业农村厅，2019 年 1 月 11
日，http：//nynct. fujian. gov. cn/tpxw/201901/t20190111_ 4742277. htm。

③ 《2019 福建省农业农村厅工作报告》，福建省农业农村厅，2019 年 2 月 28 日，http：//
nynct. fujian. gov. cn/zjnyt/gzbg/201902/t20190228_ 4775348. htm。

药、饲料、沼气等行业没有发生重特大事故。① 2019 年，以现代农业科技为支撑，完善 6 个现代农业产业技术体系建设，成立省农业科技创新联盟，开展科技助力乡村产业振兴"千万行动"，组织千名农业专家进千村为万个新型农业经营主体开展技术服务。②

4. 人才支撑

2018 年 1 月至 11 月，福建省累计培训农民 102 万人次，③ 并分别委托福建农林大学、福建农业职业技术学院、厦门海洋职业技术学院等单位组织培训新型职业农民超过 3 万人次。④ 此外，全省每年选认 1000 名以上省级科技特派员到基层开展服务创业，允许符合要求的公职人员回乡任职，全省新型职业农民人数达 43 万名；强化科技支撑，农作物和畜禽良种覆盖率达 96% 以上。其中，厦门市精准引育现代都市农业人才、生态休闲旅游人才，单列区级农村实用人才专项类别，成立人才工作站，评选表彰两批共 15 名农村实用人才，提高人才津贴至每人每月 1000 元。⑤

2019 年，省乡村人才振兴专项小组深入推行科技特派员制度，启动实施 2019 年度省级扶贫开发工作重点县科技人员专项计划，选派省级科技特派员 360 人。加强农村实用人才培养，2019 年 1 月至 12 月全省完成农村实用人才职业技能培训 8 万人次，新增新型职业农民 2.3 万人，定向委托培养乡村一线本科层次临床医学人才 300 名。加大农村专业人才引进力度，认定山区地市和省级扶贫开发工作重点县引进急需紧缺人才 55 人，两岸 7 所高校、10 个台湾行业公会、10 所古建修复研究院和公司参与闽台乡建乡创。

① 黄华康：《在全省农业农村重点工作培训班上的讲话》，福建省农业农村厅，2020 年 1 月 17 日，http://nynct.fujian.gov.cn/tpxw/202001/t20200117_5182525.htm。
② 黄华康：《在全省农业农村重点工作培训班上的讲话》，福建省农业农村厅，2020 年 1 月 17 日，http://nynct.fujian.gov.cn/tpxw/202001/t20200117_5182525.htm。
③ 《福建农村实用技术远程培训惠及农民逾九百万人次》，《福建日报》2018 年 11 月 21 日，http://fj.people.com.cn/n2/2018/1121/c181466-32311095.html。
④ 《2018 年福建省省新型职业农民培育推进工作培训班会议》，《福建日报》2018 年 8 月 24 日，http://www.rmzxb.com.cn/c/2018-08-24/2150674.shtml。
⑤ 《同安区培育盘活乡土人才助力"乡村振兴"》，厦门市同安区人民政府网站，2018 年 1 月 29 日，http://www.xmta.gov.cn/xxgk/gzdt/tayw/201801/t20180129_415604.htm。

支持青年人才返乡创新创业，招募861名高校毕业生到乡镇开展"三支一扶"和社区服务。①

2019年1月，经福建省委、省政府同意，中共福建省委实施乡村振兴战略领导小组分别授予林雪枫等10位同志"'一懂两爱'好书记"称号，杨雪梅等10位同志"优秀驻村第一书记"称号，王道平等10位同志"优秀科技特派员"称号，康英德等10位同志"农村创新创业明星"称号，福建春伦集团有限公司等10家企业"'千企帮千村'助村富民明星企业"称号。7月20日，福建省农业科技创新联盟成立大会在福州举行。该联盟由福建省农业农村厅、福建省农科院、福建农林大学共同发起成立，由农业农村行政管理部门、农业科研机构、高校、农业技术推广机构及新型农业经营主体等共同组成，旨在解决农业科技资源条块分割、创新力量碎片化问题。8月5日，福建省农科院茶叶研究所"国家土壤质量福安观测实验站"入选"第二批国家农业科学观测实验站"，是全省首个国家农业科学观测实验站。

2019年，福建省委宣传部、省委讲师团、省农业农村厅、省民政厅联合印发《进一步推动县级乡村讲师团建设助力乡村振兴的通知》。通知要求在全省有农村的县（市、区）成立县级乡村讲师团，大力宣传党的路线方针政策、开展农业实用技术培训、宣传普及民生知识、引领乡村文明建设，为实施乡村振兴战略贡献力量。此外，福建省还深入推行科技特派员制度，启动实施2019年度省级扶贫开发工作重点县科技人员专项计划，选派省级科技特派员360人。②

5. 资金投入

2018年，福建省财政奖补乡村振兴示范村，每村300万元。③省农业农

---

① 中共福建省委实施乡村振兴战略领导小组办公室：《全省各级各部门扎实推进乡村振兴战略实施》，《福建乡村振兴简报》第21/22期，2019年11月7日。

② 中共福建省委实施乡村振兴战略领导小组：《关于表扬2019年度全省乡村振兴先进单位和先进个人的通知》，福建省农业农村厅，2020年1月7日，https：//www.fujian.gov.cn/zc/zxwj/bmwj/202001/t20200110_5178728.htm。

③ 《福建省2018年财政奖补乡村振兴示范村名单公布，每村300万！》，福建三农网，2018年11月21日，http：//wemedia.ifeng.com/89031309/wemedia.shtml。

村厅与建设银行福建省分行签订"发展普惠金融 助力乡村振兴"战略合作协议，重点围绕打造十大乡村特色产业，实施特色现代农业"五千工程"，共促乡村产业发展。此外，漳州市高车乡与县农村信用社联合社联合推行"助果贷"业务，充分调动广大农户的生产积极性，解决广大农户发展资金不足的后顾之忧，助推特色产业发展。全乡申请贷款农户45户，累计金额382万元，其中贫困村前岭村39户，金额322万元，分别占比86.7%和84.3%。漳州市华安农信"信用户"凭身份证，最高可申请贷款10万元，最低利率5.8‰，免担保、利率低，手续更简便，也可申请普惠金融卡30万元，最低利率6.45‰。[①]

2019年，省乡村投入保障专项小组加大财政资金保障力度，2019年省级预算安排支持乡村振兴资金278.33亿元，同比增长11.8%，在此基础上，2019~2022年全省筹集资金100亿元，支持乡村振兴试点示范工作。持续推进涉农资金统筹整合，2019年省直涉农部门预算归并保留涉农大专项18项，比2018年减少12项。2019~2022年各县（市）在省级财政下达的一般债券额度内，安排不低于20%的比例用于乡村振兴项目。创新农村金融服务机制，实施新型农村金融机构定向费用补贴等政策，稳步推动农业保险增品、扩面、提标，省级财政下达保费补贴资金2.285亿元，投入农业担保机构7.71亿元。[②]

6. 规划领导

2018年12月28日，福建省委实施乡村振兴战略乡村产业振兴专项小组出台《福建省乡村产业振兴专项规划（2018~2022年）》，提出了乡村产业振兴的5项一级指标、21项二级指标和7项重大行动、47项具体工程。10月22日，省委召开全省实施乡村振兴战略暨农村人居环境整治现场推进会，总结典型经验，推动重点工作落实。福建省委实施乡村振兴战

---

① 《华安"助果贷"助力产业发展》，漳州政府网，2018年11月9日，http://www.zhangzhou.gov.cn/cms/html/zzsrmzf/2018-11-09/833584380.html。

② 中共福建省委实施乡村振兴战略领导小组办公室：《全省各级各部门扎实推进乡村振兴战略实施》，《福建乡村振兴简报》第21/22期，2019年11月7日。

略领导小组印发实施《福建省实施乡村振兴战略十大行动方案》和《福建省乡村振兴试点示范工作方案》，对《福建省实施乡村振兴战略规划（2018～2022年）》主要任务进行分解，明确62项重点任务和99项重大工程、重大计划、重大行动的牵头责任单位。省12个专项小组分别出台实施方案，明确工作重点、目标任务和部门责任，建立统筹协调机制，落实重点任务。福建省委乡村产业振兴专项小组和乡村生态振兴专项小组分别出台了《乡村产业振兴专项规划》《乡村生态振兴专项规划》；省乡村产业振兴专项小组、宜居乡村建设专项小组、乡村文化振兴专项小组分别召开推进会，部署专项工作。省委乡村振兴办抽调干部集中办公，常态化运行，推动市、县（区）比照省里设立乡村振兴办，形成省、市、县三级乡村振兴工作系统。①

2019年实施乡村振兴战略形成新机制。"五级同抓、千村试点、万村推进、全面振兴"的格局初步形成。构建高位推动的领导体制，省委成立实施乡村振兴战略领导小组，省委书记于伟国任组长，省长唐登杰任第一副组长，省委副书记王宁和副省长李德金任副组长，市、县党委相应成立领导机构，推动五级书记抓乡村振兴落到实处。建立权责分明的工作推进机制，推动乡村振兴"十大行动"落细落实。完善衔接紧密的规划体系，贯彻"留白、留绿、留旧、留文、留魂"理念，省、市、县三级编制完成实施乡村振兴战略规划，全面完成村庄分类。坚持群策群力的试点机制，省级确定50个重点县（市、区）、100个特色乡（镇）、1000个试点村，4年筹措超过100亿元资金，因地制宜探索乡村振兴的体制机制、支持政策、发展模式，示范带动全省乡村全面振兴。实行比学赶超的考核激励机制，开展实施乡村振兴战略实绩考核，2019年首次通报表扬一批乡村振兴先进集体和先进个人。②

---

① 中共福建省委实施乡村振兴战略领导小组办公室：《全省各级各部门扎实推进乡村振兴战略实施》，《福建乡村振兴简报》第21/22期，2019年11月7日。

② 黄华康：《在全省农业农村重点工作培训班上的讲话》，福建省农业农村厅，2020年1月17日，http：//nynct. fujian. gov. cn/tpxw/202001/t20200117_ 5182525. htm。

（四）福建省乡村振兴存在的突出问题

1. 产业发展方面

现代农业产业链条不完整、特色农业功能拓展不足，优势特色产业集聚集群发展格局还未形成。农产品供给结构亟待优化，加工环节仍然比较薄弱，农村产业利益联结机制仍然较为松散，一、二、三产融合发展的任务依然繁重。农业品牌包装、经营和推介不够，市场竞争力偏弱。农产品的科技含量水平和经济效益亟待提升，特别是高新技术与现代农业的结合应用的步伐还比较缓慢。种粮比较效益持续下滑，农民种粮积极性不高问题仍然突出。

2. 乡村建设方面

相较于城市地区以及发达地区乡村：整体上乡村的规划和布局还相对滞后，基础设施建设仍然落后，公共服务水平有待提升；农村青壮年劳动力外流，部分村庄空心化问题依然严重，常住人口老龄化现象突出，乡村振兴缺少中坚力量和骨干人员，乡村自我发展能力较弱，城乡发展差距依然较大。脱贫攻坚方面，"三保障"和饮水安全方面还有短板。

3. 乡村治理方面

乡村治理力量过度依赖乡镇政府，基层组织能力薄弱的现象仍存在。部分乡镇地区自然条件相对比较恶劣，人才引进相对比较困难，导致治理能力和动力缺失。在传统文化及思维主导的乡村区域，如何与现代文化及治理思维相融合，仍需探索。探索发挥党组织的领导核心作用，健全自治、法治、德治相结合的乡村治理体系，实现多元协调共同推进乡村治理现代化，依然任重道远。

4. 环境整治方面

随着经济发展水平的提升以及网购的兴起，生活方式与消费结构的转变，农村生活垃圾的种类与成分更加复杂化，生活垃圾污染治理难度增大，山区地区生活垃圾治理中收集转运难度大。生活垃圾存在"二次污染"隐患，乡一级有害垃圾处理率还存在较大提升空间。农业生产经营方式仍以单

家独户生产、粗放式经营为主，农业生产过度依赖资源消耗，农业面源污染问题比较突出。

二　福建省乡村振兴展望

（一）福建省实施乡村振兴战略的有利条件

在新的一年，福建省农业农村发展基本面依然向好，乡村振兴面临着重大机遇。

一是政策叠加拓展农业农村发展新空间。随着自由贸易试验区、"21世纪海上丝绸之路"核心区、生态文明先行示范区、福州新区建设等区域特色发展战略的深入实施，[①] 政策效应将进一步显现，福建省农业农村经济的发展空间将进一步拓展。

二是强农惠农政策力度持续增大。党中央坚持把解决好"三农"问题作为全党工作重中之重，把乡村振兴战略作为地方农业农村工作的重要抓手，深入推进乡村振兴规划和实施方案，并围绕重点任务出台了大量的政策举措，特别是福建省在促进生态文明、脱贫攻坚、特色农业等方面开展了富有成效的创新实践，为福建乡村振兴奠定了良好发展的基础。

三是创新发展助推农业农村全面改革。当前国家实施"双创"战略，力促"互联网＋"与现代农业深度融合，有力推进了农村改革的全面深化。特别是新技术的运用和新模式的涌现，为乡村振兴战略的实施释放了新活力、注入了新动能。

四是新型城镇化助推"三农"升级。随着新型城镇化的加速推进，百姓对农产品的需求数量将进一步增长，对品质有更高的需求，在消费需求的

---

① 福建省发改委：《福建省国民经济和社会发展第十三个五年规划纲要》，福州人民政府网，2017年5月6日，http://www.fuzhou.gov.cn/ghjh/ztgh/201705/t20170516_463286.htm。

多元化、高端化升级将为广大农村地区的农产品带来新的发展机遇。此外随着三产融合的发展，文化、旅游等服务行业将引领传统的产业升级，提升产业附加值，实现乡村区域可持续发展。

（二）福建省实施乡村振兴战略的不利因素

从整体宏观环境来看，我国各地区发展面临的国际环境、国内经济形势总体向好，但是稳中有变，进入新旧动能接续转换、经济转型升级的关键时期。福建省经济运行主要指标增速好于全国，但经济下行的压力依然存在，受到新冠肺炎疫情的影响，农业农村发展外部环境更加错综复杂，乡村振兴战略实施所面临的不确定因素和不利因素不容忽视。

一是2019年国内经济下行压力加大，农业农村发展面临的外部风险较大，农产品市场面临的波动性和不确定性加剧，农民适应现代市场竞争的能力有待增强。

二是随着工业化、城镇化进程的不断推进，乡村地区面临的资源、能源和环境压力也在不断加大，同时农业自身发展与资源环境承载能力不协调，农业农村可持续发展面临着更大的压力，广大福建农村地区在创建生态文明先行示范区建设过程的任务更为艰巨。

三是短期内因疫情影响，部分农民工回流创业、在地就业，保障农民就业增收的压力剧增；从长期来看，农村青壮年劳动力外流，部分村庄空心化问题依然严重，常住人口老龄化现象突出，乡村振兴缺少中坚力量和骨干人员；城乡之间要素合理流动机制有待进一步完善，乡村治理体系和治理能力需要进一步加强。

四是受疫情影响，部分农产品的销售受到一定程度的冲击，特别是出口类农产品的国际贸易将受到影响，应积极作为，在国内国际"双循环"新发展格局中找准定位；传统粗放的畜禽养殖业、人口集聚型的乡村休闲旅游业等受到的冲击不容忽视，应着力推动相关行业走向内涵式发展。

（三）福建省实施乡村振兴战略的整体形势展望

综合判断未来福建省乡村振兴的实施环境和条件，仍然是机遇大于挑战，有利因素多于不利因素。而疫情带来的影响不是单一的挑战和压力，也有机遇与动力，应适度调整发展策略，化压力为动力、化挑战为机遇，创造新的发展机会。特别是2020年是全面建成小康社会、打赢脱贫攻坚战、完成"十三五"规划的收官之年，各级政府把加强农业农村工作作为重中之重，克服经济下行压力等不确定因素的影响，促进乡村振兴战略的顺利实施。因而，必须树立发展信心，坚持问题导向，紧紧围绕总目标来谋划和推进乡村振兴战略，不断创新工作思路，落实发展新理念，高水平谱写新时代"三农"工作新篇章。

三　加快推进福建省乡村振兴的对策建议

（一）实施绿色引领、融合发展的乡村产业提升行动

1. 建设特色现代农业

促进农业产业发展以提高质量为核心，由增产导向转为提质导向，增加优质、绿色农产品供给。按照打造特色产业、特色产品、特色品牌的要求，推进茶叶、蔬菜、水果、畜禽、水产、林竹、花卉苗木等特色现代农业加快发展，打造乡村特色产业全产业链。实施农产品加工转型升级工程、农产品大物流、大流通建设工程，鼓励龙头企业、合作组织创建农村产业融合发展示范园，实现农产品产地加工、仓储、冷链物流、电商营销全产业链融合发展。鼓励发展休闲农业和乡村旅游，鼓励利用闲置农房发展民宿、养老等项目，积极发展乡村共享经济、创意农业、特色文化产业。

2. 着力推进农业绿色发展

践行"绿水青山就是金山银山"理念，突出机制创新，强化资源保护、绿色生产、循环发展，把绿色生态导向贯穿农业发展全过程。实施农业投入

品减量增效行动，推广绿肥种植、推广有机肥、测土配方施肥等绿色种植模式，减少化肥、农药使用量。提高畜禽粪污资源化利用水平，建立健全种养循环发展机制，推进规模养殖场粪污处理设施装备全覆盖。加强田园环境整治，提高包装废弃物回收利用水平，提高秸秆综合利用水平。

3. 着力抓好"米袋子""菜篮子"

着力稳面积、攻单产、提品质、强产能，不断提升粮食综合生产能力。倡导"藏粮于民"，树立农副产品应急管理理念，推进优质高效蔬菜建设项目，提升城市"菜篮子"产品的自给率。[①] 深入实施稳定生猪生产行动，实施畜禽产业优化工程。发挥优势，抓好特色农产品生产。不断丰富市场供应，满足群众多层次消费需求。加强农产品产销链条的管理，完善农产品溯源体系，实现对重要农产品从产地到消费者的全流程可追溯。

4. 构建新型农业经营体系

实施农民合作社规范提升行动、家庭农场培育计划，鼓励龙头企业、农民专业合作社、专业大户、家庭农场等经营主体整合资源，差异化、适度规模化经营，扩大基本生产经营单元规模，推动小农户和大生产、大市场有机衔接。实施高素质农民培育工程，支持农业新型经营主体通过技术指导、服务带动、代购代销、品牌共享等，与小农户建立紧密型利益联结机制，把小农户引入现代农业发展轨道。[②] 带动农民因地制宜发展特色农业、休闲农业和乡村旅游业，支持开展农事节会活动。发展多样化的联合与合作，培育发展一批带农作用突出、综合竞争力强、稳定可持续发展的农业产业化联合体。

5. 提升农业对外开放水平

加快建立开放型农村经济新机制，创新农业招商引资机制，促进农产品

---

① 洪雅芳、郑晓梅、高周贤等：《福建省农业农村改革：成效、形势与对策》，《台湾农业探索》2018 年第 6 期，http://www.cqvip.com/QK/96539A/201806/7001302376.html。

② 魏后凯、黄秉信：《中国农村经济形势分析与预测（2019~2020）》，社会科学文献出版社，2020。

出口，开拓国际市场，提升福建省农产品国际竞争力，以"一带一路"共建国家为重点，组织农业企业赴相关国家开展农业对外投资项目考察、政策环境调研、市场前景研究，推动农业"走出去"。建设国际标准农产品示范基地，深化"闽茶海丝行"等系列经贸活动，更好地开拓国际市场、利用国际资源。促进国家级台创园、闽台农业融合发展产业园建设上新水平。[①]促进农业对外开放合作试验区、境外农业合作示范区建设，不断提高福建省农业产业国际竞争力。[②]

（二）实施全域覆盖、生态宜居的新时代美丽乡村建设行动

1. 优化乡村发展空间布局

强化全域规划理念，加强全域村庄规划与土地利用总体规划、城镇体系规划、基础设施建设规划、产业发展规划等有机衔接，促进城乡空间布局合理、功能配套完善、产业集聚发展。加快编制"多规合一"的实用性村庄规划，做到"一乡一计划、一村一方案"。深入开展主体功能区区划调整工作。

2. 加强村庄特色风貌引导

沿用地方特色的建筑图样和地方建筑材料整治旧房裸房，延续乡村本土风貌，完善乡村基础设施。加大传统村落文物保护力度，加强美丽乡村建设，打造各具特色的精品村。系统性考虑村庄土地利用、产业发展、住宅建设、环境整治等，体现村庄独特的自然风貌、历史文脉、乡土气息和精神特质。[③]

3. 全域提升农村人居环境质量

深化美丽乡村和造福工程建设，实施新一轮"千村整治、百村示范"建设工程，全面完成整村脱贫、边远偏僻自然村整村搬迁安置，改善乡村人

———————————

① 黄华康：《在全省农业农村重点工作培训班上的讲话》，福建省农业农村厅，2020 年 1 月 17 日，http://nynct.fujian.gov.cn/tpxw/202001/t20200117_5182525.htm。

② 洪雅芳、郑晓梅、高周贤等：《福建省农业农村改革：成效、形势与对策》，《台湾农业探索》2018 年第 6 期，http://www.cqvip.com/QK/96539A/201806/7001302376.html。

③ 黄华康：《在全省农业农村重点工作培训班上的讲话》，福建省农业农村厅，2020 年 1 月 17 日，http://nynct.fujian.gov.cn/tpxw/202001/t20200117_5182525.htm。

居环境。加快推进农村厕所改造及污水处理设施建设。强化农村生活垃圾分类收集与处理，构建"户户集、村收、镇运、县处理"的垃圾收集处理体系。加强农村畜禽养殖污染治理，对村庄主要河流岸线实施绿化工程，定期治理清淤。实现农村生活垃圾无害化处理，农村新型社区基本实现污水全收集全处理，基本完成农村无害化卫生厕所改造。

4. 加快农村基础设施提档升级

改善村庄内部道路，重点推进道路硬化。加大农村饮水安全工程投入，因地制宜建设供水和污水处理设施。加快农村信息基础设施建设，提高农村宽带普及率。实施电网升级改造工程，提高农村电力供应能力和用电水平。加强农村太阳能、风能的开发利用，升级改造供热设备，推进清洁能源工程建设，鼓励条件成熟的农村建设集中供热、供气设施。

（三）实施乡风文明、素质全面的人文乡村发展行动

1. 培育农村新时代新风尚

加强农村思想道德建设，弘扬时代精神、改革精神，凝聚道德力量、传播主流价值，全面提升农民文明素养。重点推进爱国主义教育基地项目。关爱农村留守儿童，强化农村未成年人思想道德建设。深化文明家庭创建，强化文明村镇创建的延伸、提升、扩面、成网，打造农村文明示范带。

2. 促进农村文化创新发展

大力开展历史文化村落保护建设，传承发展乡村优秀文化。深入挖掘推广乡村传统特色文化资源，重拾乡愁记忆。加快特色文化开发利用和产业转换，推进乡村文化与特色农业、旅游产业等融合发展，着力培育农村文化产业发展壮大。弘扬本土乡贤文化，积极培育新乡贤，发挥乡村精英的示范引领作用。举办具有地方特色的庆祝活动，传承八闽农耕文化，弘扬文明乡风，进一步扩大覆盖面、影响力。

3. 加强农村公共文化建设

加强农村公共文化建设，进一步整合农村宣传文化、科普教育、体育健身等各类资源，不断完善公共文化服务体系建设。深化实施"文化惠民"

行动，大力推进民间艺术表演、农民艺术节等活动。扶持发展农村民间文艺社团和业余文化队伍，培育挖掘乡土文化人才，增强农村基层文化的自我发展能力。

（四）实施多元结合、治理有效的善治乡村推进行动

1. 加强农村基层党组织建设

以提升组织力为重点，突出基层党组织的政治功能，大力实施支部建设工程，把农村基层党组织建成坚强战斗堡垒，着力引导农村党员发挥先锋模范作用。完善第一书记和驻村工作队制度，加大在优秀青年农民中发展党员力度，建立农村党员定期培训制度。加强基层党组织在应对突发事件上的关键作用。

2. 坚持自治为基，完善村民自治自我管理机制

全面建立健全村务监督委员会，深化拓展"四议两公开"工作法，推动村级重大事项民主决策，充分运用"一事一议"民主决策机制，保障村民决策权、参与权和监督权。巩固基层民主自治的基础，构建民事民议、民事民办、民事民管的多层次基层协商格局。推动乡村治理重心下移，尽可能把资源、服务、管理下放到基层，推进基层管理服务创新。

3. 坚持法制为本，增强基层干部法治观念、法治为民意识

深入推进综合行政执法改革向基层延伸，创新监管方式，提高执法能力和水平。加强农村法律工作力量，畅通农村司法渠道，完善农村土地承包经营纠纷调处机制。加大农村普法力度，提高农民法制素养，增强农民尊法学法守法用法意识。健全农村公共法律服务体系，加强对农民的法律援助和司法救助。

（五）实施共建共富、全民共享的乡村民生优化行动

1. 实现乡村全面脱贫

坚持精准施策、精准发力，突出老区苏区、少数民族聚居区脱贫攻坚。坚持现行扶贫标准，把符合条件的贫困人口和返贫人口全部及时纳入建档立

卡范围。坚持最低生活保障标准，把符合条件的贫困人口全部纳入保障范围。完善进退机制，建立健全贫困对象基本情况、帮扶措施等信息，筑牢精准基础。制订工作计划，指导各地制定省级扶贫开发工作措施，确保全省现有建档立卡贫困人口全部脱贫。要继续巩固帮扶，认真落实各项医疗、救助、低保等兜底政策，持续巩固脱贫成果，形成可持续的长效机制，使贫困群众能够有稳定的收入来源。

2. 深入推进乡村创新创业，激发农民增收内生动力

坚持创新驱动，培育双创能力、建设双创平台、丰富双创载体，引导返乡人员组建创业创新团队，培育形式多样的产业联盟或产业化联合体。健全公共就业创业服务体系，为返乡农民工提供全方位公共就业创业服务，提高农民工创业成功率。实施农村带头人培育计划，加强农村双创人员和双创导师培育，创建一批具有区域特色的农村双创示范园区（基地）。鼓励支持农村妇女就业创业，设立农村妇女就业创业基金。坚持以创业带动就业，积极支持农民就地就近转移就业，提高农民就业层次，形成合理的工薪增长机制。大力发展乡村特色产业，创新发展新业态、新产业，提升地方产业吸纳本地人口就业的能力。

3. 完善民生基础设施和公共服务

完善教师城乡交流机制，促进农村学校办学条件、办学经费和师资力量的合理配置。完善最低生活保障制度，提高农村低保标准。探索构建多层次农村养老保障体系，创新多元化照料服务模式。健全农村留守儿童和妇女、老年人以及困境儿童关爱服务体系。[①] 加强公共卫生防疫和重大传染病防控，完善公共卫生与防疫基础设施，完善健全重特大疾病医疗保险和救助制度。

（六）实施城乡融合、活力发展的体制机制创新行动

1. 促进城乡要素市场一体化

以破除城乡要素流动体制机制障碍为重点，加快推动城乡生产要素的自

---

① 唐登杰：《2020 年福建省人民政府工作报告》，福建省人民政府网，2020 年 1 月 21 日，http：//www.fujian.gov.cn/szf/gzbg/szfgzbg/202001/t20200121_ 5184943. htm。

由流动。建立城乡统一、主体平等、产权明晰、合理有序的建设用地市场。落实城乡统一就业政策的具体办法和措施。全面放开城镇落户限制，重点解决符合条件的普通劳动者落户问题。进一步完善户籍管理和居住证制度，建立农业转移人口市民化成本分担机制。

2. 大力开展农村土地信托流转

规范土地经营权流转交易，推进土地经营权入股发展农业产业化经营试点。深化农村土地制度改革，探索农村宅基地"三权分置"，创新农村宅基地流转办法，完善农村宅基地退出机制，改革农民住宅用地取得方式，适度放活农民房屋使用权，盘活利用空闲农房和宅基地。深化农村集体产权制度改革，加快发展新型集体经济组织，鼓励集体经济组织采取自主开发、合资合作等多种方式，有效盘活集体资产资源，壮大农村集体经济，带动农民增收。

3. 建立城乡一体的公共财政制度

增加农村基础设施的政策支持和财政投入，引导先进要素向农村流动、推进基础设施向农村延伸。优先保障财政对"三农"的投入，推动各项政策集成落地，确保财政投入稳定增长。推进财政资金整合使用，提高资金使用效益。创新财政资金投入方式，推进财政补助改购买服务、改基金、改担保、改贴息等改革，通过政府与社会资本合作、政府购买服务、担保贴息、以奖代补、民办公助、风险补偿等措施，带动金融和社会资本投向"三农"。加强农村金融服务和产品创新，推进农村金融服务网络建设，优化乡镇农村网点功能，引导金融机构不断加大乡村振兴资金投入，将更多资源配置到新型农业经营主体发展、农村基础设施建设、美丽乡村建设等农业农村重点领域和薄弱环节。

4. 完善农村基本经营制度，持续推进集体产权制度改革

发展立体式复合型现代农业经营体系，创新机制激活农村土地承包经营权，创新机制盘活农村集体资产资源，建立健全农村集体产权制度。

专题篇

Special Topics

B.2
福建省耕地流转特点、存在问题与对策思路

钱鼎炜*

摘　要： 本文利用福建省内34个农村固定观察点专项调查问卷数据，对2018年耕地流转的基本特点和存在的主要问题展开分析。截至2018年底，有36.2%的受访农户转出家庭部分或全部承包耕地，流转面积占全部受访者承包耕地面积的28.6%。研究发现，近年来福建省耕地流转水平、租金水平区域差异较为明显，长期转出的农户比例上升。但连片耕地转入难度大，农户利用耕地流转服务平台的意愿不高，存在一定的"非粮化"倾向。因此，应加强耕地流转政策宣传，完善耕地流转

---

* 钱鼎炜，福建农林大学经济学院（海峡乡村建设学院）讲师，博士，主要研究领域：农业经济理论与政策、农村发展。

市场体系，创新对农业新型经营主体的财政和金融扶持模式，建立健全耕地流转风险防范机制，从而促进福建耕地有序流转。

关键词： 耕地流转　农业新型经营主体　市场体系　福建

一　引言

耕地流转是改革开放以后伴随着社会生产力提高和劳动分工深化而出现的重要社会经济现象。实践表明，耕地流转有利于克服我国人均耕地少、耕地细碎化的资源禀赋劣势，是推动农业适度规模经营和提高稀缺耕地资源配置效率的主要途径。福建省丘陵和山地面积占比大，人地矛盾更加突出，实现农业提质增效和农民持续增收的目标对加快推进耕地有序流转的要求更为紧迫。2016~2017年，福建省各级政府围绕耕地流转从多个方面推进工作并取得较好成效。其中：在耕地产权制度改革方面，全省各地积极落实耕地"三权分置"并基本完成了耕地确权颁证，为耕地流转清除了制度方面的障碍；在完善耕地流转市场功能方面，由农业行政管理部门牵头成立了县、乡、村三级一体的公益性耕地流转服务体系，为推动耕地规范有序流转提供机构平台；在创新耕地流转模式方面，各地因地制宜探索适合本地自然和经济条件的流转模式，创造了一些效率高、可推广的经验。为了了解福建省耕地流转的基本情况，本文基于农户调查问卷数据，分析了2018年福建耕地流转的基本特点和存在的主要问题，提出了促进耕地规范有序流转的简要对策思路。

农户数据主要来源于2019年5月完成的福建省内34个农村固定观察点耕地流转专项调查，受访者为观察点记账户，有效问卷367份。受访农户户均承包耕地3.78亩，户均地块5.29块，其中家庭承包耕地面积不超过3亩的农户数量占50.8%，3~6亩（含6亩）的占33.2%，6~9亩（含9亩）的占

11.4%，大于9亩的占4.6%。截至2018年底，有36.2%的受访农户转出本家庭部分或全部承包耕地，流转面积占全部受访者承包耕地面积的28.6%。

二 耕地流转的基本特点

（一）耕地流转水平区域差异较为明显

以受访农户耕地流转面积测算的流转率衡量，34个固定观察点村的耕地流转水平存在较大差异。耕地流转率最低的为0，最高100%，其中流转率大于50%的村6个，30%~50%的村2个，10%~30%的村5个，低于10%的村21个。耕地流转水平的影响因素很多，从流转率相对较高的几个村看：有的是因为当地农业产业化水平较高，租赁农户耕地的农业企业较多；有的是因为所在地非农产业较发达，吸纳了较多的本地农村劳动力就近就业；也有的是因为劳动力外出务工比例大，留守务农劳动力不足。

（二）耕地长期转出的农户比例上升

受访的耕地转出户中，2018年流转期限大于5年的农户占42.8%，比2015年提高10.3个百分点。对农村耕地确登记权颁证以后，农户的耕地承包权及其派生的经营权和收益权可以得到更有效的实施和保护，农户原来担心耕地经营权长期转让出去以后难以收回从而事实上失去耕地承包权的疑虑减少了。由于耕地流转期限延长有利于增强转入方对耕地的投资激励、减少使用耕地的短期行为，因此地方政府也鼓励和支持长期流转。例如厦门市政策规定：对于满足相关条件的转入经营主体，流转期限在5年或5年以上的可以得到每年每亩补助100元的补助；对于转出经营权的承包农户，流转期限在5年或5年以上但不满10年的可以得到每年每亩200元补助，10年或10年以上的可以得到每年每亩300元补助。更重要的是，党的十九大明确提出保持土地承包关系稳定并长久不变，这大大降低了耕地长期流转的不确定性和政策风险，稳定了耕地流转主体的预期，激励流转双方更多地选择长期合约。

（三）耕地转向农业新型经营主体的比例上升

在受访耕地转出户的转出耕地中，2018年68%的耕地转向一般农户，32%转向新型农业经营主体，后者比2015年提高了6.3个百分点。流转给新型经营主体的耕地中，一半以上由农业企业承租，其次是专业大户，合作社和家庭农场转入的耕地面积比重较低。由于新型经营主体是开展适度规模经营和发展现代农业的主要载体，地方政府在培育新型农业经营体系的过程中倾向于推动待流转的耕地流转向这些经营者。例如：在创新耕地流转模式的实践中，沙县建立了农村耕地承包经营权信托公司，在依法、自愿、有偿原则的基础上，各村将本村耕地经营权统一信托给信托公司，再由信托公司统一流转给新型农业经营主体；龙岩市着力发展农村土地股份合作社，合作社将集中的耕地统一经营或者再流转给其他新型经营主体经营。

（四）耕地租金水平因区域、转入对象和流转期限不同而差异较大

受访耕地转出户中，2018年84.3%的农户收取货币地租，15.7%收取实物地租，收取货币地租的农户比例比2015年提高了15.4个百分点。年货币地租平均654.5元/亩，以干稻谷计量的年实物地租平均336斤/亩。从区域上看，经济较发达的闽东南地区平均租金高于闽西北地区，租金水平与地方经济发展水平同向变动。从耕地转入对象看：市场适应力较强的承租者支付的租金较高，其中农业企业支付的平均租金最高，约为976.7元/亩；合作社支付的租金居中，约为637.6元/亩；而农户之间的流转租金最低，约为344.0元/亩。从流转期限看，流转期限越长平均租金越高，其中流转期限在10年以上的年平均租金为811.1元/亩，5~10年的532.5元/亩，5年以下的424.9元/亩。

（五）农户让渡耕地经营权遵循利益最大化原则

关于为什么要转出耕地经营权，受访农户认同比例最高的两个原因分别是"对方给的租金较高""种地不合算，农业效益低"，这反映出农户参与

耕地流转行为符合"理性经济人"特征。市场经济条件下的农户作为家庭生产资源的独立决策主体，他们可以自己使用土地从事农业生产并在产品市场上销售农产品，也可通过关系型契约把土地经营权转让给其他经营主体并获取租金或股利，农户采取哪一种模式取决于不同配置方式的成本收益比较。农户自己经营，在社会化服务缺位的情况下，由于自身规模较小而无法在生产领域和流通领域获取规模经济效益，同时抵御市场风险和自然风险的能力也较弱，这常常使农户的销售收入在抵补完化肥、农药、种子等显性成本支出后所剩无几，而按机会成本度量的自有劳动、土地等要素报酬无法实现，农户就会感受到"种地不合算，农业效益低"，如果转入方给出的土地租金高于农户家庭经营所能赚取的正常利润，将耕地经营权让渡给他人就符合帕累托改进条件，这一产权交易有助于增加双方的福利。

三 耕地流转存在的主要问题

（一）农户利用耕地流转服务平台的意愿不高，制约了流转效率的提升

为了促进耕地流转，福建省各县（区）依托行政力量成立了县级土地管理服务中心和乡（镇）土地管理服务中心，村级配有土地信息员或设有土地流转服务站，这个体系承担与农村土地流转有关的监管和服务双重职责。除此之外，在全国范围内还成立了一些专门为耕地流转提供经纪服务的互联网中介平台，如土流网、地合网、聚土网等。但实践中除了一些村集体有介入或者具有较大规模的耕地会经由服务平台完成流转外，农户的耕地流转更多是双方私下直接协商完成。许多农户不了解平台的职能和平台交易流程，担心这种非人格化交易的安全性不高。多数农户可流转耕地面积小、流转收入在家庭总收入中的占比低，这也是他们不太愿意利用流转服务平台的重要原因。平台外流转限制了耕地流转范围，阻碍市场规模扩大，市场无法形成公允价格，常导致交易的其中一方利益受损。农户私下交易的模式也缺乏规范性，更容易出现流转纠纷。

（二）连片耕地转入难度大，增加了新型农业经营主体的发展成本

土地连片耕种有利于节约农业基础设施建设费用，也能有效降低机械化耕种收、病虫害防治、田间管理的平均成本，但潜在转入方转入连片土地的难度较大。福建省自然成片的耕地数量相对较少，而耕地承包权分属于大量个体农户，因此转入方需要直接或者间接与每家每户进行沟通协商，这个过程要耗费大量人力、物力。城镇化发展提高了周边农村土地使用的机会成本，农户对土地预期价值不断提高，惜地意识相应增强，增加了耕地连片流转的难度。在农村劳动力外出比例较大的地区，村集体依靠行政力量和信息优势参与土地流转可以提高土地流转效率，但是这种做法容易侵犯农户在土地流转中的主体地位，所以没有大范围推开。除了流转中的高交易成本之外，直接支付给转出方的租金也是转入方必须支出的一笔不小费用，特别是一些区位条件较好的大片地块，如果缺乏外在金融支持，转入方很难筹资支付。

（三）耕地流转的潜在风险不容忽视，亟须建立风险防范机制

适度规模经营能够优化农业市场竞争结构和降低整个产业的平均生产成本，但是来自需求方面的市场约束所产生的风险并没有随之削减。对于单个经营者而言，随着生产规模的扩大，面临的自然和市场风险相应被放大。一些地方政府在推动现代农业发展的过程中更偏好引进农业企业，但是企业转入耕地的规模较大、期限较长，因而风险控制难度更高。如果企业转入耕地的真实意图不在于通过长期经营农业而获利，还可能出现逆向选择和道德风险，严重损害农户利益。调查中发现：不少缺乏农业经营经验和资金积累的规模经营主体在成本和产品销售上面临较大的压力，甚至处于持续亏损的状态；一些经营不善的经营主体单方面中止土地流转合同和跑人撂荒，耕地转出农户收取不到合同期内的剩余租金，部分低收入农户的生计受到影响。今后随着耕地流转的推进，农业经营的集中度将进一步提高，涉及耕地转出农户数量持续增加，如果没有综合性风险防范和处理预案，有可能会衍生出系统性风险。

（四）耕地流转存在"非粮化"倾向，稳定口粮自给率难度增大

耕地流转后"非粮化"是一个比较普遍的现象。特别是耕地转入规模较大的新型经营主体，获取耕地经营权以后专业化种植经济作物的比例较高。2018~2019年，耕地租金是农业经营中除劳动费用之外的一项较大支出，而粮食作物属于土地密集型农产品，如果规模经济没有足够显著，种粮收益将很难全覆盖包括地租在内的高昂成本，因此耕地转入方一般不愿意从事粮食作物生产。相反，福建省特色农业发展较快，省内已形成一批竞争优势比较突出的特色农业产业区，产业区内具有较显著的集聚经济效应，经营方围绕区域内优势主导产业安排种植结构往往更能实现节本增效的目标。此外，地方基层政府为了推动本地耕地流转和增加农民收入，在耕地流转政策上也很少明确禁止"非粮化"。

四　促进耕地有序流转的对策思路

（一）加强耕地流转政策宣传

耕地流转和适度规模经营是我国发展现代农业的必要条件，中央和地方政府为了推动耕地有序规范流转已经制定了一系列相关政策，但基层政府对政策内容的宣传还不够，影响了农户对政策内容的认知。可借助各种媒体，采用群众喜闻乐见的方式向农户宣传，让农户充分认识耕地流转的目的、意义、规范流程和政府奖补政策，引导农户从对耕地流转带有疑虑转向以积极的心态参与流转，减小耕地流转的阻力。

（二）完善耕地流转市场体系

发达的耕地流转市场是活跃耕地产权交易的前提条件。2018年福建省的耕地流转市场总体上还处于发展的起步阶段，需要政府在完善法制基础和支持政策、基础设施建设、市场参与者引入、社会化服务体系培育以及加强

市场监管等多个方面发力。在巩固提升现有公益性服务和管理体系的服务和监管水平的基础上，尽快建立统一的省级耕地流转交易服务平台，形成省、市、县、乡、村五级联动的运行系统，为扩大耕地经营权的交易范围、优化耕地流转价格的形成机制、增加耕地与更多优质生产要素匹配的机会提供平台支撑，为创造良好的市场竞争秩序和发挥市场在耕地经营权配置中起决定性作用奠定基础。另外，培育为耕地流转提供金融、技术、经纪、咨询等社会化配套服务的市场组织，实现政府公益性服务与市场经营性服务协同发展的格局。

（三）创新对农业新型经营主体的财政和金融扶持模式

2018 年，各地采用的主要财政支持手段，一是对满足一定条件的新型经营主体进行直接补助；二是用财政资金建立土地流转规模经营贷款担保基金，为新型经营主体提供贷款担保或者贴息；三是给予新型经营主体税费减免。金融支持方面主要是金融机构为新型经营主体提供抵押贷款或提供农业保险。整体上看，财政和金融支持的供给水平与新型经营主体的需求相比还远远不够。在财政扶持方面，除了增加补贴总量、优化补贴结构之外，还可探索通过财政项目资金安排，吸引社会资本，发展为新型经营主体提供配套服务的现代农业服务体系，为新型经营主体降低生产成本创造外部条件。财政扶持要注意发挥引领农业结构调整的作用，确保粮食安全不受"非粮化"冲击。在金融扶持方面，面临的主要制约因素是抵押物不足导致金融机构难以控制贷款风险，因此应围绕降低贷款风险采取综合措施。首先，乘着耕地确权颁证基本完成和落实农村土地"三权分置"的时机，尽快修订和完善相关法律，明确、强化土地经营权的物权属性。其次，培育竞争性农村产权价值评估机构，建立规范、公开、透明的评估机制。再次，发展市场化贷款担保组织，改变主要由财政出资设立贷款担保机构的现状，增强社会担保整体实力。最后，建立涉农信贷和涉农保险联动机制，利用保险补偿机制降低金融机构信贷风险。

（四）建立健全耕地流转风险防范机制

耕地流转事关广大农户切身利益和农村社会和谐稳定大局，地方政府应强化耕地流转风险意识。要健全和严格落实针对涉农企业设定的准入资格审查、项目审核、风险保障金和经营监管制度。根据耕地转入方转入耕地的面积、项目经营风险大小、本地农村居民基本生活支出成本，确定耕地流转风险保障金总量测算标准、政府出资补贴比例以及保障金的启用条件和启用方式。在耕地流转水平和规模经营程度较高的地区，制定税收优惠政策鼓励保险机构开展政策性耕地流转履约保证保险业务，应用财政补贴引导耕地流转主体参与投保，提高风险保障水平。此外，还要重视耕地转出农户的就业和社会保障问题，形成多层次的风险防范体系。

B.3
福建省农村劳动力返乡创业调查

黄建新　陈璞玉*

摘　要： 乡村振兴需要一定的产业支撑。农村劳动力返乡创业契合乡村振兴产业发展的需求。对福建省43个农村固定观察点506个返乡创业劳动力问卷调查显示，农村劳动力返乡创业的相关产业具有明显的选择性，个体工商户为农户返乡创业主要类型，农产品电商是新的创业增长点，生态农业是返乡创业的新领域，特色现代农是返乡创业的重要着力点。研究发现，福建省农村劳动力返乡创业带动了当地就业、社会发展、生产生活条件改善和扶贫开发工作。但返乡创业也面临一些困难，包括政策支持不足、信息不灵通、缺乏资金、技术创新不足、场所缺乏等。由此，应加强体制、机制建设以保障创业政策的连续性和公平性，搭建创业平台，吸引更多创业者，积极培育乡村创新创业发展的新增长点，聚集可持续的创业人才。

关键词： 农村劳动力　返乡创业　农产品电商　福建

一　引言

2018年，习近平指出要强化乡村振兴人才支撑，加快培育新型农业经

---

* 黄建新，福建农林大学公共管理学院副教授，博士，主要研究领域：农村社会学、公共管理。陈璞玉，福建农林大学公共管理学院在读研究生。主要研究领域：公共管理。

营主体，让愿意留在乡村、建设家乡的人留得安心，让愿意上山下乡、回报乡村的人更有信心。① 如何把"新农人"、返乡青年、致富能人等人才纳入乡村治理体系，促进农村劳动力返乡创业，激发乡村各个主体的创造活力，成为新时代福建省乡村振兴和扶贫工作的重要课题。

农村劳动力返乡创业是指"在农村剩余劳动力向发达地区和城市跨区域流动务工的进程中，面对外部环境变化带来的机遇和打工面临的生存压力，出于生计、自我实现等动机，动员打工过程中积累的人力资本、资金和信息等资源，在乡村、小城镇创办企业，发展工商服务业，投资商品性农业的活动"。② 这就界定了农村劳动力返乡创业的内涵和研究边界。本文调查的返乡创业人员是指曾经离开本县就业或创业，持续时间超过 6 个月，然后回到本县、乡、镇、村（不包括大中城市、主城区）创业的人员；创业是指经过工商部门注册或经农业农村部门认定的经济组织，具体包括家庭农场、农民合作社、企业、个体工商户等。

调查在福建省福州、厦门、漳州、泉州、三明、南平、莆田、龙岩和宁德 9 个市展开从这 9 个市中抽取 43 个村进行问卷调查，采用抽样调查的方法，分村表和户表进行发放。共回收 532 份户表、43 份村表。剔除 26 份户表废卷，12 份村表废卷，即户表 506 份、村表 31 份。尤其需要特别说明的是，在与村辅导员交流的过程中反映，沿海发达地区的一些村落中，当地的农村劳动力一般不会选择外出，所以也就不存在农村劳动力返乡创业的情况，因此，有 12 个村表未填写（本部分表格中不一一说明），这也反映了福建省在乡村人才振兴中的优势所在。户表中有关农村劳动力返乡创业的问题围绕创业政策了解程度、影响力、自身情况展开，村表主要围绕本村返乡创业状况、返乡创业工作及困难、提供的帮助、发挥的作用以及政策建议。问卷调查显示，农村劳动力返乡创业的相关产业具有明显的选择性，个体工商户为农户返乡创业主要类型。返乡创业主要类型方面，在回收的村表中，

---

① 马涛：《强化乡村振兴的人才支撑》，《学习时报》2018 年 6 月 11 日。
② 黄晓勇、刘伟等：《农民工回乡创业：定义与边界、发生机制及概念模型》，《理论与改革》2012 年第 4 期。

除去 12 个村未填写，其余 31 个村的创业人数情况来看，有 112 人为个体工商户类型，占比最高；家庭农场 67 人，农民合作社 54 人，企业 32 人，其他包括开挖掘机和从事养殖业（见表 1）。

表 1　返乡创业主要类型与创业人数

单位：个，人，%

主要类型	创业村数（有效票）	占比	创业人数（有效票）	占比
家庭农场	7	22.58	67	25.00
农民合作社	5	16.13	54	20.15
企业	4	12.90	32	11.94
个体工商户	13	41.94	112	41.79
其他	2	6.45	3	1.12

注：在 43 份村表中，有 12 份村表未填写，有效票为 31 份。

从中可以看到农村劳动力返乡创业的综合情况，说明农村劳动力返乡创业主体基本上从事多种经营，与农村产业融合发展。

二　福建省农村劳动力返乡创业条件分析

当今社会结构的转型体现出社会与个体价值观的转变，农村劳动力返乡创业体现了个人价值的实现，也是寻求一种积极的转向和转型。乡村振兴战略实施，乡村创业环境持续改善，促进了各种资源从城市流向乡村，为农村劳动力返乡创业带来了机会与条件。创业者素质、产业环境、创业政策支持、基础设施的改善等主客观条件在农村劳动力返乡创业形成中具有重要影响。

（一）创业能力是农村劳动力返乡创业的初始条件

个人关系网络嵌入个人的创业行动，创业能力、社会资本直接影响到农村劳动力是否返乡创业的抉择。林南认为："个人有两种资源可以获取和使用：个人资源和社会资源，个人资源是个体所拥有的资源，可以包括物质和符号物品（如文凭和学位）的所有权，社会资源是个人通过社会关系所获得的资源。"[1] 由于农村劳动力外出打工面对的是一个特殊的市场，因此从整体来看，回流创业农村劳动力对潜在获利的经济机会反应更加灵敏，社会关系及活动能力更强，创业素质也较高。在创业能力方面，学术界曾借用DonMacke 和 DebMarkley 的测试表对农民创业的潜在能力进行研究，针对创业者创新性、合作性、坚韧性的指标因子进行分析，结果表明：农村具备创业能力的农民在数量上超过 50%。[2] 并且，农村劳动力返乡创业者人力资本、受教育程度有明显的上升。与其他部分省份类似，福建乡村劳动力一直也存在结构性短缺问题。相比较而言，福建省山区人才和劳动力短缺的问题比较突出，由于青壮年劳动力流向沿海城市务工比例较大，区域之间、城乡之间人力资本不平衡，突出体现在乡村创业企业人才匮乏、管理和技术人员严重不足，人才引进比较困难。2018 年，福建省通过乡村创业人才培养和引进机制探索，激励有一定人力资本和社会资本积累以及创业素质的农村劳动力返乡，并出现大学生返乡创业的良好势头，充实乡村创新创业人才队伍。强化欠发达地区乡村的发展活力和内生动力，这是福建省特色现代农业建设、乡村振兴需要突破的重要瓶颈。

（二）产业基础对农村劳动力返乡创业具有引导作用

福建省乡村产业基础对人才吸引力逐步增强，使得返乡创业空间增大、创业门槛降低，这为农村劳动力返乡创业提供了市场条件。福建省具有依山傍海的独特地理优势，靠海的创业以海产品为特色，如连江的海带，霞浦、东山的海产品等；靠山以山为特色发展水果、林木、竹子食用菌为特色的产业。同时福建在构建"山 - 海"产业对接方面早有经验，内地主动承接产业转移，有的返乡创业企业进入农村劳动力创业园，获得了创业集群经济效

---

① 〔美〕林南：《社会资本——关于社会结构与行动的理论》，张磊译，上海人民出版社，2005，第 20 页。

② 黄德林、宋维平、王珍：《新形势下农民创业能力来源的基本判断》，《农业经济问题》2007 年第 9 期，第 8 ~ 11 页。

应，带动乡村内部的创业活力。调查中他们普遍认为只要勤奋肯干，乡村还是有很多机会，"认为就地就业创业更好，外面很不景气，也没有东西做。只要在家乡有事可做、有收入，也是会想到回到家乡发展的"。农村劳动力返乡创业一般是从最初的出于家庭生计的应对策略，后来转化为寻找机会，促成创业。

（三）创业政策是农村劳动力返乡创业的直接推动力

返乡创业行为在数量、质量等方面的发展变化与制度环境的变迁有密切联系。乡村振兴战略实施以来，国家采取一系列优先保障政策，政府培育乡村创业土壤，引导社会资本投向乡村。"农村双创呈现出新的特点和趋势：主体不断增多，全国各类返乡下乡双创人员达到700万人，领域不断拓展，方式不断创新。50%以上的双创主体运用互联网等现代信息技术。"[①] 农村劳动力返乡涉农创业占比也逐渐增多，返乡创业主体广泛采用新技术、新模式、新业态，明显增加了现代要素投入，并逐步融入特色经济与现代农业中。2018年国家发展改革委与有关部门分三批在全国组织了341个县（市、区）开展了支持农民工等人员返乡创业的试点工作，在试点地区带动下，全国返乡创业人员已超过800万人。政府加大了对返乡创业人才的培养力度，培育了大批就业拉动能力强、带动农户增收效果显著的特色产业。

随着福建省区域经济格局不断演变，创业扶持政策也在不断调整。从为农户劳动力返乡创业方面所做工作来看，有15个村未填写，其余28份村表统计情况来看，13个村有技能培训，16个村有创业培训，12个村有劳动保障政策咨询服务和推荐合适岗位服务，有小额担保贷款扶持创业的为18个村（见表2）。小额担保贷款政策以及就业创业培训的逐步展开，使相当一部分有创业意愿的农村劳动力选择返乡创业。

---

① 韩长赋：《围绕实施乡村振兴战略深入推动农村创业创新》，《农村工作通讯》2017年第24期，第5~7页。

表2　本县、乡、村为农村劳动力返乡创业方面做的工作

单位：个，%

内容	村数	占比
技能培训	13	46.43
创业培训	16	57.14
劳动保障政策咨询服务	12	42.86
推荐合适岗位	12	42.86
小额担保贷款扶持创业	18	64.29
其他	1	3.57

注：43份村表中，有15个村表未填写。

创业政策环境影响个体的创业动机、意愿和机会感知，作用于创业过程，进而影响创业行为。外部支持环境潜移默化地影响着农村劳动力创业，通过对不同政策环境（政策扶持、优惠政策）、文化环境（文化氛围）、金融环境（融资体系）、服务环境（搭建服务平台、孵化器）和产业环境（产业前景、市场特征）的塑造，改善了不同地域的创业环境，促进了农村劳动力返乡创业生态。

（四）基础设施的完善是农村劳动力返乡创业的重要契机

乡村农业基础设施的完善、交通网络的便捷、较为发达的专业市场和产业的支撑是推动农村劳动力返乡创业发展的必要条件。近年来福建省不断完善基础设施建设，乡村水、电、路、气、房和信息化建设全面提速，城乡数字鸿沟加速消除，数字农业加快发展，乡村电子商务服务站点、物流体系布局得到不断完善，促进了福建省现代特色农业的发展。据2018年福建省农业厅工作报告，通过福建"农业云131"信息服务平台建设，加强农业大数据开发，建设10个现代农业智慧园，省、市、县三级建设220个农业物联网应用示范基地，开展农业互联网小镇建设试点。同时信息进村入户工程加快建设，拓展完善"12316"平台功能，新建益农信息社3000个，发展

"互联网＋农业社会化服务"模式。① "互联网＋"应用也为福建省智慧农业、数字田园的发展以及农村劳动力返乡创业奠定了基础。物联网推进、现代信息技术在农村劳动力返乡创业过程中的应用，提高创业资源的利用效率。

三 福建省农村劳动力返乡创业的特点

2016～2018 年以来，福建省城乡之间社会经济结构发生了很大变化，农村劳动力创业观念、创业行为、创业原因等发生了变化，老一代创业以生存型、机会型创业者为主，而新一代返乡创业农民以发展型、梦想实现型为主。返乡创业行为也在不断地发生着改变，返乡创业呈现新变化、新特点。根据福建省 43 个农村固定观察点农村劳动力返乡创业的调查以及个案的深度访谈，综合农村固定观察点的返乡创业项目发现，近年来农村劳动力的返乡创业发展势头良好，呈现多元主体竞相发展、多种业态互促共进的新态势。

（一）农产品电商为农村劳动力返乡创业新的增长点

返乡农村劳动力一般会选择技术含量较低、对受教育程度要求不高的产业链低端行业，以个体工商户为主，农家乐、零售、连锁超市等服务业成为农村劳动力返乡创业的重要领域。由于互联网的发展让乡村创业者接触到更丰富的创业知识源，搜集更多有价值的创业市场信息，返乡电商创业正在成为一种新潮流。特别是近年来逐渐兴起的"众包""众筹"等互联网合作模式，通过建立产销联盟、强化产销对接，为福建省乡村创业者获取各类创业资源提供了渠道，弥补了他们在区位空间上的劣势。福建省农村电商迅速发展，通过电子平台销售蔬菜、水果成为一种普遍现象。"通过网络平台，把产品放到淘宝店去卖，手机打理网上销售渠道，做微商，在微信上宣传，客

---

① 黄华康：《2018 年福建省农业厅工作报告》，http://nynct.fujian.gov.cn/zjnyt/gzbg/201803/t20180302_3344206.htm。

户在微信上下单"成为三明一位受访创业者销售百香果的基本方式。互联网汇聚了更多的资源，借助互联网的发展，农村劳动力的返乡创业有了更深层次的概念，已经不再完全受地域限制，一些返乡农村劳动力看到了乡村电商创业发展的潜力，积极投身到乡村创业中来。

农产品电商发展的区域创业效应促进了乡村个体工商户的发展，也拓展了返乡农村劳动力创业的行业、领域。全省农村固定观察点调查显示，个体工商户为农户返乡创业主要类型（见表1）。而在这些创业类型中，家庭农场活动预定可以通过网络来实行，合作社、企业个体户的产品大多通过网络平台来销售，这一态势在入户调查、个案访谈中得以体现。

（二）生态农业领域成为农村劳动力返乡创业新领域

作为森林覆盖率最高的省份，福建省生态环境状况一直处于全国前列。农户创业者利用得天独厚的生态环境，绿色无污染农产品、生态农业成为创业者的新领域。加快转变农业发展方式、扎实推进生态农业建设是福建省近几年工作的重点，农业绿色发展获得新成效。通过推广生态循环模式，组织实施农业绿色高产高效示范以及整县推进有机肥替代化肥试点，化肥农药使用量分别比 2016 年减少 5% 以上。[1] 从个体角度来看，返乡农村劳动力创业选择较为多元，利用资金、技术和政策优势，发展规模农业、特色农业、生态农业是重要形式。依托本地优势农业资源、本地优势产业，利用掌握的技术及信息，农村劳动力返乡发展规模化，通过家庭农场、土地托管、联耕联种等方式发展种植业、养殖业、农产品加工业及流通是农村劳动力创业首选。尤其参与生态循环农业项目，通过扩大规模、创办农业实体成为农业带头人，形成了与家庭农场、农民合作社、龙头企业等协调发展的新格局。"尽量不用农药，利用自然界的相生相克"这些理念在农村劳动力返乡创业者身上得到了体现。

---

[1] 黄华康：《2018 年福建省农业厅工作报告》，2018 年 3 月 2 日，http：//nynct. fujian. gov. cn/zjnyt/gzbg/201803/t20180302_ 3344206. htm。

（三）特色现代农业成为农村劳动力返乡创业的重要着力点

福建省因为地理、气候、环境独特，农业产业发展的特色比较鲜明，成就了一批具有现代农业特色的优势农产品。以绿色蔬菜、花卉园艺、名优果茶、食用菌及水产等为主要代表的福建省现代农业产业化的特色产业链初步形成。不同地区具有不同的自然资源、历史文化、区域优势，决定了农业产业的地域植根性，体现传统农业的地域特色也成为农村劳动力返乡创业重要选择之一。由于乡村振兴战略的推进实施，福建省品牌农业加快发展，初选10个福建区域公用品牌、26个福建名牌农产品，"清新福建、绿色农业"品牌效应初步形成。福建省大力发展农业产业化经营，规模以上农产品加工企业发展到4428家，农产品加工转化率提高到68%，成立了福建百香果、葡萄、蜜柚等特色现代产业，推动了全省农村电商、休闲农业等新产业新业态加快发展。[1] 越来越多的返乡农村劳动力参与到农业相关产业之中，开发特色农业项目，如观光农业、生态农业、品牌农业等。在三明的调查也发现，农村劳动力返乡创业项目主要依靠区域品种带动、地理优势，灵活选择，形成了若干个特色产品，真正做到"一村一品"。调查发现，南平市延平区陈坦村近年来百合花种植发展迅速，成立百合花种植专业合作社和两个种植小组，引导82户农民种植百合花300多亩，年产值360万元，销往全国各地，百合花已成为当地的致富花。特色现代农业与农业产业链的融合，适应了当地优势产业特色，延长了农业产业链，将本地特色转化成产业优势，又增加了附加值，提高了农户收入，由此也成为推动福建省特色农业发展和提高福建省现代特色农业产业化水平的重要力量。

农村劳动力返乡从事特色现代农业，与农家乐的融合也拓宽了特色现代农业的内涵。通过这一途径的融合，乡村的自然风貌、农家乐餐饮、农业相关产品成为有乡村经济价值的吸引物，带动了福建各地水果、蔬菜种植业的

---

[1]　黄华康：《2018年福建省农业厅工作报告》，2018年3月2日，http://nynct.fujian.gov.cn/zjnyt/gzbg/201803/t20180302_3344206.htm。

发展。连江东湖镇畲乡天竹村返乡创业农户举办的首个丰收节割稻谷、摘蜜柚，全家老小一起出动割稻、脱粒、晾晒等，从而体验"粒粒皆辛苦"，由此提高了农产品的附加值。

（四）不同地区的农村劳动力返乡创业倾向差异明显

就地区特征来看，区域发展条件对农村劳动力的返乡创业有很大影响。从区域创活动角度来看，多种因素造成创业产业发展的地区差异性，创业倾向的差异性明显。由于资源条件的制约，返乡创业在不同村庄之间存在较大差异，有些区域已经形成了经济发展的新的增长点和亮点。调研发现，农业占比高、县域经济不发达地区的农村劳动力，更倾向于到外面打工，也更可能倾向返乡创业。而对于那些处于沿海发达的农村劳动力来说，因为工业与第三产业更为发达以及可能拥有更多的当地非农就业机会，他们会更多地选择本地就业而不是外出打工。石狮市邱江镇厝仔村利用港澳台的资源、信息，完成最初的资本积累，家庭作坊式工厂较多。三明市、南平市的创业多突出山区的特色，传统农业更为发达，农业占比高，如三明蜜桔产业、永春竹制品、宁德葡萄产业。靠海的以水产品、海产品为特色，如连江官坞的海带、渔业。围绕城市的发展需求，各种农家乐、旅游观光业、休闲农业在城市近郊成为创业的主选。因此，着力区域协调，大力推进农村劳动力的返乡创业，可以造就颇具规模的创业集群，促进实现闽东北、闽西南协同发展。

四　福建省农村劳动力返乡创业效应分析

农村劳动力返乡创业所带来的区域效应是全方位的，农村劳动力返乡创业对农村发展的影响是通过推动农业发展方式转变的经济效益、社会效益体现出来的。调查显示，农村劳动力返乡创业对就业带动、经济效益、社会发展、生产生活条件和扶贫开发工作均有促进作用。农村劳动力返乡创业在就业带动、经济效益、社会发展、生产生活条件和扶贫开发五个方面助推了乡村振兴成效。在回收的 43 份村表中，关于本村农村劳动力返乡创业发挥的作用方面，多数村集中选择非常同意和同意，带动了就业（73.33%非常同意或同意）、创造了经济效益（66.67%非常同意或同意）、带动了社会发展（66.66%非常同意或同意）方面更多选择同意类。而促进了生产生活条件改善和带动了扶贫开发方面更多选择一般（40.00%）（见表3）。

表3 本村农村劳动力返乡创业发挥的作用

单位：个，%

作用	村数					占比				
	非常同意	同意	一般	不同意	非常不同意	非常同意	同意	一般	不同意	非常不同意
带动了就业	7	15	7	0	0	23.33	50.00	23.33	0	0
创造了经济效益	6	14	9	1	0	20.00	46.67	30.00	3.33	0
带动了社会发展	4	16	8	2	0	13.33	53.33	26.67	6.67	0
促进了生产生活条件改善	4	13	12	1	0	13.33	43.33	40.00	3.33	0
带动了扶贫开发	4	11	12	2	0	13.33	36.67	40.00	6.67	0

注：43份村表中，有13个村表未填写。

在回收的506份户表中，对于农村劳动力返乡创业有没有作用的主观认同方面，对于带动就业、创造经济效益、带动社会发展、促进生产生活条件改善和带动扶贫开发的认同度"有一点作用"的比例最高，甚至还有相当一部分认为没有用（见表4）。这说明从农户角度来看，农村劳动力返乡创业效应整体的认同度还有待提高。

表4 农村劳动力返乡创业的作用

单位：人，%

作用	人数				占比		
	很有用	有一点作用	没有用	未填写	很有用	有一点作用	没有用
带动就业	206	250	42	8	40.71	49.41	8.30
创造经济效益	190	265	40	11	37.55	52.37	7.91
带动社会发展（缓解农村老人赡养及孩子教育和关爱等问题）	180	261	56	9	35.57	51.58	11.01

作用	人数				占比		
	很有用	有一点作用	没有用	未填写	很有用	有一点作用	没有用
促进生产生活条件改善（提高农业生产率）	168	275	51	12	33.2	54.35	10.01
带动扶贫开发	161	270	63	12	31.82	53.36	12.45

（一）带动就业

创业对就业促进存在直接效应，新业态的涌现，农村劳动力返乡创业活力得以快速释放，创业带动就业的倍增效应也不断显现。农村劳动力返乡创业经过社会网络的强关系特征传导形成就业创造效应，从血缘、地缘关系纽带中获取员工，然后延伸到网络外部，形成外生的劳动就业岗位供给。个体在返乡创业的过程中，通过投入资金、经验和技术，创办企业或者拓展商贸服务业，开办新型农业经营主体扩大农业产业化规模等方式也吸引了部分年轻人返乡当起新农人，成为田地里劳作的主体，改变了抛荒耕地现象，或者到工厂务工，村民生活得到明显提高。通过示范带动，通过创业吸纳的劳动者经过一段时间的培训，他们中的一部分人又成为新的创业者，使家门口就业创业成为可能，为农村留下骨干力量提供了坚定的基础。评为"全国一村一品示范村镇"的三明市莘口镇西际村，是远近闻名的柑橘专业村，全村90%的劳动力从事柑橘相关产业，平均每户人家承包30亩，家庭年均收入20万元。通过支持发展"一村一品"，培育发展出柑橘产业，破解了"种地一亩不如打工两周"现象，"收入高，有事干，销路好，即便在外面做事的，都会开车回来种柑橘，村里出去打工的人很少，基本都留在家里""只要愿干、肯干、不怕累、不怕苦，有目标，有想法，农村还是很有机会"。这些案例揭示了福建省乡村社会转型经济背景中创业带动就业的机理。

（二）创造经济效益

经济效益指经济活动中生产成果的产出量与生产要素的投入量之间的比

率。农村劳动力返乡创业具有良好的经济效应，主要体现于促进乡村经济发展和区域协调发展等方面。农村劳动力返乡创业对发展现代化农业、缩小城乡差距、增加乡村居民收入、开拓乡村消费市场等方面具有显著意义。农村劳动力返乡创业给农村和农业发展带来经济效益，既可以提高农户收入水平，又有利于缩小收入差距，使农村居民持续增收有稳固基础。在回收的506份户表中，关于"您或您的家人返乡创业产生的经济效益"，从2017～2018年受访者或家人返乡创业产生的经济效益来看，有明显提高。2017年收益分布于8000～20000元，相差较大；2018年分布于10000～25000元，集中在60000元左右。由此看出总体收益在不断上升（见表5），创业支持政策取得了明显的经济效益。

表5　返乡创业产生的经济效益的统计性描述

单位：元

年份	最小值	最大值	平均值
2017	4000	100000	18650
2018	5000	125000	32049

"选择能带动本村域劳动就近就业创业，可以解决剩余劳动力出路，也能够带动周边群体同步发展，形成创业群。脱贫对于当地来说并不是特别难的事情。"返乡一定要有事情做，要有产业带动，三明莘口镇西际村90%的劳动力留在当地，村里也有工厂，可以就近务工。"村民一般的企业打工都有四五千元钱一个月，2000多元的事情已经没有人做了。"返乡创业带动收入提高、带动脱贫效果显著。由于企业的增多，本地工厂需要的就业人数增多，还出现了招工难的现象，乡镇企业就业人员老龄化严重，基本是40岁以上的本地村民。

（三）带动社会发展

农村劳动力返乡创业为乡村发展带来了明显的社会效应。第一，以农村劳动力返乡创业发展为基础所形成的创业经济，推进非农产业转移，带动了乡村产业结构的转型升级，也成为传播先进文化、带动乡风文明的重要载体。通过进城务工经历，他们见识了城市文明，体会到工业文明和商业文明，形成了市场的意识和理念，回到乡村更容易把现代文明嫁接到农业文明，发挥鲶鱼效应，刺激了乡村剩余劳动力投入市场中参加竞争，也激活了乡村社会中的创业活动。他们的创新精神、环保意识与对创业事业的追求推动着乡村社会的进步，"宁愿少种果树也不砍掉山上的树"，他们的行为带动整个乡风改变。第二，农村劳动力回乡创业促进乡村社会服务的改善。作为一种回报社会的手段，返乡企业建立服务性组织和公益性组织，有利于建立健全乡村社会服务系统。譬如，返乡创业人员提高了资助大学生奖励的标准，增进乡村居民之间相互沟通。第三，农村劳动力返乡创业促进了社会问题化解，尤其是在人文关怀效应方面。农村劳动力返乡创业缓解了乡村劳动力弱质化和留守问题等，给老人小孩以关爱、照顾。农村劳动力返乡创业有利于解决乡村留守儿童中出现的学习滞后、心理失衡、行为失范、安全等诸多问题，有效缓解了乡村老人赡养及留守儿童教育和关爱等问题。

（四）促进生产生活条件改善

农村劳动力返乡创业对乡村分工协作水平与乡村要素市场深化的提高，尤其是乡村社会化、组织化程度的提高，农村劳动力市场的发育有一定推动作用。农村劳动力返乡创业的迅速发展引进了资金和先进生产力，促进生产发展，不仅直接影响了乡村社会的生产方式和人们的生活方式，促进了乡村地区个人的创业活动，对社会经济活动中市场参与主体的行为和市场组织形式也产生了重要影响，较大程度地提高了乡村的组织化程度。农村劳动力返乡创业，有利于推动农业经营方式的转变，为推动农业发展方式转变提供了潜在的支撑条件，有利于当地农业产业结构升级和农业资源的优化配置，也为推动农业发展方式转变提供了所需要的人力资本、经济资本等多方面的必要条件。与此同时，产业化经营带来的是单位产值对劳动力的需求大大减少，相当一部分劳动力从农

业中分离出来，转移到非农产业就业，特别是农业企业的进入，实行土地集中使用和规模化经营，从农业中分离出来的乡村劳动力也必须在农业产业外寻找就业出路。[①] 调查发现，从样本村的整体情况来看，农村劳动力的非农就业，特别是外出打工、返乡创业对土地的流转有一定的促动作用，通过土地流转、整体承包打造生态园农业综合体，将大众需求和乡村特色有机地结合。

（五）带动扶贫开发

农村劳动力返乡创业为产业扶贫脱贫注入了新的动能，是增强乡村贫困人口脱贫致富能力的新途径。经过多年扶贫开发，福建省以集中连片特困地区、重点县和贫困村为主战场的扶贫攻坚新战略深入推进，乡村社会的贫困引致因素由原来的基础设施、自然条件、资源禀赋等传统型致贫因素逐步转变为发展能力和发展机会。诚然，因创业而引致的乡村"精英群体"主动承担起乡村扶贫开发的社会责任，回流创办农业龙头企业、农民专业合作社和种养大户成为产业扶贫的重要手段。在土地收入带来的效益有限情况下，返乡创业成为贫困地区产业扶贫的载体，通过提高工资性收入总体上提高居民收入水平是脱贫的手段之一。只有把促进农村劳动力返乡创业的保障机制融入扶贫开发政策中，通过农村劳动力返乡创业优化贫困治理体系，才能实现贫困地区农村劳动力返乡创业与扶贫开发的相互促进。福建省推进"雨露计划"培训，2018 年共培训 4 万人次，提升贫困群众发展生产和务工经商的基本技能，[②] 同时更为为返乡创业企业提供了劳动力支撑，推进了农村劳动力创业活动和扶贫开发事业的良性互动。

---

① 周石生：《农民工以创业带动就业的效应分析及政策选择》，《农业现代化研究》2013 年第 2 期，第 163～166 页。

② 黄华康：《2018 年福建省农业厅工作报告》，2018 年 3 月 2 日，http：//nynct. fujian. gov. cn/ zjnyt/gzbg/201803/t20180302_ 3344206. htm。

五 福建省农村劳动力返乡创业发展面临的问题分析

作为一种社会行动，农村劳动力返乡创业活动不只是单纯的个体自发行动，而且处于宏观的创业环境中，现实的创业实践过程中，依然面临着许多的风险与不确定性。2018 年，前福建省农村劳动力返乡创业整体平稳发展，对就业带动、经济效益、社会发展、生产生活条件和扶贫开发起了积极作用，对乡村的收入结构、经济结构和社会结构产生了较大影响。同时，农村劳动力返乡创业也面临着政策支持不足、信息不灵通、缺乏资金、技术创新不足、场所缺乏等困难。

（一）用工成本高，引发创业服务供需矛盾

在回收的 43 份村表中，从关于农村劳动力返乡创业遇到的困难来看，占比最大的是用工成本高（56.67%）和融资难（53.33%），接下来是基础设施差和抗风险能力不足（同为 46.67%），占比小的是缺乏政府扶持（13.33%），管理水平问题（3.33%），技术不够（16.67%）（见表6）。在三明的实地调查中普遍反映"乡村缺人、青壮年人群的流失，50 岁以上的乡村劳动力占50%"这一突出问题。

表6 农村劳动力返乡创业遇到的困难

单位：个，%

类型	村数	占比
1. 融资难	16	53.33
2. 基础设施差(场所、设施落后)	14	46.67
3. 缺少信息服务	7	23.33
4. 缺乏政府的扶持,政策扶持不到位	4	13.33
5. 抗风险能力不足	14	46.67
6. 经验不足	8	26.67
7. 管理水平问题(如员工、经营、财务管理)	1	3.33
8. 技术不够	5	16.67

类型	村数	占比
9. 用工成本高	17	56.67
10. 市场引导	1	3.33

注：43 份村表中，有 13 个村表未填写。

（二）金融服务仍明显不足，对创业扶持的有效性不足

2018 年，返乡创业企业融资渠道单一，融资能力不强还是普遍的现象。调查中反映突出的问题是，农村劳动力创业者普遍缺乏可抵押资产，且现行抵押政策对农村微小企业具有歧视性。由于资金方面的原因而融资难仍是制约返乡农民创业的重要因素之一。在调查中反映出普遍存在因农村抵押担保品匮乏而贷款额度少、贷款年限短，业务办理程序复杂，无奈之下不少人只能选择高利贷以获得短期周转等情况。对于近三年农村劳动力返乡创业过程中县、乡、村应提供的帮助，认为应提供资金支持占比 78.57%，提供信息服务（50.00%）、技术支持（42.86%）紧居其后，帮助建立合作组织占比最少为 14.29%（见表 7）。

表 7　农村劳动力返乡创业过程中，县、乡、村应提供的帮助

单位：个，%

帮助项目	村数	占比
资金支持(如银行信贷、项目扶持基金)	22	78.57
提供信息服务(如电商平台)	14	50.00
技术支持(包括创业培训服务)	12	42.86
提供优惠政策(税收、户口、子女教育)	9	32.14
创业后续服务(提供销售渠道)	10	35.71
帮助建立合作组织、专业协会	4	14.29
其他	1	3.57

注：43 份村表中，有 15 个村表未填写。

（三）产业基础设施依然薄弱，影响创业收益

乡村基础设施条件是农村劳动力返乡创业活动的基础，是创业效益的基本保证。一是乡村基础设施、产业基础设施仍然薄弱、配套公共服务相对落后。尽管近年来政府不断加大对乡村基础设施建设的投入，乡村基础设施和通信设施不断改善升级，空间距离对于乡村地区农村劳动力回流创业的影响在不断弱化，但有些乡（镇）、村存在路况老化、年久失修，产品流通效率低的现象。农村劳动力对创业政策利用度、满意度还不高。农村劳动力返乡创业具有以农林牧合作为中心的特点，问题是信息技术滞后、创新不够，需政府政策等指导。在调研中多地普遍反映"农村地皮紧张，没有场所""创业规模小、资金少、客户单一，有经济波动容易倒""抗风险能力不足、经验不足、用工成本高"等问题。在回收的 506 份户表中，关于政府创业政策对农村劳动力返乡创业是否有积极影响，有 24.11% 的人认为有积极影响，60.67% 的人认为有一点积极影响，大部分人认为政府创业政策对返乡创业有一点积极影响，但是仍有 14.43% 的人认为没有积极影响。三明的调查中反映出"交通运输较难，费用较高，创业项目难找"的问题。龙岩的调查中也反映了类似的问题，"要对返乡创业多提供信息服务、基金、技术支持，使返乡创业人员找准合适创业项目，做好返乡创业人员的后续服务的保障促进返乡人员稳定创业，提高抗风险能力。解决返乡创业中存在的刚开始创业雄心勃勃、干预大，存在跟风、创业项目考察不足的问题"。二是农村信息化发展不完善。信息服务平台、电商平台不完善，网货下乡、农品进城网上通道不畅通，信息化与产品的融合、互动水平低，信息化落后于现代农业产业化水平的要求。因此，扶持农村劳动力返乡创业应大力提升信息化水平以带动乡产业化发展，加快信息化建设与农村劳动力创业的深度融合。

（四）创业主体禀赋制约，影响创业绩效

乡村创业者受到创业资源不足的困扰，难以承受创业所需的高昂投入。创业本质在于识别和把握机会，创造性地整合和利用资源。2018 年，乡村

振兴战略对农村劳动力返乡创业产生了积极影响，创业主体禀赋对农村劳动力返乡创业也具有重要影响。农村劳动力自身因素影响了返乡创业的效果，如果有一定专业知识、技能，又有创业激情与创业条件，更有可能通过公共政策引导返乡农户个人或团队开发市场机会、寻求创业途径。创业者的能力水平成为影响创业绩效的重要因素，创业发展需要创业者自身主体禀赋、经营实力的提升。就个体特征来看，大量返乡农民工受教育水平不高，虽然掌握了一定的技术，但是往往缺乏先进的经营、管理知识，这使得其在创业过程中仅凭经验和掌握的少量信息去判断，缺乏对创业地经营环境、产业结构的分析。尤其对未来产业发展趋势、转型表现得比较迷茫。通过乡村科技、经营、管理等各类人才服务乡村产业的激励保障机制的健全，可以有利于解决乡村创业人才缺乏问题以及提升创业主体禀赋。同时也要看到，农村劳动力返乡创业一般是以家庭农场、农民合作社、个体工商户形式为主，创业规模小、数量多，进出市场频繁，主要还是技术含量不高的创业形式。比如，由于个体受到社会、心理、经济等关系力量的制约，福建省农村劳动力返乡创业对互联网的利用水平还处在低层次，尚缺乏对互联网核心要素的深度嵌入。在莆田的调查中，普遍建议"政府部门应对市场创业有销路、有产能、带动网络销售，但产品低端、经营一般、拓宽市场有限的经营主体重点扶持"。

创业能力水平的制约在很大程度上降低了他们对未来创业收益的预期，从而极大地减少了农村劳动力进行自身人力资本投资的激励，这就亟须整合资源为创业提供服务，推进农村劳动力群体返乡创业人数、层次、成功率等的提高。同时应通过公共政策引导，尽可能提升返乡创业农户主体禀赋，鼓励返乡农户个人或团队通过开发市场机会、寻求创业途径，逐步走向机会型创业。

六　促进农村劳动力返乡创业的对策建议

乡村振兴倒逼机制下，针对福建省农村劳动力返乡创业的实际，从根本上解决农村劳动力返乡创业问题，需要给予有效的政策支持，需要加强体制、机制建设以保障创业政策的连续性和公平性。通过机制创新、创业平台搭建，吸引更多创业者，积极培育乡村创新创业发展的新增长点，聚集可持续的创业人才。

（一）建立适合返乡创业发展的融资渠道，加大金融服务力度

一是政府在资金上要加大支持力度。从创业政策层面，鼓励金融机构根据农村劳动力返乡创业的特点创新乡村金融服务，拓展金融机构在乡村的业务范围，解决农村劳动力返乡创业融资困境。针对福建省农村合作金融发展的实际，加强合作金融的公共政策扶持，推动农村合作金融机构大幅度、大范围、持续地为农村劳动力创业提供金融服务。建议针对农村劳动力的创业特点，应对不同阶段、不同行业的创业者给予差异化支持，尤其是要提高在农业领域创业的资金扶持比例，重点扶植有一定潜力的农村劳动力创业项目，实现专项资金的倾斜。二是在财税方面，建议按照农村劳动力返乡创业，主要是农业龙头企业，实际带动就业的数量和经济效益的情况，由政府对其进行专项的财政补贴，更好地促进农村劳动力返乡创业效应的发挥。"应加大税收扶持，少收或免收几年"是普遍的反映。三是要帮助建立相关协会组织，提供后续服务。在农村劳动力创业信贷担保和信贷补贴方面，可以考虑设立农村劳动力创业行业协会基金担保公司，可以根据企业的发展规模，按企业利润的一定比例提取费用组成协会基金，对遇到融资困难的农村劳动力创业企业提供一定的贷款担保。

（二）加强创业引导，提升市场竞争力

针对福建省创业基础的地区差异性，科学把握乡村创业的差异性和发展走势，分区分类推进返乡创业。比较不同区域创业类型的差别，分析不同区域创业的特点，尝试探索适合本地域不同创业类型的规划。一是因地制宜选择适合的创业项目，做到一村一品。应充分考虑"山-海""城-乡"产业链条，构建"山-海""城-乡"一体的经济发展模式，加大对闽西、闽北

地区的产业转移扶持力度，同时促进闽台农业深度对接，形成沿海支持山区农村劳动力返乡创业的常规化对接机制。围绕农业关联产业制定"产业目录"，科学制定符合各地实际情况的农村劳动力返乡创业项目规划，并及时向创业者发布。二是建立良好的激励体系激发返乡农户的创业兴趣，精确定位创业项目。引导农村劳动力返乡创业者组建行业或跨行业、跨地区的专业大户、家庭农场、专业合作社等新型生产经营主体，发展多种形式的乡村规模经营。三是加快土地整合利用，健全土地流转机制方式，鼓励发展休闲农业、创意农业、林下经济、电子商务经营、食用菌生产和水产养殖业等具有福建特色的农业产业，提升返乡创业生态和水平。充分利用农村劳动力返乡创业的优势，加快一、二、三产融合，兼顾经济利益与环境保护的绿色创业形式，提高创业层次。同时改变乡村劳动力疏远农业、脱离农业的状况，缓解农业生产者老龄化、妇女化现象。

（三）强化创业网络平台支撑，提供良好的基础设施

借助"互联网+"的力量，通过"互联网+农业"的新型模式规划农村劳动力返乡创业蓝图，解决乡村创业信息不灵通问题。传统的信息服务、营运方式已经满足不了乡村创业的需求，互联网将是今后加快农业现代化进程的重要驱动力。在充分了解回归创业者实际需求的基础上，针对乡村现有创业企业发展需求，可重点发展电子商务，构筑返乡创业网络平台，加强农村电子商务服务站点建设与和物流体系布局，搭建电商平台拓宽农产品销售渠道，通过互联网平台加强产品市场信息尤其是农产品信息的发布，降低农村劳动力创业的信息获取与营运成本。通过大数据和数据化应用为农村劳动力返乡创业赋能。

（四）完善创业帮扶机制，提升创业公共服务水平

由于创业活动的复杂性、动态性，以及返乡创业农户自身创业条件的差异，在创新机制方面要建立创业者帮扶机制。一是要加大技术技能培训力度，加强技术支持和培训服务以及提供销售渠道服务。整合相关部门的资

源、资金，完善政府统筹、部门协作配合，免费为创业农村劳动力提供全方位的创业培训指导。继续推进"阳光工程"的实施，创新、拓宽创业培训对象与内容，与福建省农业院校以及职业院校、资深创业培训机构建立长期的合作培训。尤其注重对"80后"返乡创业农村劳动力提供支持，通过专门培训和技术指导以及创业知识和经营管理能力培训，帮助其提高电商创业的能力。同时，要注重培养他们的创新能力，引领他们成为创业的主体，或者以当地产业为导向助推他们成为乡村创业领军人物。二是完善相应的扶持政策，尤其对初始创业企业，建立一定的引导、帮扶措施，对于散户、小户型创业者在资金上给予优先支持，打破企业越大获得的资金越多的状况，关注弱小企业的成长、发展，并加强监督、落实。同时设立农村劳动力返乡创业的专项帮扶、奖励资金。建立返乡创业经济效益指标评价考核体系，对创业问题较大的方面要完善帮扶机制建设，提升公共服务水平，让就业创业政策真正落到实处。

B.4
福建省农村婚丧礼俗消费调查

林建鸿　阮晓菁*

摘　要： 婚丧礼俗消费有其历史渊源和合理性，但其对于农村家庭经济的压力影响恒久，时至今日愈演愈烈，"人情礼"变成了"人情债"。本文基于福建省43个农村固定观察点的跟踪调查发现，农村婚丧大操大办、铺张浪费、炫富攀比、盲目跟风等非理性消费，不但给农户背上沉重"礼俗债务"，而且催生不良"环境压迫"，需要政府行政力量和社会集体力量的积极介入和强力干预。农村婚丧礼俗消费文明倡导与干预应明确政府行政力量介入的边界与路径、坚持和强化村民自治的"枢纽"作用、重视深层次的文化和价值观念再造。

关键词： 婚丧礼俗　理性消费　文明倡导　福建

一　引言

中华民族素以礼仪之邦著称，"礼尚往来"之礼俗传统一直为国人所珍视和秉持。《礼记·曲礼上》有云："礼尚往来。往而不来，非礼也；来而

---

* 林建鸿，福建农林大学公共管理学院讲师，主要研究领域：社会保障、社会工作与社会政策；阮晓菁，福建农林大学公共管理学院院长，博士，研究员，主要研究领域：公共管理、马克思主义中国化研究。

不往，亦非礼也。"民间各式各样人情礼金所呈现的不单单是浓浓的人情味，也是人际交往必要的消费支出。近年来，日益富裕的农村地区在婚丧礼俗消费方面攀比成风，花费节节攀升，甚至出现大操大办、铺张浪费、"天价彩礼"等不良现象。2016 年中宣部、中央文明办召开推动移风易俗树立文明乡风电视电话会议，要求把反对铺张浪费、反对婚丧大操大办作为农村精神文明建设的重要内容。2017 年中央文明办在部署年度工作时强调要针对农村铺张浪费、炫富攀比、天价彩礼、大操大办等陋习，大力开展宣传教育，提倡勤劳节俭美德，培育健康生活方式，推动乡风民风美起来。党的十九大提出了乡村振兴战略，2018 年 2 月 4 日发布《中共中央 国务院关于实施乡村振兴战略的意见》（俗称 2018 年中央"一号文件"），强调开展移风易俗行动，"遏制大操大办、厚葬薄养、人情攀比等陈规陋习"，繁荣兴盛农村文化，焕发乡风文明新气象。2019 年中共中央办公厅、国务院办公厅印发《关于加强和改进乡村治理的指导意见》提出，实施乡风文明培育行动，"全面推行移风易俗，整治农村婚丧大操大办、高额彩礼、铺张浪费、厚葬薄养等不良习俗"等。显然，乡村振兴发展既要物质层面的经济振兴，更要精神层面的文化振兴。传承优秀文化，培育淳朴民风，破除传统陋习，鼓励人们向上向善，增强乡村文化自信，必将使乡村振兴发展获得更根本、更深层、更持久的力量。基于上述认识，本文基于福建省 43 个农村固定观察点的跟踪调查，全面考察农村婚丧礼俗消费实际情况，研判其变化趋向、特点、问题等，并做对策性探讨，以期裨益于新时期农村移风易俗工作、乡村治理与发展等。

二 福建省农村婚丧礼俗消费现状

礼俗消费与日常消费不同，并非一种纯粹的或者说简单的经济消费行为，而是一种非常讲究礼节、仪式，带有神圣性质的消费。本文所要考察的婚丧礼俗消费，侧重于操办婚事或者丧事礼俗活动的直接花费以及相关的人情礼金支出等，而不包括可以弹性处置的诸如购买新房、装修婚房以及修造

墓地等费用。有研究指出,婚丧花费是农村礼俗消费中增长最快的项目,是农村居民最关注、倍感压力的礼俗消费项目。①

(一)婚丧礼俗消费涨幅远超农村家庭收入增长速度

调查显示,2018 年福建省农村家庭平均婚事礼俗消费,即操办一场婚事平均花费 20.70 万元,丧事平均花费 7.35 万元,分别比上一年增长 14.05%、36.87%;与农村家庭年总收入(2018 年全省平均 11.16 万元)相比较,一场婚事花费约是它的 2 倍,一场丧事花费就要耗掉它的约 70%(见表1)。从增长速度来看,婚事花费的增幅是农村家庭年总收入的 2 倍多;如果加上丧事花费,二者合计的增幅约是农村家庭年总收入增长速度的 7.72 倍。由此也就不难理解民间所流传着的"一丧三年紧、一婚穷十年"说法。此外,按现有礼俗消费水平,受访对象表示,一个村就约有 1/3 的农村家庭是"负债"操办婚事的。可见,不断攀升的婚丧礼俗消费已然成为农村家庭的主要经济负担之一。

表1 2017 年、2018 年福建省农村家庭收入与婚丧花费情况

单位:万元,%

项目	2017 年	2018 年	增幅
婚事花费	18.15	20.70	14.05
丧事花费	5.37	7.35	36.87
家庭年总收入	10.47	11.16	6.59

注:无特殊说明,表中的花费等数据均为统计后的平均值,下同。

(二)婚丧礼俗消费地区差异大但升降分化无规律

调查显示,2018 年农村家庭婚事平均花费最高的设区市是漳州市,逼近 35 万元,约是花费最低的南平市的 2.6 倍。紧随其后的是厦门市,其花

---

① 林建鸿、刘小婵、阮晓菁、吴菁、林宜辉:《福建农村婚丧礼俗消费态势调查及建议》,《福建农业》2017 年第 6 期,第 22~24 页。

费接近30万元。最普遍的情况是在20万元至25万元的消费水平，包括三明市、龙岩市、福州市、宁德市、泉州5个设区市。而花费较少的在15万元左右，包括莆田市和南平市这两个设区市。从婚事花费变化情况来看，相比上一年，除了泉州市有所下降以外，其余设区市均有不同程度的上涨。其中，增幅最大的是厦门市，高达64.00%，其次是宁德市（27.48%）、福州市（21.62%）、莆田市（20.87%）和龙岩市（20.23%），再次是南平市（18.49%）、漳州市（15.34%）和三明市（12.52%）（见表2）。此外，在访谈中发现，嫁女"待价而沽"现象在山区经济欠发达地区比沿海经济较发达地区更加普遍。由此可以认为经济越发达，婚事礼俗消费的"经济功能"越可能弱化。

表2 2017年、2018年福建省各地市婚丧花费情况

单位：万元，%

地区	项目	2017年	2018年	增幅
福州	婚事花费	18.50	22.50	21.62
	丧事花费	2.23	3.27	46.64
厦门	婚事花费	17.75	29.11	64.00
	丧事花费	3.50	3.75	7.14
漳州	婚事花费	29.66	34.21	15.34
	丧事花费	6.32	6.59	4.27
泉州	婚事花费	24.00	21.83	−9.04
	丧事花费	7.90	9.36	18.48
莆田	婚事花费	14.09	17.03	20.87
	丧事花费	1.27	1.63	28.35
南平	婚事花费	11.14	13.20	18.49
	丧事花费	4.33	5.50	27.02
三明	婚事花费	21.33	24.00	12.52
	丧事花费	4.38	4.95	13.01
龙岩	婚事花费	19.53	23.48	20.23
	丧事花费	2.75	3.50	27.27
宁德	婚事花费	17.54	22.36	27.48
	丧事花费	6.74	8.20	21.66

作为红白喜事中的另一项重要习俗，2018 年丧事平均花费超过 5 万元的设区市有四个，分别是泉州市、宁德市、漳州市、南平市。其中泉州市的丧事花费最高，逼近 10 万元，约是花费最低的莆田市的 6 倍。其余设区市中除了三明市逼近 5 万元和莆田市仅 1 万多元以外，厦门市、龙岩市和福州市的花费均在 3 万多元的水平（详见表 2）。从丧事花费变化情况来看，相比上一年增幅最大的是福州市，高达 46.64%，其次是莆田市（28.35%）、龙岩市（27.27%）、南平市（27.02%）和宁德市（21.66%），再次是泉州市（18.48%）、三明市（13.01%）以及厦门市（7.14%）、漳州市（4.27%）。上述数据反映出，不论是花费额度还是其增幅，农村婚丧礼俗消费水平地区之间存有较大差异，但并未呈现与地区经济发达程度相对应的现象。

（三）备受关注的彩礼地区差异大且总体呈上涨趋势

彩礼是婚嫁习俗之一，俗称"聘金"，主要是指男方家庭按婚姻达成时的约定赠送给女方家庭的聘礼，包括现金和实物。这也是婚事礼俗消费中占比最大的支出部分。为了简洁直观说明问题，本文将彩礼中的实物折算成现金合计为彩礼钱。调查显示，2018 年全省平均的彩礼额度为 13.62 万元，比上一年增长 17.82%（见表 3）。

表 3 2017 年、2018 年福建省各地市彩礼消费情况

单位：万元，%

地 区	2017 年	2018 年	增幅
全 省	11.56	13.62	17.82
福 州	14.58	16.83	15.43
厦 门	10.44	11.00	5.36
漳 州	11.00	13.27	20.64
泉 州	7.77	7.65	−1.54
莆 田	12.43	14.67	18.02
南 平	6.20	7.53	21.45
三 明	14.50	14.07	−2.97
龙 岩	16.67	19.33	15.96
宁 德	14.20	18.89	33.08

　　分地区来看,龙岩市的彩礼钱最高,逼近20万元,约是彩礼钱最低的南平市的2.6倍。紧随其后的是宁德市和福州市,均超15万元。最普遍的情况是彩礼钱在10万元至15万元,包括莆田市、三明市、漳州市、厦门市4个设区市。彩礼钱较低的泉州市和南平市这两个地区,在5万元至10万元。从彩礼钱变化情况来看,相比上一年,除了三明市和泉州市有所下降以外,其余设区市均有不同程度的上涨。其中涨幅最大的是宁德市,高达33.08%,其次是南平市(21.45%)和漳州市(20.64%),再次是莆田市(18.02%)、龙岩市(15.96%)和福州市(15.43%),最后是厦门市(5.36%)(详见表3)。可见,福建农村彩礼消费水平在5万元至20万元呈现明显的地区三阶梯差距,且总体呈现上升趋势。

(四)婚庆酒席宴请规模变化不大但花费整体趋高

　　喜宴是重要婚庆礼俗之一,通过摆酒席宴请亲友,答谢大家的关心,接受大家的祝福,往往不只迎亲当日男方家的"主场"宴请,有的在女方家也要摆酒席,有的还选择在宾馆、酒家宴宾等,不仅要讲究宴请名单,还要礼数周全,当然也要办得有"面子",自然是婚庆礼俗消费的重要内容之一。调查显示,2018年全省平均婚庆喜宴消费即一场酒席钱额度为5.39万元,宴请规模,即桌数为29.08桌,分别比上一年增长12.06%、1.01%(见表4)。

表4　2017年、2018年福建省各地市婚庆宴请消费情况

单位:元,桌,%

地区	项目	2017年	2018年	增幅
全省	酒席钱	4.81	5.39	12.06
	桌　数	28.79	29.08	1.01
福州	酒席钱	3.47	3.66	5.48
	桌　数	14.50	14.30	−1.38
厦门	酒席钱	4.86	7.72	58.83
	桌　数	33.50	41.50	23.88
漳州	酒席钱	8.15	9.46	16.07
	桌　数	44.73	45.27	1.21

续表

地区	项目	2017 年	2018 年	增幅
泉州	酒席钱	4.68	3.80	-18.80
	桌　数	28.75	23.75	-17.39
莆田	酒席钱	2.15	2.86	33.02
	桌　数	19.00	21.00	10.53
南平	酒席钱	2.30	2.67	16.09
	桌　数	21.33	21.33	0.00
三明	酒席钱	2.63	2.90	10.27
	桌　数	32.50	32.50	0.00
龙岩	酒席钱	1.53	1.82	18.96
	桌　数	16.67	21.67	29.99
宁德	酒席钱	2.96	3.08	4.05
	桌　数	15.67	15.67	0.00

分地区来看，2018 年，酒席钱花费最高的是漳州市，逼近 10 万元，约是花费最低的龙岩市的 5 倍。紧随其后的是厦门市，酒席钱平均花费超 5 万元。其他设区市的酒席钱花费均在 1 万元至 5 万元。从酒席钱花费变化情况来看，相比上一年，除了泉州市出现负增长以外，其他设区市均有不同程度的上涨。增幅最大的是厦门市，高达 58.83%，其次是莆田市（33.02%），再次是龙岩市（18.96%）、南平市（16.09%）、漳州市（16.07%）和三明市（10.27%），最后是福州市（5.48%）和宁德市（4.05%）（详见表 4）。

酒席桌数是婚庆宴请规模的直接体现。宴请规模最大的是漳州市，酒席桌数超过 45 桌，约是酒席桌数最少的福州市的 3 倍。紧随其后的是厦门市（超过 40 桌）和三明市（超过 30 桌）。最普遍的规模是 20～30 桌，包括泉州市、龙岩市、南平市、莆田市 4 个设区市。酒席桌数较少的是宁德市和福州市这两个设区市，约为 15 桌的规模。从酒席桌数变化情况来看，相比上一年，除了泉州市和福州市有所缩减以外，南平市、三明市和宁德市的桌数保持不变，而龙岩市、厦门市、莆田市和漳州市均有不同程度的扩增，增幅分别为 29.99%、23.88%、10.53% 和 1.21%（详见表 4）。上数数据反映出，福建农村婚庆喜宴花费整体呈上升趋势，宴请规模整体上并无太大的起伏变化。

（五）婚事随礼地区差别大于丧事随礼且整体波动较小

随礼也称随份子、凑份子，最早源于婚事礼俗，且只限男方亲友，后不断扩展至其他礼俗，随礼人群界限弹性也日益增大。随份子习俗是乡村人情社会中非常重要的事件，"随礼活动促成了人情在村庄社会内人格之文化构建方面的教育和规范力量。……随礼是村民维护和扩展他们的关系网络的关键手段之一。"[1] 调查显示，2018 年全省年均婚事随礼 5～6 次，单次数额为 500～600 元，年均丧事随礼 3～4 次，单次数额为 200～300 元。从家庭支出负担来看，2018 年婚事随礼占农村家庭年总支出的 46.44%，丧事随礼占 14.40% 左右，比上一年均略有下降。但是需要注意：仅婚事随礼一项就占到农村家庭年总支出的近 50%，如果加上丧事随礼，二者合计则占到农村家庭年总支出的 60% 多。对于这样的婚丧随礼负担，超过八成的农村家庭表示"可以承受"，然而不容忽视的是有近两成的农村家庭处于"勉强承受"甚至"难以承受"的状态（见表 5）。

表 5　2017 年、2018 年福建省农村家庭婚丧随礼情况

单位：次，万元，%

项目	2017 年			2018 年			承受情况		
	次数	总额	比重	次数	总额	比重	可以承受	勉强承受	难以承受
婚事随礼	5.71	2.89	50.88	5.71	3.04	46.44	80.33	17.81	1.86
丧事随礼	3.45	0.95	16.73	3.47	0.93	14.40	84.95	13.20	1.85
家庭年总支出	—	5.68	—	—	6.46	—	—	—	—

注：比重 = 婚事或丧事随礼年总额/家庭年总支出。

分地区来看，婚事随礼最高的是厦门市，其数额超过 1500 元，约是随礼数额最小的龙岩市的 8 倍。紧随其后的是福州市，随礼数额超过 1000 元。再

---

[1] 〔美〕阎云翔：《礼物的流动——一个中国村庄中的互惠原则与社会网络》，李放春、刘瑜译，上海人民出版社，2017，第 239 页。

次是宁德市和南平市这两个设区市，随礼数额在 500 元至 1000 元。最普遍的婚事随礼数额在 100 元至 500 元，包括泉州市、莆田市、漳州市、三明市、龙岩市 5 个设区市。从婚事随礼变化情况来看：相比上一年有四个设区市出现增长情况，分别是厦门市、泉州市、漳州市和宁德市，其中厦门市的增幅最大，高达 100.60%；其他设地市的婚事随礼均出现不同程度的下降，降幅最大的是莆田市，降幅为 - 45.82%，其次是三明市（- 35.38%），再次是南平市（- 19.20%），最后是福州市（- 5.99%）和龙岩市（- 2.78%）（见表6）。

表6 2017 年、2018 年福建省各地市婚丧随礼情况

单位：元，%

地区	项目	2017 年	2018 年	增幅
全省	婚事随礼	505.84	531.45	5.06
	丧事随礼	273.94	267.53	- 2.34
福州	婚事随礼	1155.91	1086.65	- 5.99
	丧事随礼	527.14	434.64	- 17.55
厦门	婚事随礼	835.87	1676.76	100.60
	丧事随礼	457.72	496.98	8.58
漳州	婚事随礼	359.39	408.05	13.54
	丧事随礼	204.69	201.77	- 1.43
泉州	婚事随礼	374.29	478.45	27.83
	丧事随礼	275.72	197.88	- 28.23
莆田	婚事随礼	790.97	428.57	- 45.82
	丧事随礼	300.00	400.06	33.33
南平	婚事随礼	659.18	532.65	- 19.20
	丧事随礼	360.00	373.85	3.85
三明	婚事随礼	373.31	241.22	- 35.38
	丧事随礼	269.63	247.48	- 8.21
龙岩	婚事随礼	221.94	215.76	- 2.78
	丧事随礼	123.58	125.76	1.76
宁德	婚事随礼	885.94	973.87	9.93
	丧事随礼	594.54	805.46	35.48

从丧事随礼地区"行情"来看，其数额地区差距不像婚事随礼那么大，2018 年除了宁德市超过 800 元以外，其他设区市均在 500 元以内。其中，

厦门市、福州市、莆田市等三个设区市的丧事随礼数额在 400 元至 500 元；南平市的丧事随礼数定员在 300 元至 400 元；三明市和漳州市这两个设区市的丧事随礼数额在 200 元至 300 元；泉州市和龙岩市这两个设区市的丧事随礼数额在 100 元至 200 元。从丧事随礼变化情况来看：相比上一年有 5 个设区市出现增长情况，分别是宁德市、莆田市、厦门市、南平市和龙岩市，其中宁德市的增幅最大，高达 33.33%；其他设区市的丧事随礼均出现不同程度的下降，降幅最大的是泉州市，降幅为－28.23%，其次是福州市（－17.55%），再次是三明市（－8.21%）和漳州市（－1.43%）（详见表6）。上述数据反映出，农村婚丧随礼地区之间存在差距，比较来看婚事随礼的地区差距更大些。总体来看，婚丧随礼消费水平是农村家庭可接受的，其数额变动域值相对比较小。

三 福建省农村婚丧礼俗消费中存在的突出问题

处于社会关系中的人们的消费行为必然受到某种交际消费规范的调节。当消费仅限于家庭内部，是自己私人的事情，可以自行其是，可以俭朴节约；但是当消费涉及与他人和社区互动关系时，便不再是私人的事情，而是公开的、涉及"面子"的事情，所以不能从简，经常被迫要铺张、张扬和夸耀。这种铺张性消费既是人们互动的结果，也是某种文化规范促成的结果。[1] 作为人们社会生活中最重要的交际消费之一，婚丧嫁娶等礼俗消费自然也是要遵循一定的交际消费规范的。只是不同的社会、民族和时代，有不同的交际消费规范。在传统乡村社会，尤其是在经济欠发达时期，人们更加看重人情礼金往来中表达感情、增进团结、经济互助等功能。然而，近年来农村居民在人情礼俗方面的消费支出迅速攀升，甚至许多时候"死要面子活受罪"，传统朴素的人际互助与交往正在被异化成令人生厌的功利性人情礼俗消费。[2] "人

---

[1] 王宁：《消费社会学（第二版）》，社会科学文献出版社，2011，第 140 页。

[2] 尹超：《农村人情礼俗消费分析——以吉林省九台市 S 村为例》，《经济视角》2010 年第 10 期，第 27~28 页。

情礼"逐渐演变成"人情债",已然成为农村家庭经济"难以承受之重",更不利于乡村社会的健康发展。

（一）不断攀升的婚丧礼俗消费已影响农村家庭经济的正常周转

如前所述,近年来婚丧礼俗消费攀升速度远超农村家庭收入增长速度。就婚事花费来看,其攀升速度是农村家庭年总收入增幅的 2 倍还多;一场婚事的直接花费约是农村家庭年总收入的 2 倍。有研究指出,若加上"买新房"或者"装婚房"等间接花费,往往是婚庆喜送客,回头就得"勒紧裤腰带"忙着还上好几年的"婚债"。[①] 此外,还有平日里"必不可少"的婚丧随礼,年均支出占户家庭年总支出的 60% 多,这对于农户家庭尤其是家境普通的家庭来说是较沉重的经济负担。显然,不断攀升的婚丧礼俗消费已然超出了农村家庭经济正常周转的承受范围,进而影响到农业生产等经营性资金投入和日常生活改善与美好生活追求等。

（二）非理性的婚丧礼俗消费已造成不良的"环境压迫"

费孝通先生曾指出,中国农村是一个"生于斯、死于斯"的熟人社会,"地方性"是一个显著特征,生活于其中的人们"会得到从心所欲而不逾规矩的自由"。这里的规矩是"习"出来的礼俗。[②] 遵从礼俗、按规矩办事是农村居民人际交往中互相尊重的自然而然的体现,凡事特别注重给别人和自己留面子。反映在交际消费行为上,以"宴请"为例,设宴款待客人是主人的一种义务。与之相应,接受邀请出席宴会则是客人的义务。如果客人拒绝出席宴会,却又没有一个很好的理由或借口,就会被认为很不给主人"面子"。[③] 于是乡村社会生活中也就有了条熟悉到不假思索的规矩,即不去做这种让别人和自己"丢脸"的事。然而,在这种交际消费规范下的人情

---

① 林建鸿、刘小婵、阮晓菁、吴菁、林宜辉:《福建农村婚丧礼俗消费态势调查及建议》,《福建农业》2017 年第 6 期,第 22～24 页。

② 费孝通:《乡土中国》,北京出版社,2009,第 6～7 页。

③ 王宁:《消费社会学》(第二版),社会科学文献出版社,2011,第 141 页。

礼俗消费，也极易催生盲目跟风和竞争性消费，甚至炫富攀比。调查显示，福建农村婚丧随礼的出资依据主要是"考虑跟对方的关系"和"随大流"（详见表7）。前者遵循对等的"礼尚往来"原则，既给足了别人面子，也让自己保有面子；后者则是心理学上所谓的"羊群效应"，因害怕与众不同，遂采取"随大流"这一最保险的做法。二者均属"环境压迫"使然。"环境压迫"的另一个典型现象就是，"如果（嫁女儿）聘金低了，人们在背后都会言论——是不是这户人家的女儿有问题，要不然怎么会这么不'值钱'？"①

表7　福建省农村婚丧随礼的出资依据

单位：%

出资依据	占比
随大流	31.88
参照往年出资额度	19.01
视自家经济情况而定	10.50
考虑跟对方的关系	38.61
其他依据	0.0
合　计	100.0

资料来源：根据调查资料整理。

（三）改变婚丧礼俗非理性消费的愿望强烈但内生力量薄弱

应该说面对不断攀升的婚丧礼俗消费压力，尤其那些非理性消费行为，农村居民是有较明确的认知，也有着强烈的改变愿望。调查显示，受访对象普遍认为现在婚丧礼俗消费"攀比很严重""有钱的（农村家庭），没钱的（农村家庭），都不敢砍掉一些（简化礼俗或仪式）"，尤其是"结婚双方（男女双方家庭）要'面子'""讲究（酒席）档次"等，还有的"通过嫁女儿（收取彩礼）来准备儿子（娶媳）的聘金""现在很多家庭都是要借钱来操办（婚事）的，这样很不好"。另外，农村居民普遍支持通过成立

---

① 林建鸿、刘小婵、阮晓菁、吴菁、林宜辉：《福建农村婚丧礼俗消费态势调查及建议》，《福建农业》2017年第6期，第22~24页。

"红白理事会"等类似群众性组织和村规民约来规范婚丧礼俗消费等（明确表示"不支持"的仅约占2%）（见表8）。然而囿于传统、面子和从众心理等压力，真正勇于主动拒绝不合理礼俗消费的仅约占30%（见表9）。可见，个体拒绝不合理礼俗消费或者说变革非理性礼俗消费存在较大的畏难情绪，亟须政府行政力量和社会集体力量的积极介入和强力助推。调查显示，农村居民将改变不合理礼俗消费的希望主要寄托于"（政府）出台政策强制"、"村'两委'"、"当地有声望的人"和"宗族集体商议"（占比分别为28.51%、27.92%、13.07%、11.88%）（详见表10）。

表8 对改变不合理礼俗消费途径的选择

单位：%

态度	成立"红白理事会"等类似群众性组织来规范	通过村规民约来规范
支 持	71.05	79.36
不支持	2.19	1.79
无所谓	26.76	18.85
合 计	100.00	100.00

资料来源：根据调查资料整理。

表9 主动拒绝不合理礼俗消费的态度及原因

单位：%

	选项	占比
主动拒绝与否	会	30.16
	不会	69.84
	合 计	100.00
不会主动拒绝的原因	以前有收礼现在要还礼	49.86
	总要表达自己的心意或信仰	7.56
	不愿做破坏习俗第一人	13.17
	面子过不去	8.12
	担心影响人际关系	8.96
	随大流	12.05
	其他原因	0.28
	合 计	100.00

资料来源：根据调查资料整理。

表10　改变不合理礼俗消费的依靠力量选择

单位：%

依靠力量	占比
村"两委"	27.92
当地有声望的人	13.07
村民小组集体商议	3.37
宗族集体商议	11.88
（政府）出台政策强制	28.51
村民代表大会表决	6.53
村民议事会讨论	3.37
年轻一代	3.17
家庭户主	1.19
党员村民	0.20
其他力量	0.79
合　计	100.0

资料来源：根据调查资料整理。

（四）农村婚丧礼俗消费的"他律"力量薄弱

如上文提到的，变革农村婚丧礼俗非理性消费普遍存在"个体畏难情绪"。面对高昂的婚娶成本，还有相当一部分农村家庭非但不做"拒绝者"，反而还不自觉地成为"助推者"，即采取"嫁一个娶一个"的应对方式（用嫁女得来的彩礼为儿娶媳准备聘金），同时又往往想从中得利，如此往复，环环加高，导致彩礼不断上涨。[①] 再者，有研究指出，农村婚丧操办仪式、规模、档次、标准等主要是"看传统""随大流"，组织化程度极低。[②] 对此，近年来有些地方积极探索成立"红白理事会"等群众性组织来"管"这事，然而不论是覆盖面还是其功能发挥都亟待加强。调查显示，福建省43个农村固定观察点中有成立"红白理事会"的村只有13个，占比不足

[①] 林胜、黄静雅：《莆田某村调查：女性也是天价彩礼受害者》，《中国妇女报》2019年8月5日，第5版。

[②] 林建鸿、刘小婵、阮晓菁、吴菁、林宜辉：《福建农村婚丧礼俗消费态势调查及建议》，《福建农业》2017年第6期，第22~24页。

1/3（见表11）。村干部反映，彩礼具有一定的隐蔽性，谈婚论嫁是两家人商量的事，第三方介入难免引起误会，"村民一般不愿意来红白理事会，怕村组织把亲事给搅黄了"。一些家庭不愿积极配合，不利于红白理事会开展工作。[①]

表11　截至2018年底农村"红白理事会"成立情况

单位：%

是否成立	占比
有	30.23
没有	69.77
合计	100.00

资料来源：根据调查资料整理。

出现这样的局面，有必要考察下近些年福建农村移风易俗工作的实效性，尤其是它在农村居民心目中的"影响力"。调查显示，明确知道当地有开展移风易俗工作的不足六成，认为当地移风易俗工作"效果很好"的仅约占1/4（见表12）。可见，农村婚丧礼俗消费的"他律"力量薄弱，这也对新时期农村移风易俗工作提出了更高的要求和挑战。

表12　近年来福建农村移风易俗工作开展情况

单位：%

选　项		占比
当地是否有开展移风易俗工作	不了解	20.24
	没有	19.84
	有	59.92
	合计	100.00
当地移风易俗工作成效评价	效果很好	25.88
	效果一般	58.47
	效果很差	4.79
	不好说	10.86
	合计	100.00

资料来源：根据调查资料整理。

---

① 梁军、赵宇鹏、侯韶婧：《娶个媳妇就返贫？高价彩礼该咋治》，半月谈网，2019年6月29日，http：//www.banyuetan.org/jrt/detail/20190626/1000200033134991561512240696937800_1.html。

四 研究结论与政策建议

婚丧嫁娶等礼俗消费有其历史渊源和合理性，近年来婚丧礼俗消费水平的不断上涨也有其必然性，即与农村社会经济发展起来了、农户家庭富起来了、人们追求美好生活的愿望日益强烈等息息相关。但是婚丧大操大办、盲目跟风、高额彩礼、炫富攀比等，肯定是一种陋习，不但给农户家庭背上沉重"礼俗债务"，而且助长了拜金主义、奢靡等不良风气，严重影响农村社会的健康发展。对此，各级政府应引起高度重视，要站在乡村全面振兴的战略高度，加强对农村婚丧礼俗消费态势的跟踪研究，广泛动员社会各方力量，群策群力，综合治理农村婚丧礼俗非理性消费，倡导文明礼俗消费新风尚。

（一）明确政府行政力量介入的边界与路径

毋庸置疑，农村婚丧礼俗消费的文明倡导与干预，需要政府行政力量的介入，这既是政府社会管理职能"职责所在"，也是农村居民的迫切希望。然而需要强调的是，必须明确婚丧嫁娶等礼俗消费的"私域"属性，它是一种个体消费自由，这种自由构成了公权力合法性的基础，是公权力必须保护的。由此，政府行政力量在介入农村婚丧礼俗消费过程中要明确其边界，即要避免"公权乱入私域"而造成对个体消费自由（权利）的伤害。近年来各地各级政府已出台了些诸如婚俗改革的指导意见、实施细则等，但是农村居民的反应和评价褒贬不一。其中一个重要的原因就是采取了不顾乡村传统和地域特点的"一刀切"做法。针对农村婚丧礼俗消费实际，政府行政力量介入的重点应是：一要创新新时期农村移风易俗工作，要切实从"先易后难"转变到"啃硬骨头"，要抓住群众反应强烈的"天价彩礼"、铺张浪费、厚葬薄养等不良习俗问题，有的放矢，抓出实效；要切实从"政府一头热"转变到"联合社会大众"，牢固树立起综合治理理念，既要强调各级政府的职责担当，积极作为，又要强调问计于民，集民

智，汇民力，形成最大合力，推动乡风民风美起来。二要严管基层党政干部礼俗消费行为，充分发挥他们文明礼俗消费的引领作用，要建立健全党政干部举办婚庆等礼俗活动的承诺报备制度，并将其纳入民主生活会、干部述职述廉、绩效考核的重要内容；尤其要加大对违规或者借婚丧大操大办敛财收礼的领导干部的惩罚力度，狠刹不良人情风、奢靡风，形成好的社会风气导向，营造一种良好的厉行节约、文明人情往来、风清气正的环境氛围。

（二）坚持和强化村民自治的"枢纽"作用

农村婚丧礼俗消费具有鲜明的地域性特点，正所谓"十里不同俗"。作为一种集体性消费事件，婚丧礼俗消费是限定在一定范围内的，"乡里乡亲""亲朋好友"是其主要范围，亦即主要地发生在村落——"中国乡土社区的单位"——这个"熟人"圈。[①] 从社区管理的角度来说，社区事务最主要的依靠力量只能是本社区居民，也没有谁能够代替他们以及更懂得他们。由此，农村婚丧礼俗消费文明倡导与干预必须坚持和强化村民自治的"枢纽"作用。具体来讲，一要强调村"两委"唱好主角，要将婚庆改革、文明礼俗消费等当作重大村务提请村民代表大会或村民议事会讨论，确保相关政策落实与民心民意的高度契合。二要鼓励"红白理事会"等群众性组织的成立，提升农村婚丧等礼俗消费的标准化和组织化程度，克服个体革新畏难情绪等压力问题。三要将各级政府出台的相关文明礼俗消费指导意见或规范要求写入村规民约，强化对村民人际交往、礼俗活动的文明教化，对于拒不遵守者，通过第一时间劝导、负面曝光、集体不参与等方式进行"惩罚"。四要充分发挥当地"精英领袖"、宗族长辈等在乡村世俗生活中特殊的"德高望重"影响力，倡导乡亲们"崇俭"办事、文明庆典、理性消费，激发乡村文明礼俗消费的内生力量。

---

① 费孝通：《乡土中国》，北京出版社，2009，第6页。

（三）重视深层次的文化和价值观念再造

消费社会学认为，消费是文化系统，而不仅仅是行为。每一种消费模式都同一定的文化和价值观念有着内在的关系。可以说，在一定的物质因素制约的条件下，消费模式是一定的文化和价值观念的实践方式。[①]改革开放以来，农户家庭收入持续增加，农业生产条件大幅改善，农民生活水平不断提高，社会保障体体系不断健全，然而，一个不争的事实是乡村文化建设严重滞后。农村不是物质匮乏，也不是劳作繁重，而是农村居民面对快速变迁的社会生活，尤其是受到城市消费文化的冲击，认知陷入迷乱，于是乎人情泛滥、彩礼横行、无序竞争、道德崩塌、攀比性消费等问题层出不穷。农村婚丧礼俗消费的非理性就是这种乡村文化失调的重要表现。对此，一方面要通过宣传栏、电视、广播等传统媒体和网络、移动端等新媒体，发布健康生活方式广而告之、文明消费友情提醒，还可以借力"文化下乡"活动以及创新地方戏剧目内容等，加大宣传引导力度，让文明礼俗消费家喻户晓、深入人心，形成浓厚的社会舆论氛围，从而有效遏制炫富攀比、奢靡之风的蔓延。另一方面要着力推进乡村文化再造工程，大力弘扬"俭约自守"等乡村（传统）文化价值，唤起人们的村庄集体意识，从而使农村居民重新获得对乡村生活的尊重与认同，实现文化自信、文化自觉。要将乡村文化再造工程纳入美丽乡村建设、文明村镇评选指标体系、基层干部考核指标体系，为扎实推进农村婚丧礼俗消费综合治理提供强有力的组织保障和文化支持。

---

① 王宁：《消费社会学》（第二版），社会科学文献出版社，2011，第233页。

B.5
福建省农村集体产权改革发展分析

余丽燕*

摘　要： 本文对2018年福建省农村集体产权改革的总体现状做了归纳，并对集体产权改革的实践探索做了总结。结果表明：一是福建省为农村集体产权改革积极营造了一个良好的外部环境，农村集体产权制度改革正在逐步有序地开展；二是福建省农村集体产权改革还处于清产核资和成员身份认定的初步阶段，并以经营性资产改革为主要内容；三是多数农户关注产权改革内容，并对改革后的集体经济运行有信心；四是成员身份认定以"户籍+"复合标准为主；五是股权设置以成员股为主，极少部分地区设定集体股，股权管理以静态固化管理为主。为此本文建议：一是各地政府继续加大重视集体产权改革力度；二是加大宣传力度，提高农民认知水平；三是积极借鉴改革试点地区关于成员身份认定和股权设置的经验做法；四是鼓励探索股份经济合作社的有效运行模式，实现"三变"，促进乡村振兴。

关键词： 集体产权改革　成员资格　福建

---

* 余丽燕，福建农林大学经济学院讲师，博士，主要研究领域：农民合作社、农村金融、集体产权、农村公共产品、企业财务管理。

一　引言

农村集体产权改革是一项具有全局性、基础性和关键性意义的农村深化改革任务。中国学者王琢认为它是我国农村集体经济是又一次产权重新界定的重要过程。[①] 十九大报告明确提出集体产权改革是关系到农民财产权益和壮大集体经济的大事。农村集体经济组织产权制度改革是集体经济组织在坚持农民集体所有的前提下，按照股份合作制的原则，将集体资产折股量化到人，使农民变股民，按份享受集体资产收益的分配制度。简而言之，集体产权改革就是改变过去集体产权模糊的状态，使之清晰化的过程。产权明晰是实现集体经济壮大和发展的基本条件之一。[②] 推进农村集体产权制度改革尤其是经营性资产产权制度的改革，不仅有利于维护农民权利，还可以盘活资产、壮大集体经济，使大部分农民可以共享改革红利。[③]

为促进农村集体产权制度改革，中央政府和各地方政府出台了一系列鼓励政策，北京、上海、广东以及浙江等也早已开展了有益探索，福建省一些发达地区如厦门也较早开始了试点。近几年来的中央一号文件均对农村集体产权改革提出明确要求，如 2010 年鼓励有条件的地方推进农村集体产权制度改革，2013 年鼓励具备条件的地方推进农村集体产权股份合作制改革，2014 年提出推动农村集体产权股份合作制改革和建立农村产权流转交易市场，2015 年出台稳步推进农村集体产权制度改革的意见，2016 年提出要建立归属清晰、权能完善、保护严格、流转规范的产权制度。

福建省作为我国东部重要省份地区之一，其农村集体产权改革也在中央政策的响应下逐步开展。为了了解福建省农村集体产权改革的总体发展情

[①] 王琢：《中国农村土地产权制度新论——南海创新土地产权制度的试验》，《中国农村经济》1994 年第 5 期，第 16～21 页。

[②] 张应良、徐亚东：《农村"三变"改革与集体经济增长：理论逻辑与实践启示》，《农业经济问题》2019 年第 5 期，第 8～18 页。

[③] 闵师、王晓兵、项诚、黄季焜：《农村集体资产权制度改革：进程、模式与挑战》，《农业经济问题》2019 年第 5 期，第 19～29 页。

况。本文根据实地访谈所获取的资料和福建省固定观察点村的 506 份农户问卷调查数据，并结合专家咨询对福建省农村集体产权的总体现状、改革的重点和难点等问题做了归纳和总结。

二 福建省集体产权改革的总体情况

（一）农村集体产权改革进展情况

1. 产权改革试点

福建省农村集体产权制度改革试点地区数量逐年增加，总体上呈稳步推进态势。2015 年 5 月，闽侯县被列入首批全国改革试点单位，已经全面完成清产核资、集体成员资格认定，并在 14 个村开展资产量化、股权设置等工作，组建了村集体股份经济合作组织，完善农村集体产权的各项权能。2016 年 3 月晋江市全面启动农村集体产权制度改革，并列为省级试点，由党政主要领导挂帅，认真部署落实改革工作，制定改革"时间表""路线图"，着力解决改革推进过程中遇到的问题，建立政府、村（社区）、专家、律师"四位一体"的工作机制，稳妥有序推进改革。2017 年 6 月，晋江、同安、荔城、沙县、漳平 5 个县（市、区）被列为全国农村集体产权制度改革试点。此外还确定了福清等 30 个县（市、区）为全省农村集体产权制度改革试点。2018 年新增福州、厦门、漳州 3 个市和泉港等 10 个县为全国农村集体产权改革试点。截至 2018 年底，福建省有 55 个县为全国和省级改革试点县，占全省县级数的 60%。总体来说，2018 年以来福建省加快集体产权改革步伐，取得了显著的成绩。

2. 产权改革环节

为了了解福建省农村集体产权改革的进展情况，本文根据福建省 43 个固定观察点村对 506 农户的调研数据以及福建省农业农村厅相关人员的访谈获得的资料，通过清产核资、成员身份认定、股权设置、成立股份经济合作社这些环节进行判定（见表 1）。这 43 个固定观察点村涉及福建省 9 个地级市，既包括集体产权改革试点村，也包括非试点村。

表1　固定观察点村集体产权改革进程情况占比

单位：%

改革事项	开展	未开展	未填选
清产核资	88.37	4.65	6.98
成员身份认定	62.79	30.23	6.98
股权设置	16.28	76.74	6.98
成立股份经济合作社	13.95	79.07	6.98

资料来源：根据问卷调查整理。

一是全面开展农村集体资产清产核资。根据统计可知，大部分的村庄完成了清产核资，明确表示没有开展的村仅为4.65%。截至2018年10月底，全省91个县（市、区、开发区）15362个村居均已全面开展清产核资，其中有15359个村居完成村级公示确认，占99.98%，有15324个村居完成乡镇校验核对，占99.75%。全省有1087个乡镇建立集体资产登记制度，乡镇会计委托代理服务中心按照资产类别建立台账，及时记录增减变动情况。① 开展清产核资的农村中超过99%的村居建立了资产保管制度，从而规范资产管理方式。

二是成员身份确认。根据统计可知，开展成员身份认定的村占62.79%。但是根据省农业农村厅统计资料显示：55个试点县（市、区）借鉴闽侯县50种、晋江市12大类成员身份确认试点经验，制定出台了适合本区域的集体经济组织成员身份确认的指导意见。截至2018年底，改革试点地区基本完成成员身份确认，并且大部分地区完成公示确认。大部分村居在开展成员身份认定时，注重成员身份确认程序，将成员身份确认方案及认定情况全程张榜公布，多数村居对成员身份确认公示3次以上，确保集体经济组织成员权益不受侵害。

三是股权设置。根据统计可知，大部分村未开展股权认定，仅有16.28%的村庄明确表示完成股权设置这一环节。股权设置主要包括集体

① 数据来源：根据福建省农业农村厅统计资料。

115

股和成员股这两种类型。在集体股方面，有 8 个村庄明确表示设置集体股，大部分村庄不设置集体股。关于股权能否在外部流转这个问题上，出现了两种截然相反的观点，有将近40%的农民表示赞成股权向集体外部成员流转。

四是少数集体经济组织成立股份经济合作社，着力探索改革路径。成立股权经济合作社的村仅为 13.95%，明确表示没有开展的将近 80%。同时，试点地区有更多村积极探索股份经济合作社的实现形式。2018 年，晋江、同安、漳平、荔城、沙县 5 个全国改革试点基本完成了清产核资和成员身份确认工作，在折股量化、股权管理、权能实现、发展集体经济、加强资产财务管理等方面探索实践，呈现多方亮点。晋江市积极探索"4545"运作模式，开展股权质押融资贷款，创新股份权能实现形式，激发了农村发展的活力和动力。同安区鼓励村股份经济合作组织利用资源与国有企业等进行合作，积极探索发展壮大集体经济，推动农商银行推出金融产品"农股宝"，向完成集体资产股份合作制改革的农村集体经济组织或成员，以其股权为质押担保进行贷款。平潭综合实验区开展村级集体经济发展三年行动，扶持"空壳"村和"薄弱"村发展集体经济。2018 年，闽侯县选择 60 个符合条件的村，全面开展村级集体经营性资产股份合作制改革。总体来看，2018年福建省村庄集体产权改革还处于初级阶段即摸清家底的阶段，仅有少部分村处于深化农村集体产权改革阶段。

（二）农村集体产权改革对象

农村集体产权制度改革主要是指对集体经济组织所拥有的资源性资产、经营性资产和非经营性资产进行明晰产权、完善权能等一系列改革措施。[①]张襄英认为农村集体资产符合资产的一般性定义，能提供未来的经济效益。[②] 一般来说，集体资产有狭义与广义之分，狭义的集体资产包括经营性

---

① 方桂堂：《农村集体产权制度改革的困境摆脱：自京郊观察》，《改革》2017 年第 8 期，第 117 ~ 123 页。
② 张襄英：《论乡村集体资产管理原理》，《农业经济问题》1999 年第 1 期，第 14 ~ 17 页。

资产和非经营性资产，广义上的集体资产除了前面两项，还包括各种资源性资产。由此关于集体资产产权改革的实践在不同地区表现出差异，但是大部分地区改革的重点为经营性资产，也有少部分地区如上海、成都等地积极探索资源性资产的实现方式。2018 年福建省各地区对集体产权改革的范围主要集中于经营性资产改革，也有地区如闽侯县选定白沙镇新坡村和洋石村，于 2017 年初开始展开资源性资产改革。因此，可以认为福建省集体产权改革的对象主要是经营性资产。

（三）农村集体产权改革的外部环境

1. 政策文件

福建省各地方政府通过文件下发等方式为集体产权改革工作提供政策支持。2013 年，福建省人民政府办公厅出台《加快现代农业建设推进农业农村改革发展的若干意见工作任务分工方案》，提出深化农村集体产权制度改革。2014 年福建省人民政府办公厅在《农村土地经营权有序流转发展农业适度规模经营的实施意见》中进一步要求应推进农村集体产权制度改革，保障农民工的集体经济组织成员权利。2017 年提出了深化农村集体产权改革以促进农民增收。[1] 同时为了提高产权的权能属性，福建省还提出了加快制定农村集体产权股份抵押的具体办法。[2] 2017 年的《关于稳步推进农村集体产权制度改革的实施意见》对福建省产权改革做了较为全面的说明。

福建省各个地区政府也根据本地特点出台了相关的政府文件支持改革。特别是全国试点地区如厦门、闽侯、晋江等地区较早地出台相关政策，对改革给予详细的指导。2017 年福建省晋江市、漳平市、沙县、莆田市荔城区、厦门市同安区五地入选 2017 年度全国农村集体产权制度改革试点单位。厦

---

① 资料来源：福建省人民政府办公厅：《福建省人民政府办公厅关于印发"九促"农民增收行动实施方案的通知》（闽政办〔2017〕27 号），2017 年 3 月 9 日，https：//www.sohu.com/a/129198357_ 268708。

② 资料来源：福建省人民政府办公厅：《福建省人民政府办公厅关于强化福建省农村金融服务十条措施的通知》（闽政办〔2017〕48 号），2017 年 4 月 26 日。法规来源：http：//www.fujian. gov.cn/zc/zxwj/szfbgtwj/201705/t20170509_ 1523255. htm。

门市出台《关于推进农村一二三产业融合发展的意见》，提到积极鼓励发展集体股份合作。三明市出台《关于进一步推进农村一事一议工作促进村民村财持续增收的通知》，提出加快农村集体产权制度改革。2015年闽侯县也出台《积极发展农民股份合作赋予农民对集体资产股份权能改革试点项目实施意见》，对集体产权改革具体的实施步骤、时间节点、责任单位、工作要求等内容做了进一步的细化和明确。2016年9月晋江出台了《晋江市农村集体产权制度改革试点实施方案（修订稿）》，提出要分类推进农村集体资产确权到户和股份合作制改革。

2. 决策部署

一是为了推进农村集体产权制度改革各项工作尽快落地实施，福建省建立了省级全面负责、县级组织实施的自上而下的领导体制和工作机制。2018年初，根据福建省委、省政府年度目标任务，制定下发了《2018年推进农村集体产权制度改革工作方案》。为了研究开展全省农村集体产权制度改革工作督查方案，还建立了工作信息交流制度，以联席会议办公室名义通报3期改革工作进展情况。

二是为扎实推进农村集体产权制度改革工作，将集体产权改革列入党委书记述评和政府的绩效考核内容。如各设区市将此项工作列入对县（市、区）党委书记述评和政府绩效考核内容。省农业厅将此项工作纳入全省农业系统延伸绩效考评，多管齐下推动改革工作有效落实。

三是开展情况通报和联合督导督查。省委、省政府明确将农村集体产权制度改革列入重点督查工作，省联席会议办公室建立了改革进度报告和巡查制度，要求各县（市、区）每月上报改革进展情况，并针对进展缓慢的地方进行"点对点"巡查。同时，将排名靠后的县（市、区）呈报省委、省政府分管领导，通报到市、县（区）主要领导，对改革推动不力的县分管领导和农业局长进行约谈，解决工作开展不平衡问题。2018年5月，省农业厅组织了4个由处级领导带队的督查组，对全省改革情况进行督查。2018年6月底，省联席办组织13个成员单位组成4个联合督导组，由省农业厅、国土厅、林业厅、水利厅分管领导带队，抽查19个县、37个乡镇、71个村。9月上中旬，由农业农村体制机制改革专项工作小组抽调成员单位人员组成9个督察组，分别由一名厅级领导带队，分赴9个设区市和平潭综合实验区深入18个县（市、区）、39个乡镇、42个村督察。通过通报和督导督查，层层传导压力，推动改革政策落地见效。[①]

四是给予积极保障措施。福建省各地成立推进农村集体产权制度改革工作办公室，并根据改革各阶段工作任务，组成专项工作组，充实工作队伍。同时，各地为推进改革安排专项经费，如厦门市级安排经费2300万元，福州市县级落实改革经费9867万元。此外，不少地方通过政府购买服务，聘请律师事务所、会计事务所等团队参与改革工作。

3. 多方宣传

福建省农村集体产权制度改革实施意见出台后，在福建省电视台、《福建日报》等主流媒体持续开展专题宣传报道，宣传中央和省委政策精神，介绍地方先进经验。各地充分运用新闻媒体、网络信息等现代手段，积极开展政策宣传，组织开展"三个一"（给农民一封公开信、给农民一张动画宣传光盘、村级设立一个工作宣传栏）宣传活动，就改革的重大意义、目标方向、基本原则、重点任务和农民关注的热点、焦点问题进行宣传，全省印发给农民朋友一封信659万份，有15362个村居设立改革工作宣传栏并张贴了改革宣传画，赠送农民改革宣传光盘60多万张，有的地方还制作了《农村集体产权制度改革宣传片》在当地电视台、电台滚动播放宣传，积极营造社会舆论和群众参与改革的良好氛围。又如仙游县建立县、乡镇（街道）和村居三个层次的领导小组及工作机构，发放《致全县农（居）民朋友的一封信》等宣传材料，多层次举办培训班，召开动员大会、现场会、推进会、视频会议等进行宣传发动和布置推进。县委、县政府组织督查组，全面进行督查，下发督查通报，提出工作推进和问题整改意见，县政府常务会议和县委常委会议专门听取农村集体产权制度改革情况汇报，推动工作落实。建"仙游县产权改革办"微信群，开通微信公众号，及时协调、沟通、通报、反映和交流工作情况。

---

① 数据来源：福建省农业农村厅。

（四）农村集体产权改革的农户认知

为了了解农户对农村集体产权改革中几个关键问题的主要看法，本调研依据福建省43个固定观察点村的506份农户问卷整理而得。

一是农户从哪些渠道了解农村集体产权改革事项。由于这次改革比较新，并且关系到农民切身利益，农户的信息获取途径非常关键。从表2中可知，农户主要通过村委的宣传获取集体产权改革的信息，而通过新型媒介传播机制如微信等渠道则比较少。

表2　农户了解农村集体产权改革信息的获取途径

单位：个，%

信息获取渠道	调查次数	占比
村委宣传	360	71.15
电视报道	49	9.68
微信或互联网	21	4.15
亲戚朋友	38	7.51
其他	38	7.51
合　计	506	100.00

资料来源：根据调查资料整理。

二是了解农户对于农村集体产权改革中的哪些核心问题更为关注，根据收集的506份的农户问卷可知，大部分的农户做出了有效回答，仅有几个农户未填选。在集体在清产核资方面，超过一半的农户表示关注，除了低于集体收益分配问题，该比例高于农村集体资产改革的其他方面。将近一半的农民表示对成员身份认定的比较关注。这可能与大部分村正处于清产核资和成员身份认定阶段有直接关系。这也反映在股份设置这一问题上，仅有近20%的农户较为关注股份设置问题（详见表3）。

三是对改革后集体经济组织发展的信心问题。农村集体产权改革的一个重要目标就是提高农民的财产收入，增强对集体经济发展的信心。根据表4可知，农户对集体产权改革后集体经济运行表示非常有信心和有信心的比例达到47.43%，一般有信心的达38.34%，有3.16%的农民表示完全没有信心

（见表4）。总体而言，多数农户大多关注产权改革内容，并对改革后的集体经济运行有信心。

表3　农户对集体产权改革几个关键问题的关注情况

单位：%

几个关键问题	较不关注	较为关注	未填选
清产核资	49.01	50.40	0.59
成员身份认定	53.56	46.25	0.20
股份设置	79.64	19.96	0.40
集体资产收益分配	49.01	50.79	0.20
改革后集体经济运营监督问题	76.09	23.52	0.40
改革后组建新型集体经济组织的管理问题	77.08	22.73	0.20

资料来源：根据调查资料整理。

表4　农户对集体产权改革后的集体经济运行信心情况

单位：个，%

信心情况	人数	比例
非常有信心	73	14.43
有信心	167	33.00
一般有信心	194	38.34
不是很有信心	56	11.07
完全没信心	16	3.16
合　计	506	100.00

资料来源：根据调查资料整理。

三　福建省农村集体产权改革中的实践探索：经验与问题

　　根据集体产权改革的目标、推进情况以及现实中遇到的重点难点问题，福建省各试点地区探讨出了富有地方特色的经验做法。下文将根据集体产权改革的几个重要环节即清产核资、成员身份和股份设置的福建省做法展开说明，同时对存在的主要问题做了简要总结。

（一）清产核资

为了使清产核资得以顺利开展，福建省成立专门的指导小组。根据中央部署和省委、省政府统一安排，福建省农业厅等九单位联合下发了《关于全面开展农村集体资产清产核资工作的通知》，对清产核资进行全面部署。2018年3月底前，全省所有县制定出台了改革实施方案，党委、政府召开动员部署会议，县（市、区）委书记参加并做讲话。2018年4月10日，省政府召开全省春季农业生产工作视频会议，传达了全国农村集体资产清产核资工作会议精神以明确2018年全省基本完成集体资产清产核资的任务。

针对福建省一些乡镇承担清产核资工作任务繁重及缺少相应的专业人员等客观问题，省级在下发文件中就明确提出，经县级党委、政府同意，可通过政府购买服务等方式，委托会计师事务所清产核资。全省有4350个村聘请会计师事务所等第三方清产核资。同时，强化清产核资中的"公示确认、校验核对"等重要环节，在改革进度月统计指标设置时，把"村级公示确认"和"乡镇校验核对"作为清产核资重要指标，确保清产核资数据和所有权的真实性。

同时，为了提高农民对清产核资的认知和参与积极性，福建省积极开展业务培训和政策宣传。同时编印改革资料汇编、工作手册、政策解答、典型事例宣传册等4万多份，指导基层开展工作。省级根据改革部署组织两期培训，对市、县（区）农业部门分管领导和经管站负责人开展培训，培训400多人次。市、县（区）分级开展专题培训，分别组织对县（市、区）、乡（镇）、村三级业务骨干开展专题培训，共培训1596期、84355人次。通过培训，基层干部明确改革任务，深刻了解和掌握改革的内涵，积极推动改革。其中，省级组织两期清产核资专题培训班培训400多人次，各地培训1775期、10万多人次，保证清产核资数据的准确性。

总体来说，清产核资作为集体产权改革的基础工作，关系到集体产权改革能否顺利有序地开展。福建省政府给予高度重视，并设计了科学的实施方案。在顶层设计方面，自上而下做了全面部署；在具体实施环节，采用委托会计师事务所清产核资的专业做法，破解清产核资的技术难题，同时给予积极宣传，增强了民众对清产核资的认识，为清产核资的顺利开展营造了有利的氛围。

（二）成员身份认定

由于农村集体经济组织成员资格是农民能否获得跟集体有关的收益权的前提条件①，关系到成员的切身的利益，因此是农村集体产权改革的重点问题。加上近年来人口在城乡间的迁移，各个地区对成员身份的认定标准不一，因此成员身份认定也是最容易引起争议的，它关系到集体产权改革能否顺利开展。总体来说，福建省农村集体经济组织成员身份认定遵循依法依规、尊重历史、照顾现实、程序规范以及群众认可的原则。具体的认定工作主要结合户籍、土地承包、居住状况以及义务履行等情况开展。下文就福建省已开展集体产权改革的试点地区的集体成员身份认定经验进行总结。

1. 集体成员资格认定一般标准

一是"户籍＋"标准。从实践地区的开展情况看，大部分集体经济组织成员的认定标准是户籍标准，在此基础上结合各地区相应的条件，如土地承包经营权等确定，即"户籍＋"标准。总结厦门地区的改革经验，大部分地区规定成员身份取得的前提条件是其户籍的确定。这里的户籍标准往往与集体资产改制的基准日联系在一起，即户籍的确定往往在基准日之前或者某一段区间。为什么户籍是集体成员身份确定的核心标准呢？代辉和蔡元臻认为户籍标准具有特定的历史原因和独特优势。② 孟勤国认为依照户籍登记确认其集体成员的制度容易操作，与农村集体所有的本质和状况具有一致性。③ 因而部分地区明确规定，户籍是集体经济组织的进入门槛，是成员资格的一个必备条件。但也有例外情况，如马垵村规定"户口从未迁入的配

① 江晓华：《农村集体经济组织成员资格的司法认定——基于372份裁判文书的整理与研究》，《中国农村观察》2017年第6期，第16～29页。
② 代辉、蔡元臻：《论农民集体成员资格的认定标准》，《江南大学学报》（人文社会科学版）2016年第6期，第28～35页。
③ 孟勤国：《物权法如何保护集体财产》，《法学》2006年第1期，第72～77页。

偶及其子女，每人 0.5 股"。这主要是因为这些地区重在考虑对本地区有实际贡献的农户。采用"户籍＋"标准时，重要的附加条件之一农村土地承包经营权的获取，比如祥露社区集体资产股份化改制实施方案中规定："第二轮农村土地延包中享有土地承包权，且户口在本村的现有村民。"

二是事实标准。集体成员身份的认定不仅可以通过户籍方式原始取得，还可通过婚姻关系和收养关系获得。关于外来媳妇和入赘女婿的规定就体现了这一途径实现的可能性。比如蔡塘社区规定："在基准日（含该日）之前嫁入本村原居住者的，且未分得责任田的，包括在此期间所出生的子女，户口在本村的，本人定为 2 股。"这比一般性的本村原居住者少 1 股。岭下社区规定："娶进来的媳妇已离婚的，户口仍然在岭下社区的，离婚前未生育小孩的，不得分配，离婚前有生育小孩的，离婚后未再婚的可以分配。"祥露社区集体资产股份化改制实施方案中规定："有女无儿的一个入赘女婿，且户口已迁入本改制村的，儿子没有赡养能力、女儿尽主要赡养义务的入赘女婿，且户口已迁入本改制村的，入赘女婿应以其子女按女方姓氏为姓方有资格。"还有一个明显例证是针对外嫁女的，比如厦门市同安区新民镇湖安社区居民委员会关于农村集体产权制度改革实施方案中就规定："本村集体经济组织成员出嫁或入赘到其他村后离婚或丧偶，其本人及所生育的子女基准日前户口回迁至本村集体，且在本村集体实际生产、生活，与本村集体建立生活保障依存关系，未取得其他集体经济组织成员资格或资产利用权、利益分配等权益的。而如果妇女出嫁后户口尚未迁出，但已在嫁入方取得承包地或分配资格的，基准日时户籍虽在本社，成员身份不被认可。"

2. 特殊成员认定标准

集体经济组织中的特殊成员主要是指那些婚姻、就业等关系造成人口流动的，主要包括外嫁女、离婚、丧偶的女性、本改制村大中专毕业生、本改制村的现役义务兵以及服刑或劳动教养的两劳人员等。不同地区对这类成员的成员认定标准大同小异。这类特殊人员的股份设置要比一般成员股份分配少。

外嫁女认定。妇女出嫁后，尚未在嫁入方所在村取得承包土地或参与集体财产及收益分配（须提供嫁入地乡、镇或街道出具的证明），且户口仍留在本改制村的一般可以获得本集体组织成员身份，但外嫁女在夫家有分配享受集体待遇的一般在原社区不参与分配股权。也有少部分对外嫁女的户口迁出与否没有严格规定，如濠头社区规定："原濠头村的女子，1973 年 1 月 1 日至 1982 年 1 月 31 日前出嫁的，给予确认股权。"一般来说，不同地区外嫁女成员所享有的股份是不一致的，并且不少地区对于外嫁女股份份额的认定要少。枋湖社区规定："外嫁女及其子女，户口在本社区且 1981 年有分配责任田的每人分配 10 股，没有分配责任田的每人 5 股。"围里社区规定："户口在本社区的外嫁女均能享受，但需要提供其配偶原户口所在地社区开具没有享受股权的证明；其配偶及子女不参与分配股份。"从这些规定可知，外嫁女以及子女的成员身份认定被附上更多的条件，比如时间、户籍迁入与否、是否分配责任田等的条件。

离婚、丧偶的女性。这个主要针对外来媳妇如果遇到离婚、丧偶的情况，可能面临户口迁出本村等。其身份的认可主要根据其是否实际居住在本村以及对集体是否尽到义务、是否有实际的生产生活关系等。比如祥露社区就规定："离婚、丧偶的女性村民及其子女仍在本改制村生活，或者虽未在本改制村生活，且户口已迁入本改制村的，但其新居住地未给予承包地或参与集体财产及收益分配的。"而岭下社区规定："女方原为本村外居民，与本村居民离婚后，女方户口未迁出者可以享受；如又再婚其配偶是本村外居民不得享受，随迁子女及再婚所生子女也不得享受。"

大中专毕业生、本改制村的现役义务兵以及服刑或劳动教养的两劳人员。对于这类成员的规定不同地区的做法基本一致。因上学、入伍户口迁出的，成员身份都被保留，但在基准日前已毕业转干或转业后就业为公务员、国有企业人员以及事业编制人员的，不再享有集体成员身份。

总体来说，"户籍＋"和事实标准是 2018 年福建省各地最重要的两种成员认定方式。对原村集体资产产权和成员身份的确认，村集体充分考虑历史沿革和形成过程，坚持"尊重历史，承认现实，实事求是，保证最广大村民利益"的原则。但认定标准仍然存在其缺陷。采用事实标准的成员资

格认定方式，虽然强调尊重事实，但如何判定"是否形成了较为固定的生产生活关系"，具有很强的主观性，极易产生争议，可操作性较差；而"户籍＋"复合标准看似兼顾了不同因素，却也因为各要素的权重标准不一，容易引发内部争议。①

（三）集体资产股权设置及管理

对集体资产实现量化，实现三变改革，是深化农村集体资产产权改革的重要体现。其中，股权设置是其中一个关键环节，也是难点，因为它关系到重点各方权益是否能公平体现，是建立完善集体经济组织利益分配制度的重要前提。② 根据不同地区实践经验总结，股权设置以个人股为主，以集体股为辅。个人股的设置的基本依据是集体成员身份，但是不同的类型成员享有的股份不一样。集体股在不同地区设置比例也呈现差异。

1. 集体股

集体股是个人股东共有的资产，其股份所有权由全体个人股东集体行使。③ 对于集体股的设置有三种做法：一是永久设置；二是临时设置；三是不设置。根据具体实践情况，集体股设置的主要目的是用于一些必要的社会性支出，如用于公益事业、缴纳一些社会费用等。如厦门有村组织规定："集体股收益主要用于解决村改居过渡时期社区公共事物和公益事业开支及相关遗留问题的处理费用，如：社区各项社会事务、老人的福利待遇、村间水管铺设、路灯维护等。"根据福建省的做法，少部分地区保留了设置集体股的做法，比例上一般不高于30%，但个别村也会达到50%。在调查的26

① 马翠萍、鄗亮亮：《农村集体经济组织成员资格认定的理论与实践——以全国首批 29 个农村集体资产股份权能改革试点为例》，《中国农村观察》2019 年第 3 期，第 1～14 页。

② "农村集体产权制度改革和政策问题研究"课题组：《农村集体产权制度改革中的股权设置与管理分析——基于北京、上海、广东的调研》，《农业经济问题》2014 年第 8 期，第 40～44 页。

③ "农村集体产权制度改革和政策问题研究"课题组：《农村集体产权制度改革中的股权设置与管理分析——基于北京、上海、广东的调研》，《农业经济问题》2014 年第 8 期，第 40～44 页。

个厦门集体资产改制方案中，仅有 5 个集体经济组织设置集体股，而且其中
3 个表示过渡期后集体股还原量化为个人股，仅有一个集体经济组织明确表
示集体股在 5 年过渡期逐年递减，直至 5% 保持永久。

2. 成员股

不同地区设置成员股存在差异，且股权类型多样。2018 年，福建省地
区成员股主要包括基本股（又称户籍股）、土地承包经营权股以及独生子女
奖励股等。一般来说，决定是否享有股份以及享有多少股份的需要参考改制
基准日的确认和股东身份确认类别以及在户口在集体的时间设置股权。

改制基准日。从 2018 年福建省的实践来看，一般来说，集体成员身份
的确认以改制的基准日为节点，户籍是否仍留在本村，但这也不是绝对的标
准，也有少数集体组织认可即使户籍不在本村，也可享有成员身份，但是股
权的数额会受影响。厦门作为福建省集体产权改革最早的区域之一，从调查
的情况看，比较早改制的一般在 2003 年前后，较晚的改制日为 2018 年。另
外，大部分地区对于改制基准日之后的新增人口不予股份配置，但也有个别
村会在基准日之后给予一个期间认定股份。比如厦门祥露社区就对基准日之
后 10 年内的不同时间段内新增人口成员赋予了了不同数量的股份。

股东身份确认类别。集体经济组织成员是其享有集体股权的基础条件，
但是由于集体经济组织成员具有不同类别，其享受的股份也不尽相同，从而
形成了与成员类别相匹配的不同股权。其大致可以分为以下几个类别：①原
住民。这类成员大部分具有男性、户籍在本区以及参与土地承包的特征。这
类成员一般享受的单位股份是最高的。在调查的地区，超过一半的集体改制
小组明确规定这类成员的股份最高。也有极少数集体经济组织不以户籍为标
准，而是以分配的土地为标准。如高殿社区就把成员分两类：第一类是有分
到责任田的成员，这类成员可配基本土地股 4 股，不管这类人员是否健在、
户口是否在册；第二类成员为没有分到责任田的新增成员即自实行生产责任
制后到 2003 年 8 月 15 日期间的新增成员〔指经依法办理婚姻登记并落户的
配偶（含符合社区居规民约招婿条件的上门女婿）及所生育或依法收养的
符合国家和本社区现行计划生育政策的子女〕，这类成员自户口落户之日起

至 2003 年 8 月 15 日计算每满 5 年可配人口股 1 股，以此类推，最高不超过 4 股。对于两者兼有的成员，规定："凡有分到责任田的成员（已配基本土地股 4 股）到 2003 年 8 月 15 日健在且户口在册（含原有成员经济待遇，后因购买商品房户口外迁的成员，下同）可配人口股 4 股，至截止日健在且户口在册的成员可再配人口股 2 股，即符合上述条件的成员总计可配满股 10 股。"②外来媳妇以及孩子成员。这类成员现有的股份一般会比一类成员少。比如厦门湖里社区规定婚嫁迁入媳妇或女婿的集体经济组织成员每人 0.5 股，这比原成员享有 1 股少一半。③入赘女婿以及子女。这类成员一般享有跟外来媳妇同样的股份。但是对于一个家庭中一般规定仅有 1 个入赘女婿享有此权利。④外嫁女。这类成员比较特殊，大部分集体经济组织根据外嫁女是否仍在本村或者是否分配责任田作为判定其是否享有股份的标准，并且股份一般少于原住男性村民。在调查的 29 个集体经济组织中，有 98% 以上明确规定了外嫁女的权利。以塘边社区为例，它规定："1984 年 10 月 31 日至方案通过日期间，集体经济组织成员婚嫁迁入媳妇或女婿以及新出生的子女，落户本社区后，因外出服兵役或外出就学户口外迁不在本社区的，仍为集体经济组织成员，每人享有 0.5 股。"这比原住男性村民少一半。⑤独生子女和超生子女成员。独生子女成员的家庭一般会有适当的奖励。比如枋湖社区：在基准日前已领取独生子女证的独生子女（包括一女公证的独生子女），根据独生子女享受的股权，可享受双倍的股权分配。对于超生子女家庭一般都有一定的惩罚措施，体现在超生子女不享受股份，或者享受不完整股份。例如，围里社区规定：超生子女股份分配：本社区计生对象超生，十四周岁以上的也能享受 1 股。超生一胎并配合社区做好计生工作并缴完超生子女社会抚养费后，可以分配 0.5 股（超生第二胎及以上的不得分配）。按本方案获得股份分配的股东，从本方案通过之日起，若发现违反计划生育政策生育（包括婚外生育、非法抱养等其他情况）的，取消夫妻双方股份 3 年的红利分配；不配合计生工作的，视情节轻重，取消夫妻双方股份 1~3 年不等的红利分配。⑥农转非人员。因就学和入伍户口转出成员一般与一般成员享有同等股权。⑦党政机关、事业单位在编工作人员以及国有企事业单位录用的在编人员等不同类型的国家公务人员。这类成员一般不享有股份，即使户口仍在本村。但也有极少数村认可这类成员的股份。后埔村规定这类成员为第三类成员。具体规定如下："在基准日后至2007年4月30日，原本村村民娶进的原属农业户口的媳妇（国家公务员、事业单位在编人员、国企单位职工等对象不参与分配）及其合法婚生子女，且在2007年4月30日当日户口在后埔村村民，每人分配1股。"

3. 股权管理

股权调整方面，各个地方在改革意见及章程中因地制宜地制定了相应规定。2018年，福建省主要采用固化管理和适当动态调整两种方式。大部分村采用的是实行不随人口增减而变动的静态管理模式。如厦门湖里街道村里社区按照"出生不增、死亡不减、迁入不增、迁出不减"的原则，对集体经济组织成员实行静态管理。坂尚社区明确规定："总股份数一旦确定，不随人数增减而变化。"

关于股份是否可流动这个问题，不少集体经济组织做出了明确规定。一般来说，股权不允许转让和退股。但是股权是否可以在内部转让呢？很多集体改制方案并无明确说明，也有一些村做出了规定。如厦门同安新民镇湖安社区规定："股权原则上只能在本集体经济组织内部转让，也可以由本集体经济组织有偿赎回。"另外，对于股权是否可以继承这个问题，各个村做法不一：一种明确说明可继承，也有说明不可继承，还有一些村对这个问题没有做出明确规定。

（四）集体产权改革存在的主要问题

福建省在积极推进集体产权改革中，总结了宝贵经验，取得了一定成效，推进了乡村振兴战略的实施。但同时也面临着不少问题。

一是集体产权改革深化工作推进比较缓慢。根据对43个固定观察点村的调研可知，大部分的集体组织未启动股权改革工作。虽然外部具备较好的改革环境，但许多村组均未启动权能改革工作，没有开展折股量化和组建股份经济合作社工作。

二是个别地区干部思想认识还不够到位。一些县（市、区），特别是一些乡镇村没有认识到开展农村集体产权制度改革工作的重要性，没有把改革工作摆上重要议事日程，推进不够有力。在本文的实际调研中发现：有些村过分强调土地确权、村级换届对产权制度改革工作的影响，没有做好统筹安排；个别地方国土、林业等部门确认资源性资产不积极主动，公安部门（派出所）提供村民信息不及时等，部门协调推进、齐抓共管机制不完善。由此导致个别有集体资产的乡镇（街道）和村民小组未完成计划完成清产核资工作。

三是群众对集体产权认知水平较低，参与积极性不高。虽然不少地区对集体产权改革做了大量的宣传，但是很多改革工作宣传还停留于单方面、灌输式的宣传方式，导致不少群众对集体产权改革的概念不清，也不了解农村集体产权改革跟自身的关系如何，宣传流于形式，没有达到使得广大群众都了解的目的。还有一些乡镇没有把"一封信"发放到农户，悬挂标语和条幅较少，以致群众知晓率低。普通群众对于集体产权改革的主人翁意识没有被调动起来，参与改革积极性不强。

四是改革程序不够规范。有的县（市、区）没有按要求召开村民会议或户代表会议，资产登记、资料公示、群众签字等不规范。有的地方集体资产没有入账，价值没有体现在台账上，只做了清产，没有核资，工作仅做了一半，甚至产权归属尚不够明晰。个别村居清产核实不彻底，累计折旧没有计提，账务处理不规范。集体经济组织成员花名册未汇总上报备案。

五是保障措施不够有力。一些县（市、区）没有抽调人员集中办公，存在精力分散、抓工作力量不足问题；县、乡经管人员严重不足，尤其是乡镇经管人员少，严重影响了改革进展。有的县（市、区）改革工作经费安排较少，影响了清产核资等改革工作。

四　主要结论和建议

主要结论如下：第一，福建省为农村集体产权改革积极营造了一个良好的外部环境，2018 年农村集体产权制度改革正在逐步有序地开展；第二，主要处于清产核资和成员身份认定的初步阶段，并以经营性资产改革为主要内容；第三，多数农户关注产权改革内容，并对改革后的集体经济运行有信心；第四，成员身份认定以"户籍＋"复合标准为主；第五，股权设置以成员股为主，极少部分地区设定集体股，股权管理以静态固化管理为主。各地方对成员股设置并无统一标准，但基本上依照户籍和农村土地承包依据设定了不同类型股权。

几点建议：一是农村集体产权改革是乡村振兴的一项基础性工作，它涉及多方利益，上级政府的重视有利于集体产权改革的推进。二是加强对集体产权改革的宣传，真正提高农户的认知水平。集体产权改革的顺利开展离不开群众支持，而现实中不少群众对改革事宜认识不清，甚至阻碍改革的开展。这就需要加强宣传，总结经验，让群众真正了解改革、支持改革、拥护改革，形成良好的改革氛围。三是针对改制中成员认定和股权重点难点问题，总结和学习已有的试点改革经验，形成"福建经验"，以对其他地区提供实际的借鉴帮助。四是大胆实践创新，探索有效的股份经济合作社运行模式。集体产权改革的最终目的是要让农民获得实实在在的利益，这就需要一个能够"造血"的设计，让改革后的股份经济合作社成为壮大集体经济的载体。因此应该鼓励群众大胆探索股份经济合作社的运行模式，不断把改革向纵深推进，力求在资产折股量化、股权管理、"三变"改革等方面取得新成效，助推乡村振兴的实现。

B.6
福建省农村精准扶贫调查分析[*]

郭玉辉[**]

摘　要： 面对脱贫攻坚决胜期更复杂、更棘手的问题，精准扶贫是
2018～2019 年"三农"工作的主要方略。本文对福建省
2018 年、2019 年精准扶贫工作进行了分析，从金融扶贫、
科技扶贫、健康扶贫、社会保障兜底扶贫等方面考察扶贫效
果。研究发现，福建省通过发展生产、易地搬迁、生态补
偿、发展教育、社会保障兜底等途径，在扶贫工作中取得了
一定的成绩，但同时也存在扶贫对象识别范围应重新界定、
扶贫工作整体规划有待深化实施、仍需加强扶贫工作绩效考
评等问题。为提高扶贫的精准性，本文提出如下政策建议：
应积极构建贫困人口动态识别、监测系统精准管理扶贫对
象、扶贫先扶智提高贫困地区人口综合素质、改变政策宣传
推广模式，推动福建省农村精准扶贫工作高速、高效发展。

关键词： 精准扶贫　健康扶贫　科技扶贫　金融扶贫　社会保障
兜底扶贫　福建

一　引言

中国的扶贫工作历经数十年，精准扶贫是中国政府一段时期内治贫的主

---

[*] 本文系教育部人文社会科学研究青年基金项目"社会质量视角下贫困户'脱贫摘帽'后可持续
生计问题研究"（项目编号：17YJC840011）阶段性研究成果。
[**] 郭玉辉，现任福建农林大学公共管理学院讲师，博士，主要研究领域：农村社会保障。

要方略，精准扶贫的提出有助于早日全面建成小康社会，有助于中国贫困人口按计划脱贫，并且有助于实现全国人民的共同富裕。

本文梳理了近些年福建省的农村精准扶贫工作，考虑到金融、科技、健康、社会保障兜底在社会中不可替代的重要作用，主要从这几个方面对扶贫工作进行调查分析。福建省 2018 年、2019 年农村精准扶贫工作取得了一定成绩：金融助力精准扶贫，引进小额信贷等金融产品，创造良好的金融生态环境；科技扶贫中提高农户科技素质，推进农业技术更新，实行农业规模化经营；健康扶贫中完善基础设施建设，培育乡村医疗团队，保障医疗质量；社会兜底保障中不断完善保障体系，逐年增加兜底保障资金投入，有效推进了扶贫工作。福建省精准扶贫也存在一些问题，例如仍需进一步探讨贫困对象的界定范围，贫困区整体脱贫规划有待深化实施，需要重视贫困区人口的综合素质，而且没有合适的激励机制、宣传模式，加大了扶贫难度。应采取措施，利用互联网技术积极构建贫困人口动态识别、监测系统，制定合适的贫困地区人员激励机制，统筹规划地区工作，并切实提高贫困人口综合素质，开展多种政策宣传模式。

本文归纳总结了福建省 2018 年和 2019 年的扶贫工作，调查成果能为脱贫攻坚的决胜时期提供现实的政策导向与建议。由于研究水平有限，本文存在研究数据不全等问题，敬请各位同行与读者批评指正。

二 福建省农村精准扶贫工作现状分析

（一）总体概况

农村精准扶贫包括金融扶贫、产业扶贫、科技扶贫、教育扶贫、健康扶贫、社会保障兜底扶贫、造福工程、生态扶贫等方面。福建省一直积极响应中央号召，高度重视省内脱贫攻坚工作，2018 年底省内农村贫困人口仅剩 465 人，[①]

---

① 《福建农村贫困人口去年底降至 465 人》，2019 年 7 月 22 日，中国供销合作网，http://www. chinacoop. gov. cn/HTML/2019/07/22/154923. html#。

2201 个建档立卡贫困村仅剩 151 个;[①] 2019 年福建省实现了所有贫困人口与省级贫困县脱贫摘帽。闽东地区曾经一幅经济薄弱、发展缓慢的景象,但经过多年的努力,30 年来共计有 77.43 万人脱离贫困,[②] 其他地区也均有不同程度的治贫效果。为了更快、更好完成精准扶贫任务,近年来福建省先后发布了《福建省财政专项扶贫资金绩效评价办法》《关于打赢脱贫攻坚战三年行动的实施意见》等方针政策帮助贫困地区建设发展,并且精准识别省内达到帮扶标准的贫困户、贫困地区,经过切实走访调查后,按照相关政策规定因地制宜进行"小班管理",实施帮助。

为推动脱贫工作稳定进行,福建省开展金融扶贫,印发《关于金融支持深度贫困地区脱贫攻坚的意见》《关于完善扶贫资金项目公告公示制度的实施意见》《深入开展消费扶贫助力打赢脱贫攻坚战实施方案》等文件帮助地方发展经济。截至 2019 年 10 月 10 日,宁德市已建立扶贫小额信贷风险资金池 1.4 亿元,为建档立卡贫困户推介担保 8.2 亿元贷款,受贷覆盖率超过 50%。[③] 为激发内生动力,开展产业扶贫,福建省印发《福建省贫困户产业发展指导员制度实施方案》等相关建议意见,指导贫困地区发展特色产业,宁化水茜镇以产业扶贫为抓手,培育壮大特色产业,引进新品种"福薯 604",提升农作物产量和质量,同时采取"合作社 + 基地 + 农户"的订单模式,为农户免去后顾之忧,6 月种植,4 个月后全镇平均亩产 2500 公斤,亩产值 1750 元,实现了产业增效、农民增收,惠及贫困农户 240 余户。[④] 发挥科技的创造力,开展科技扶贫,福建省印发《福建省农业科学院科技精准扶贫项目管理办法》等通知,将科技与扶贫工作相结合,送科技、

---

① 《摆脱贫困的福建担当》,《福建日报》2019 年 8 月 14 日,http://www.lcxww.gov.cn/2019 - 08/14/content_ 910895. htm。

② 《脱贫攻坚,一个也不能落下》,《福建日报》2018 年 11 月 21 日,http://fjrb.fjsen.com/ fjrb/html/2018 - 11/21/content_ 1147864. htm? div = - 1。

③ 福建省宁德市扶贫开发领导小组办公室,2019 年 10 月 10 日,国务院扶贫开发领导小组办公室官网,http://www.cpad.gov.cn/art/2019/10/10/art_ 2991_ 104535. html。

④ 《宁化水茜镇千亩"福薯 604"喜获丰收 每亩产值 1750 元》,2019 年 11 月 8 日,三明驿站,http://zgnhzx.com/sitehtml/news/xwlm/2019/11/07/202727171091. html。

人才进村，用科技创收，2018 年 11 月南平市成立福建省农业科学院分院，利用资源优势，实施科技特派员制度，推动科技精准扶贫工作深入贫困地区进行帮扶。化知识为力量，开展教育扶贫，福建省印发《福建省雨露计划补助资金管理办法》，落实"雨露计划"，让贫困家庭的每一位子女都可以接受到平等的教育，2018 年全省共计 77990 名贫困人口享受了教育扶贫政策。[①] 为了给现代化农业打下坚实基础，大田县开展新型职工农民培训，有针对性地制订适合当地的培训计划，将理论培训与实际操作相结合，通过培训指导，有效提高了当地农户的综合素质。保障人民健康，全省推进健康脱贫攻坚战，印发《福建省健康扶贫三年攻坚行动实施方案》，为贫困人口建档立卡，加大医疗保障力度，扩大医保覆盖面，增加医疗救助等内容，减轻因病致贫、因病返贫的风险，完善地区医疗基础设施建设，培育引进高质量医疗人才，提高人均预期寿命。开展社会保障兜底扶贫，推动脱贫攻坚工作的进行，省内出台了一系列方针政策，逐年提高低保人员最低生活标准，保障低收入人群基本生活，扩大社会救助范围，增加贫困人口养老服务的投入，切实促进公平和社会可持续发展。为民办实事，开展造福工程，以"两不愁三保障"[②] 为目标，将贫困地区人口整体迁出建设新农村社区，稳住农户不回迁、不反贫，开发新项目引领农民致富，促进社会和谐发展，2019 年，全省造福工程易地扶贫搬迁 3650 人，其中省定建档立卡贫困人口 67 人，[③] 引导易地搬迁，应搬尽搬。坚持可持续发展，开展生态扶贫，将生态资源科学地转化为福建省内在发展优势，不以经济发展牺牲生态环境，重视生态建设，包括退耕还林等工程，大力发展生态产业，例如生态旅游、特色种养等，用生态造福百姓。福建省贫困人口其实数量不多，但是分布较

---

① 《摆脱贫困的福建担当》，《福建日报》2019 年 8 月 14 日，http：//www. lcxww. gov. cn/2019 - 08/14/content_ 910895. htm。

② 两不愁三保障："两不愁"即不愁吃、不愁穿，"三保障"即义务教育、基本医疗、住房安全有保障。

③ 《福建省农业农村厅关于切实做好 2019 年造福工程易地扶贫搬迁工作的通知》，2019 年 2 月 18 日，福建省农业农村厅，http：//www. putian. gov. cn/ztzl/shgysyjsly/tpgjly/fpzc_ 33197/201904/ t20190429_ 1319929. html。

散，通过各个方面脱贫攻坚工作的贡献，福建省已经实现了全省整体脱贫。

本文重点选取福建省金融、科技、健康和社会保障兜底四方面扶贫工作进行分析，探讨 2018 年、2019 年福建省精准扶贫工作的得失，提取经验教训，为相关部门接下来的工作提供建议。

（二）金融扶贫

早在 2016 年，福建省金融精准扶贫实施意见就已经出台，要求运用大数据平台加强金融上的精准识别、精准扶贫，全面将贫困农户电子信用建档，优先支持重点区域确保金融扶贫精准到户，把扶贫开发工作重点县、贫困建制村和建档立卡贫困户作为金融扶贫重点区域。

为了深入贯彻党的十九大精神，克服脱贫路上的难题，中国人民银行、银监会、证监会、保监会于 2017 年底联合印发了《关于金融支持深度贫困地区脱贫攻坚的意见》，福建省把财政力量、财政资源集中起来，寻找新的金融扶贫方式，根据政策指示在精准扶贫工作决胜期开展了一系列金融扶持活动，初步取得了不错的成绩。

1. 金融助力精准扶贫

"授人以鱼不如授人以渔"，金融扶贫能够短时间提供资金支持，而产业扶贫才是脱贫的关键，既可以促进贫困地区人口增加收入，也能够真正巩固脱贫成果。2018 年中共福建省委、福建省人民政府印发《关于打赢脱贫攻坚战三年行动的实施意见》，其中重点强调了要打好产业扶贫稳定增收战役，通过培育贫困地区主导产业、改善基础设施、提供就业岗位等方式帮助贫困地区脱贫，开展"千企帮千村"扶贫活动。3 年多来，全省共有 1282 家民营企业和商会组织结对帮扶 1326 个贫困村，占全省建档立卡贫困村的 58%，实施各类扶贫项目 2764 项，投入资金 6.47 亿元，受帮扶贫困群众近 4 万人。①

---

① 《福建省"千企帮千村"精准扶贫行动推进会召开》，2019 年 5 月 25 日，人民网，http：//fj. people. com. cn/n2/2019/0525/c181466 – 32976983. html。

（1）积极开展金融电商扶贫。"闽东要致富，茶叶蘑菇长毛兔。"福建省山林资源丰富，生产出的农产品令人叫好，这是大山里的致富经。但是贫困地区往往也伴随着远离城市地区、交通不便等问题，没有形成集中生产，要想把农产品运送到城市来回需要几个小时，以致销路不佳，丰产极容易变成"难产"。中国建设银行福建省分行运用互联网思维，将贫困地区的农业产品打造成当地的特色品牌，为买家与卖家搭建桥梁，对接"善融商务"平台开展电商扶贫。2019年4月，建行依托"善融商务"电商平台，联合当地政府启动"地产品＋互联网＋金融"项目，将线上线下、城里城外组合，联合政府、企业共同开展"爱心扶贫购"，形成"政府＋金融机构＋地方龙头企业＋贫困户"模式。在建行的帮扶下，107家三明的特农商户相继"触电"善融。持续举办善融商务电商扶贫活动超过100场，累计实现电商扶贫交易额近3亿元，[1]切实缓解了地区贫困现状。

（2）积极实行农林产业扶贫。福建省靠山临海，有天然的丰富优质农产品，但深度贫困地区经济落后，缺乏能够带动经济发展的产品。福建省精准助推农林产业发展，让贫困地区农业产品不再"养在深闺人不识"，不仅卖得掉，而且卖得好。福建省第十次党代会提出农业加快转型，及时调整结构，推广"智慧农业"，[2] 2019年21日，福建省成立智慧农业与农业大数据产业技术创新联盟，[3] 以"福建省数字农业发展平台和沟通桥梁"为定位，融入数字科技，把智慧农业和精准扶贫紧密结合，提升产品竞争力，有效加快了福建省内贫困地区的农业发展速度，并将成功经验推广至其他地区，2018年，民进党福建省委为贵州省安龙县引进种植科技、新品种，帮助种植户提高水平，开发了食用菌及水果种植产业，给当地农户带来了

---

[1] 《福建省分行"善融扶贫"助力三明老区脱贫攻坚》，2019年6月19日，中国建设银行，http：//www. ccb. com/cn/ccbtoday/jhbkhb/20190619_ 1560936719. html。

[2] 智慧农业：指充分应用现代信息技术成果，集成应用计算机与网络技术、物联网技术及专家智慧与知识等，实现农业可视化远程诊断、控制、预警的智能管理，是发展中国家消除贫困、实现后发优势、经济发展后来居上、实现赶超战略的主要途径。

[3] 《福建省成立智慧农业与农业大数据产业技术创新联盟》，2019年12月24日，人民网，http：//fj. people. com. cn/n2/2019/1224/c181466－33657521. html。

真金白银。

（3）为贫困人口提供就业岗位。精准扶贫需要激发贫困地区的内生动力，增强贫困户的"造血"能力。扶贫工作进行多年的实践证明，只有通过培训，指导提高贫困地区人口素质，增强就业能力，把人口压力变为人口红利，才是贫困人口脱贫的有效途径。福建省近年来开展"雨露计划"① 等活动，每年培训 4 万多人次，② 有效提高了贫困人口就业竞争力；提供公益性岗位，优先建档立卡贫困户就业；提供就业创业优惠政策，让贫困户通过自己的力量实现稳定脱贫。

2. 金融贷款引入资金流

（1）鼓励小额信贷下乡服务。贫困地区人民缺乏有效担保物难以从银行得到贷款。为解决乡村经营主体因扩大规模而产生的融资需求，福建省加大了对扶贫小额信贷政策的宣传力度，并按照政策严格落实，对符合信贷要求的贫困户尽力扶持，为贫困户解决难题。福建农信系统持续推进金融扶贫"1550 工程"，③ 加大扶贫信贷的投放，挖掘贫困地区的内生动力。2018 年 8 月，福建省农村信用社联合社印发《福建农信服务乡村振兴金融支撑工程（2018～2022 年）》，将金融资源向农村贫困地区倾斜，截至 2018 年底，全省农信系统向扶贫开发重点县发放贷款共计 525.50 亿元，为建档立卡贫困户发放贷款共计 19.16 亿元，④ 以推动福建省早日完成脱贫任务。

（2）创新下乡金融产品。贫困地区经济水平不高，能接受承担的信贷产品、信用模式也与其他地区不同。福建省深入贫困地区实地探索研究，针对当地实际情况积极开发本土化、特色化金融产品及信贷方式。2016 年莆

---

① 雨露计划：以提高扶贫对象自我发展能力、促进就业为核心，以政府财政扶贫资金扶持为主，动员社会力量参与，通过资助、引导农村贫困家庭劳动力接受职业教育和各类技能培训、培养贫困村产业发展带头人等途径，扶持和帮助贫困人口增加发展机会和提高劳动收入的专项扶贫措施。

② 《脱贫攻坚福建在行动》，《福建日报》2018 年 10 月 17 日，http：//www. fujian. gov. cn/xw/fjyw/201810/t20181017_ 4540924. htm。

③ "1550" 工程：创建 1 个金融扶贫示范点、5 个金融扶贫示范县、50 个金融扶贫示范基地。

④ 《2018 年福建农信系统涉农贷款总量全省第一》，2019 年 3 月 2 日，http：//dy. 163. com/v2/article/detail/E998KORB05346RBY. html。

田仙游县作为试点将农村承包土地经营权作为抵押物，截至 2018 年 6 月已累计投放 304 笔贷款，共计 33636 万元①，有效地缓解了农村因抵押物不足而难以贷款的难题，2019 年以相同模式推广至菜溪乡园宅村。并且 2018 年中国建设银行福建省分行与福建省农业农村厅签订《发展普惠金融 助力乡村振兴》战略合作协议，推出了包含小微快贷、闽茶贷等惠普产品，为有需求的乡村经营主体提供融资服务。截至 2019 年 8 月已设立普惠金融服务点 1531 个，覆盖全省 79% 的县域。建设银行福建省分行普惠型涉农贷款余额超过 120 亿元，② 有效带动了贫困区域经济发展。

3. 积极营造良好金融生态环境

（1）加强金融基础设施建设。深度贫困地区金融基础设施落后，金融扶贫工作难度大。考虑到实际情况，中国人民银行等四部门于 2017 年底联合印发《关于金融支持深度贫困地区脱贫攻坚的意见》，加速了"基础金融服务不出村、综合金融服务不出镇"的实现。福建省合理布局金融营业点，持续扩大网点覆盖面，营业点优先下沉深度贫困地区，拓宽业务范围，并在省内贫困地区全面推进信用体系建设，提供更有利于农村发展的贷款环境，改善金融生态环境，推动贫困地区的发展。

（2）加强防范金融风险。金融风险无处不在，扶贫领域同样不可忽视，贫困地区人口受教育程度普遍不高，辨别风险、承受风险的能力较低。为此福建省优先在深度贫困地区推进"金惠工程"③，对基层干部进行金融知识普及，提高防范金融风险的能力；保护金融消费者权益，严厉打击不法分子及不法金融活动，净化金融生态环境，实现贫困地区经济可持续发展。其次

---

① 《仙游县：农村承包土地经营权抵押贷款逾 3 亿元》，《湄洲日报》2018 年 6 月 7 日，http://www.putian.gov.cn/zwgk/ptdt/xqdt/201806/t20180607_994073.htm。

② 《"建"证丰收成果共享丰收喜悦——建设银行福建省分行参与福建省 2019 年"中国农民丰收节"庆祝活动》，2019 年 9 月 17 日，网易福建，https://3g.163.com/local/article/EP9M2O7804419AC3.html? from = dynamic。

③ 金惠工程：由中国金融教育发展基金会组织发起，由中国人民银行全国各地分支机构、中国邮政储蓄银行各分支机构、各省农村信用社分支机构、其他农村金融组织具体执行的为农村普及金融教育的全国性公益项目。

充分利用金融扶贫信息系统，能够观测金融扶贫动态，及时掌握实际情况并进行考核评估，并对未来发展趋势进行预测，防范风险，有利于我国在扶贫决胜期高质量完成任务。

（三）科技扶贫

科技是第一生产力，福建省农业科学院于2018年印发《福建省农业科学院科技精准扶贫项目管理办法》，福建省科协组织收听收看2019年全国科技助力精准扶贫工作交流视频会议，因地制宜采取合适的策略，把科学技术运用到扶贫工作中，大大提升了资源利用率和劳动生产率，为脱贫攻坚工作插上了腾飞的翅膀。

1.努力推动农业科技创新

科技扶贫是我国扶贫工作的又一重要举措，体现在精准扶贫工作中更多的则是农业方面的科技创新。福建省注重技术培训，积极推进科研成果的下乡投放使用，创新科技特派员制度，选派省级科技特派员3826名，[1]加快农业现代化进程，实现农业较快、较好地增收。2016年福建省农业科学院设立专项课题研究福建省农业科技扶贫的发展，通过对漳州市的云霄县、诏安县、平和县以及宁德市的屏南县等6个省定扶贫开发重点县的调查研究，发现福建省农业科技扶贫在理念、模式上都取得了不错的成绩：诏安县通过引入现代科技，生产反季鹅苗填补市场空白，解决了原料供应问题，并延长产业链做深加工，取得了良好的经济效益；2018年福建省乡村十大特色产业实现全产业链总产值1.78万亿元，[2] 在原有的优势产业基础上增添了一系列有科学技术含量的副产业，使贫困落后的状况得到了根本改善。

---

① 《2019年福建省政府工作报告》，2019年1月21日，福州新闻网，https：//baijiahao. baidu. com/s？id=1623230231019825158&wfr=spider&for=pc。

② 《福建实施"968"工程，力争十大乡村特色产业全产业链产值突破2万亿元》，2020年3月8日，搜狐新闻，https：//www. sohu. com/a/378573312_ 99932382。

2.实行农业规模化经营

"众人拾柴火焰高",一般情况下贫困区域都是散户种植,并不能形成相应的品牌效应,农产品仍然滞销。福建省实施乡村振兴战略,倡导农业合作经营,将散户、散田集中起来,实行统一的经营、管理模式,形成规模农业经营户;扎实推进农业供给侧结构改革,加快发展特色农业,福建百香果、富硒农业成为特色;延长产业链,积极发展产品深加工产业,形成产销"一条龙"服务,提升农产品竞争力,提高产品附加值,帮助农户脱贫。

3.提高贫困人口科技素质

"科学技术是脱贫致富的关键,扶智的根本手段是发展教育",只有增强贫困地区人口的自身能力,才能从根源上切断贫困。福建省从2017年起实施科技扶贫"万名培训"项目,内容多为现代农业、农业技术应用、农业信息化等,面向农民培训,真正提高了农民的科技素质;在推广科技扶贫的同时,开展扶助贫困家庭失学儿童复学等活动,从各方面提高贫困地区人口素质。

(四)健康扶贫

2018年10月,国家发布了《健康扶贫三年攻坚行动实施方案》,福建省十分重视健康扶贫的重要性,针对省内健康扶贫存在的问题,于2018年印发了《福建省健康扶贫三年攻坚行动实施方案》《2018年社会救助行动计划》,加大民生兜底保障力度,省政府办公厅印发《关于进一步完善精准扶贫医疗叠加保险政策的通知》,加大扶持力度,着力解决健康扶贫工作中遇到的实际问题。

1.积极改善农村就医环境

健康扶贫,能力提升才是最重要的。不仅是基础设施的提升,更应该是医疗人员水平的提升。

(1)加强农村医疗基础设施建设。为解决贫困地区就医难问题,福建省积极加强农村医疗基础设施建设,优化农村人口的就医环境,不断提升医疗服务质量,改善贫困群众就医难的问题。2018年,福建省福州市印发《中心乡镇卫生院支持发展工程实施意见》,大力推动公办卫生所的建设,

截至同年 12 月，已建成 1628 家标准化公办村卫生所，[①] 并且均可以使用医保享受优惠政策；鼓励百姓分级就诊，越是基层的医院报销比例就越高。2016 年，在漳州市村卫生所就诊的人数达 207.4 万人次，共计 3774.5 万元；2018 年上升为 414.3 万人次，共计 8432.8 万元，[②] 明显有更多的人选择在家门口看病，节省了医疗资源，减轻了医疗压力。

（2）做实做细家庭医生签约服务。在提供优良医疗设施的情况下，同时做实做细家庭医生签约服务，将因病致贫返贫的人员合理分类，分片包干，对贫困百姓实行免费签约，不定期组织医疗团队上门开展诊陪服务，缓解大医院门诊压力，并且借助家庭医生签约服务 App，对病人跟踪回访，保证签约"含金量"。2018 年，厦门市政协十三届二次会议上提出了《关于进一步完善家庭医生制度的建议》，同时提出相关提案，对家庭医生签约服务提出了更多要求。2018 年，除特殊情况外，漳州市建档立卡的农村贫困人口均享受与家庭医生签约，共计 12.13 万人次。[③] 宁德市组建 518 个家庭医生团队，参与医生 2006 人；截至 2018 年 10 月底，全市建档立卡人口签约 108306 人，签约率高达 98.69%。[④] 2019 年，国家卫生健康委印发《关于做好 2019 年家庭医生签约服务工作的通知》，稳步扩大签约服务面，并且将服务水平纳入基层医疗卫生机构综合考核。

2. 切实提高乡村医疗团队能力

由于贫困地区存在经济落后、环境差、交通不便等现实情况，难以留住人才是贫困地区发展速度慢的一大原因，要想真正使农村改头换面，需要让

① 《漳州市着力筑牢四道保障线落实健康扶贫"最后一公里"》，2019 年 5 月 31 日，福建省卫生健康委员会，http://wjw.fujian.gov.cn/ztzl/jkfpdkzy/jkfp_ 4916/201905/t20190531_ 4890833.htm。

② 《漳州市着力筑牢四道保障线落实健康扶贫"最后一公里"》，2019 年 5 月 31 日，福建省卫生健康委员会，http://wjw.fujian.gov.cn/ztzl/jkfpdkzy/jkfp_ 4916/201905/t20190531_ 4890833.htm。

③ 《漳州市着力筑牢四道保障线落实健康扶贫"最后一公里"》，2019 年 5 月 31 日，福建省卫生健康委员会，http://wjw.fujian.gov.cn/ztzl/jkfpdkzy/jkfp_ 4916/201905/t20190531_ 4890833.htm。

④ 《福建省宁德市健康扶贫工作成效明显》，2018 年 11 月 20 日，海峡网，http://epaper.nhaidu.com/xinwen/guonews/2018/1120/96881.html。

优质人员下沉，破解农村医疗人才困乏的难题。

（1）加强乡村医生培训管理。乡村医务人员是贫困地区患者最容易、最直接接触的，是为乡村患者提供初级诊疗的主体，所以切实提高乡村医生的医疗水平，是保障农民健康的关键一步。为了提高乡村医疗队伍整体素质，福建省做好乡村医生继续教育工作，通过设立福建省乡村医生规范平台、线上教学、外出学习等方式，加强乡村医生规范培训，通过培训解读国家新政策，传授医疗知识，提高医师个人的医疗水平。2019 年 4 月 18 日，福建省召开乡村医生规范培训工作会议，通报了 2018 年全省乡村医生规范培训工作开展情况，并部署了 2019 年全省乡村医生规范培训工作，明确了乡村医生培训任务，为基层医疗事业的发展增砖添瓦。

（2）组建优质乡村医疗队伍。要想在较短的时间里实现乡村医疗水平的提高，不仅需要"走出去"，还需要"引进来"。福建省为破解乡村医疗人才匮乏的难题，采取了多种措施。其一，培育人才，选送定向人员学习卫生知识，在其取得相关医师证件后安排到乡镇卫生所工作，组建优良的医师队伍。其二，引进人才，提高就业待遇，公开招聘优秀的乡村医生。乡村医生最担忧的是"老无所依"，福建宁德市为乡村医生缴纳养老保险，2018 年率先实现乡村医生养老保障全覆盖，解决乡医的后顾之忧。其三，共享人才，随着互联网技术的发展，福建省开展"智能医疗"① 模式，建立准确、科学、完整的健康档案，实现医疗大数据网络，患者信息可以城乡共享，采取远程影像会诊的方式进行诊疗，农村居民在家门口就可以享受到专家的诊疗服务。

3.促使工作落实规范有效

（1）完善扶贫工作绩效考核机制。福建省的健康扶贫工作已经进行多年，逐渐趋于成熟，但是为了充分调动人员积极性，提高扶贫工作质量，建立了相应的绩效考核体系。《福建省健康扶贫三年攻坚行动实施方案》中明确指出要将健康扶贫纳入党政工作的绩效考评中，重点督察健康扶贫工作。

---

① 智能医疗：通过打造健康档案区域医疗信息平台，利用最先进的物联网技术，实现患者与医务人员、医疗机构、医疗设备之间的互动，逐步达到信息化。

2018 年，武夷山市印发健康扶贫工作考核办法，积极落实健康扶贫工作相关指令，保障贫困人口享有均等医疗服务，并把每次的考核情况公布，及时改进工作中的不足之处，推动扶贫工作的早日胜利。

（2）积极构建健康扶贫长效机制。其一，抓实工作。2018 年 5 月，漳州市建立健康扶贫"六个一"的工作机制，严查贫困人口家庭医生签约服务工作的落实，为打赢健康脱贫攻坚战做基石。其二，抓牢工作。进一步强化保障措施，为贫困人口构建基本医疗保险、大病保险、医疗救助、精准扶贫医疗叠加保险四重医疗保障体系，努力提高健康扶贫工作质量，早日实现"三个 100% 和两个 90%"目标①。其三，抓优工作。采用多种宣传方式，各地结合实际，广泛宣传健康扶贫相关知识、政策，运用线上的方式为百姓送健康，并且发挥社会力量挂钩帮扶，牵头组织"百会联百村"等活动，引导社会组织发挥人才、资金、技术、信息等资源优势，对困难群体给予帮扶。据调查，截至 2019 年底福建省社会组织为扶贫工作投入资金超过 5 亿元，② 数十万贫困人口从中受益。

（五）社会兜底保障扶贫

2019 年福建省印发《2019 年社会救助兜底保障行动方案》，严格按照"保基本、兜底线、促公平、可持续"的基本原则，从社会保障兜底扶贫和社会组织参与扶贫两方面结合实际开展实质性行动，实施全面保障性扶贫行动，各市、县民政部门开展行动配合，动员全社会贡献力量共同参加脱贫攻坚，贫困地区人民生活的各个方面都有了明显的改善。

1. 不断完善保障体系

（1）逐年提高低保人员生活保障标准。近年来，福建省一直秉承提

---

① "三个 100% 和两个 90%"目标：贫困人口参加城乡基本医保率达 100%，贫困村标准化村卫生室和合格乡村医生覆盖率达 100%，家庭医生签约服务率达 100%；贫困人口医疗费用报销比例提高到 90% 左右，县域内就诊率提高到 90% 左右。

② 《建平台促对接抓项目聚资源——福建省民政厅引导和动员社会组织参与脱贫攻坚取得积极成效》，2019 年 12 月 19 日，中国社会组织公共服务平台，http：//www.chinanpo.gov.cn/2351/122849/nextindex.html。

高人民幸福指数的信念，坚持不让一个人掉队的决心，开展"社会救助提标年"行动，扩大低保人员范围，不断提升低保人员的最低生活标准，从2015年的2300元上升到2018年的3350元，① 预计2020年达到4050元以上，② 完善支出型贫困的相关政策，建立临时救助备用金制度。

（2）不断提高农村医疗保障水平。2017年，福建省城乡居民基本医保补助标准为每人每年450元，2019年提高到每人每年520元，③ 是政府第10年连续提高补助医保标准。

2. 逐年增加资金投入

为了加强和改善民生，福建省财政认真贯彻落实中央及省委、省政府部署的重大决策，增大财力向社会民生的支持力度，推进扶贫工作的进程。

（1）扩大社会救助面。增加资金投入，扩大救助范围，将更多的贫困人口纳入"安全伞"；扩大医疗保险报销比例，筑牢贫困人口的保护网，2018年福建省城乡居民基本医保财政补助资金高达89.92亿元，同比增长8.2%。④

（2）增加贫困人口养老服务的投入。2018年，在首届"中国养老服务体系建设高端论坛"上，政协第十三届全国委员会资源环境委员会副主任王培安指出，养老服务体系建设不完善，最突出的问题是农村养老服务基础薄弱，能力落后。福建省积极响应号召，将养老资源向贫困地区倾斜，增加养老资金投入，大力推动贫困地区养老服务体系的建设，探索可持续发展道路。

---

① 《福建：2018年农村低保省定最低标准再提高350元》，《福建日报》2018年1月9日，http：//www. gov. cn/xinwen/2018 – 01/09/content_ 5254692. htm。

② 《福建低保政策及申请标准，福建低保办理条件》，2019年11月11日，现代教育，http：//m. xiandaiyuwen. com/news/xiangguan/826748. html。

③ 福建省财政厅：《福建省医疗保障局关于下达2019年城乡居民基本医疗保险省级财政补助资金（第三批）的通知》，2019年9月17日，福建省财政厅，http：//czt. fujian. gov. cn/zfxxgkzl/zfxxgkml/czzjgl/zjfpwj/201909/t20190917_ 5036975. htm。

④ 《福建省居民医保补助标准提高 每人每年不低于490元》，2018年9月2日，新浪网，http：//k. sina. com. cn/article_ 2194948720_ 82d4427002000bihi. html。

三 福建省农村精准扶贫工作存在的问题

（一）贫困对象的识别界定范围需要改进

扶贫工作的成败之举在于精准。但在实际情况中，扶贫工作做不到进村入户，无法精准识别帮扶对象，经常发生错评现象，对不符合贫困识别标准的农村人口建档立卡，包括整户错评、贫困户户内人口错评。而且对于贫困地区工作的考察多为书面检查，导致一些人浑水摸鱼，利用权力优厚亲友；在健康扶贫工作中要精准识别到每一位扶贫对象，并为其建立档案数据，但在扶贫过程中涉及众多部门和服务人员，由于工作人员疏忽，一些非贫困户被建档，真正贫困户却被疏漏现象时有发生，故信息数据采集容易出现偏差；同时，对贫困人口精确划分也不到位，特别是致贫原因模糊，没有办法准确地进行健康扶贫；在社会保障兜底扶贫的实际工作中会遇到扶贫对象"错评"现象。所谓"错评"，就是不应纳入而错误纳入。并且绩效考评制度形式化，缺乏现场调查，有地区存在滥竽充数现象，绩效考评监督者为减轻工作量不到现场考评绩效，编造数据应付差事，提高了错评的概率。

另外，缺乏对略高于登记造册标准但仍然生活贫困群众的关注，现实中存在不少这样的现象，农户家庭收入水平仅略高于建档立卡标准，但是按政策要求只能被"关在门外"，无法享受政策扶持。

（二）贫困区整体脱贫规划有待深入实施

在科技扶贫工作中，一些地区通常会将扶贫资金用于增补贫困地区的农业基础设施，或是改善贫困户的日常生活等方面，缺乏整体的统筹规划，短时间来看贫困地区的基础设施更加完善，贫困户的生活水平有所提升，但是长远来看这非常不利于贫困地区的发展，贫困户抵御风险能力弱，返贫概率极大，且容易造成贫困户的依赖心理，把扶贫当作救济。

健康扶贫医疗服务递送体系不完善。其一，贫困地区医院与发达地区大医院有很大差距。虽然各级医疗部门都在对口帮扶中按计划执行，但缺乏总体规划和有针对性的指导，直接导致健康扶贫医疗对口支援能力不足。其中的主要原因是贫困地区医院医疗设备落后、技术人才匮乏，远程诊疗设备长期闲置、利用率低，并不能在实际工作中应对医患，更多的还是使用当地医疗设备。其二，由于贫困地区环境滞后，医疗设施配置不全，工作机制死板，缺少奖励机制，个人保障不足，地方医疗机构医护人员不愿意走进贫困家庭提供健康服务。其三，健康帮扶单位与被帮扶单位没有达成长远的合作机制，或是虽然达成协议，但停留于书面，没有真正落实工作，贫困地区医院无法获得持久支持动力，服务水平难以稳定提升，这样的帮扶工作难以对贫困地区的医疗现状带来实质性改变。

（三）贫困人口综合素质有待提升

贫困地区由于贫穷、偏僻等问题，人口普遍受教育程度偏低，而且年轻人大多选择外出打工，留守在家的老龄人口居多，所以人口综合素质较低。福建省基于省内贫困地区实际情况，近几年开展了"雨露计划"等活动，为贫困地区人口进行知识普及。但遇到的问题是：其一，贫困地区的农户文化程度较低，思想保守，并不能理解或接受新兴的金融融资方式，且贫困地区社会信用环境不佳，农民信用意识比较淡薄，金融贷款情况不佳，贷款违规率较高，导致复贷困难；其二，深度贫困地区农民与外界接触少，接受不到新的科学技术，掌握的农业技术耗费人力、物力、财力，但仍产量有限；其三，贫困地区人口受到的教育少，不了解健康卫生知识、医疗救助的政策，缺乏健康卫生意识，易染病，且患病后不能尽早发现或无法向相关部门及时寻求医疗救助，容易因经济原因放弃治疗，小病拖大病，错过最佳治疗时间，减少康复机会；其四，双方沟通不到位也是扶贫工作中棘手的一大问题，贫困地区大多数较为偏远，同时伴随着当地人口的受教育水平较低，无法理解政策、吃透政策、运用政策的现象，这也是中央强调扶贫先扶智的原因。故只有提升当地居住人口的受教育水平，才能从根本上缓解并解决这一问题。

（四）人员激励机制仍需加强

（1）贫困户脱贫激励机制不健全。缺乏贫困户脱贫激励机制，不能有效杜绝"搭便车"现象的发生。因为政策带来的优惠，贫困户的"等、靠、要"思想不可忽视，部分贫困户不配合脱贫，为评上贫困户撒谎隐瞒收入，依赖于政策带来的好处，等着小康送上门，甚至有的贫困户存在错误的思想拒绝脱贫，理所应当地"啃老"，扶贫工作变成了"养懒汉"。

（2）科技人员的激励机制不健全。一直以来，都存在科研成果转化率不高的问题，现有的科研人员评价体制仍然是以成果、文章为导向，参加科技扶贫不会对科研人员带来太大的帮助，所以科研人员更注重研究、论文撰写，而忽视了成果的市场效益；且科研成果转化没有与个人薪酬、职称晋升、奖金等挂钩，缺乏完善的奖励激励制度，必然会导致科研人员积极性低下；而最根本的原因是产权激励机制不到位，如果产权明晰，给予科研者成果所有权，那么激励就有效果了。

（五）相关政策、知识宣传模式有待改进

现在还未脱贫的贫困人口都是贫中之贫、困中之困，脱贫难度较大。而一些管理部门没有真正将政策落实到位，对方针政策的宣传力度不够，导致贫困户不理解、不接受政策，或是误认为扶贫政策就是救济政策，失去了"自我造血"的能力，造成精神贫困，只是"等、靠、要"，扭曲了精准扶贫政策的真谛，也提升了返贫的概率。而且在某些程度上讲，由于现实条件的一些限制，政府政策宣传不能全面覆盖，健康卫生知识、医疗救助的政策宣传不到位，导致贫困患者卫生意识不强，提升了患病概率，增加了致贫风险。

（六）其他

金融扶贫是精准扶贫工作中的重要节点，但是由于下乡成本大，扎根在贫困地区的金融机构数量较少；在农业科研中，科研人员普遍缺少基层工作

经验，科研成果的转化效率很低，科研成果的获得局限于小实验或是单个成果，没有形成配套成果，不能适应市场的需求。

四 完善福建省农村精准扶贫工作的建议

（一）积极构建贫困人口动态识别、监测系统

要想做好精准扶贫工作，重点在于对贫困对象摸底考察、精准识别、建档立卡，但是贫困状况时常有所变动，故应该建立统一的贫困人口动态监测系统，做到信息共享、数据交换，及时观测到低收入人口的动态信息，让不符合贫困标准的人口退出系统名单，并且有效预防关系户浑水摸鱼享受政策，真正做到扶"真贫"。在健康扶贫工作中开发应用互联网技术，优化管理服务，减少人工误差，精准识别被帮扶人口，为其建档立卡，健全"互联网＋医疗健康"服务体系，推动医疗事业与互联网深度融合、共享，挖掘医疗健康服务的动态新模式，实现卫生事业的精细发展；同时应用健康医疗大数据，在全社会推广使用电子健康卡，使得医疗健康信息可异地获取，大大提升医疗机构的信息化建设水平。争取到 2020 年，初步形成福建省健康医疗大数据并运行顺利，每位居民也拥有各自的电子健康档案和电子健康卡，有力支撑"互联网＋医疗健康"的发展，为建设新福建提供新引擎和新动能。在社会保障兜底扶贫工作中统一规范认定标准，确定认定条件，严格成立专门的扶贫对象认定小组，实行"三见面"① 模式，落实"三看三问一访"②，严格把关评选过程，设立层层筛选、审核，全面排查落实应保尽保，公开评选结果，并留档案备查，精准识别社会保障兜底扶贫对象，高质量完成评选扶贫对象的任务。并且探讨研究略高于登记造册标准群众的帮扶问题，根据实际情况对此类型贫困户给予帮助。

---

① "三见面"：见兜底对象、见居住环境、见相关证件。
② "三看三问一访"：看家庭住房情况、看实际生活状况、看家庭实际人口；问身体状况、问收入状况、问生活状况；走访周边住户及群众。

（二）统筹规划贫困区扶贫工作

在制定贫困区扶贫工作计划时，应加强统筹规划，杜绝"一锤子买卖"，做长远计划，使全省扶贫工作协调有序推进。紧紧围绕"产业兴旺、生态宜居、乡风文明、治理有效、生活富裕"的工作方针，统一规划贫困地区的科技扶贫工作，将眼光放长远，升级传统农业，转型现代农业；延长产业链，增加产品附加值；引进先进农业技术，改变落后的生产模式；开发新兴产业，增加农业收入，真正做到"智慧农业"；加强生态农业建设，发展生态农业、绿色农业，实现农业可持续发展；大力发展数字农业，将互联网与农业紧密结合，推进"互联网＋农业社会化服务"模式的发展，开创"三农"新模式，让福建省的农业再上新台阶。

因地制宜，制定相应的帮扶措施，完善医疗服务递送体系。对于被帮扶的卫生所或者医院，应合理分配医疗资源，加强培育优质医务人员，提高基层医疗服务水平，接受互联网技术给医疗事业带来的改变，遇到疑难杂症多向专家请教；对于给予帮扶的医院来说，将帮扶真正落实到位，有针对性地指导基层医务工作，采取奖励措施，鼓励医护人员走出城市，走进乡下进行会诊。

（三）切实提升贫困区人口综合素质

精准扶贫，关键靠人。扶贫先扶智，扶贫不是救济工作，扶贫工作应该一手抓物质，一手抓教育，仅依靠政策的扶持不是长久之计，只有发挥贫困户的能动性，切实有效地提高贫困地区人口综合素质，才能从根源上治贫。首先政府应加大力度推动"阳光工程"①、"雨露计划"等项目在贫困地区的实施，传授技术、知识，提高农村人口素质，建立农村教育救助体系，资助学生上学，"断穷根"；其次吸引人才留在贫困区域创业，带动提升整个区域的综合素质。

---

① 阳光工程：由政府公共财政支持，主要在粮食主产区、劳动力主要输出地区、贫困地区和革命老区开展的农村劳动力转移到非农领域就业前的职业技能培训示范项目。

（四）制定贫困地区人员激励机制

（1）制定贫困户脱贫激励机制。可以按照完成脱贫任务时间的早晚实行不同比例的奖励，化解精神贫困难题，有效激励贫困户脱贫；对于受非自然因素影响不能及时完成任务的实行一定的惩罚，奖惩结合，推动贫困户尽早完成脱贫任务；实行互相举报制，在一定程度上防止贫困户为了保持贫困身份作假。

（2）激发科研人员的科技创新动力。科学技术是第一生产力，科技扶贫最重要的是人。其一，省内应将科研成果与个人薪酬、评职称、奖励挂钩，强化人才队伍和科研团队的建设，并把科研成果量作为年底工作评估的一部分，激发工作者科研积极性；其二，建立产权激励制度，落实到个人头上，给予科研者部分成果所有权，激发科研人员创新潜能；其三，科研成果可以经过评估后入股企业为科研人员创收，使科研人员有收入、有回报。

（五）开发多种政策宣传模式

考虑到留在贫困地区的人口受教育程度普遍较低，而且年龄偏大，对新兴事物的接受能力有限。扶贫政策的宣传推广应改变传统的纸质或者电视方式，采用风趣、生动的电视或者自媒体等方式，为百姓解读政策，方便贫困人口对政策的理解。例如：适应互联网时代的发展，通过网络视频的推广达到宣传政策的目的，或者增大宣讲力度，加强知识的传播，宣传健康生活新理念、新兴的农业技术或是正确的借贷观念，并选派宣讲人员深入实地为百姓解惑答疑，让贫困人口真正理解政策、认同政策、接受政策，从而推动扶贫工作的开展。

（六）其他方面

政府应当发挥作用，加强政策扶持与服务，对积极响应号召下乡开设营业点的金融机构提供政策优惠，例如免征营业税、降低税收比例等，减小金融机构下乡阻力，鼓励、支持、吸引金融机构到贫困地区发展。在科研中努力打破科研与市场之间的壁垒，克服重成果、轻转化的难题，坚持产学研相结合，推动科研成果转变为强大的生产力。

案 例 篇

Case Studies

B.7
"1+1+S"党建同心机制
激活乡村治理

——基于泉州市洛江区罗溪镇的考察

林堃鹏*

摘　要： 2016 年至今，中共泉州市洛江区罗溪镇党委围绕经济社会发展
和乡村治理课题，以问题为导向，充分发挥农村基层党组织和
党员先锋模范作用，通过党群圆桌会议机制，依靠人民群众，
密切党群关系，凝聚多方力量，探索构建立体化、多元化的
"1+1+S"党建同心圆末梢治理机制，推动党群一体，打造共
建共治共享新格局，有效激活乡村治理神经末梢。2019 年，罗
溪镇"1+1+S"党建同心圆末梢治理机制入选全国首批 20 个
乡村治理典型案例第一类"加强基层党建，完善治理体制"；

---

* 林堃鹏，中共泉州市洛江区罗溪镇党委副书记。

并于 2020 年获评全国第五届 50 个基层党建优秀创新案例,写入福建省委、省政府 2020 年"1 号文件"中,进行全省推广。

关键词: "1 + 1 + S"党建 同心机制 乡村治理 罗溪镇

一 背景

罗溪镇地处福建省泉州市洛江区北部,下辖行政村 17 个、村民小组 220 个,居民 4.9 万人,共有党支部 28 个、党员 1190 人。罗溪镇在城镇化快速推进和农村经济社会发展的大背景下,各项事业亟待发展,特别是农村党建和乡村治理方面面临着许多新问题、新挑战。同时,村党支部和村委会的行政化日趋明显,各项发展和治理任务使现有村"两委"班子在时间和精力上难以精细化地服务和管理农村工作,迫切需要新的力量参与到乡村治理中来。

罗溪镇党委围绕这一课题深入开展调研得出结论,农村治理和发展的症结在村民小组,打通村民小组这一"神经末梢",乡村就能治理得好。而打通村民小组的关键就是要把农村基层党建工作做好,使党心民心一条心,基层政权得以稳固,农村经济社会就能很好地发展。2016 年至今,罗溪镇党委将基层党建工作项目化,先后由镇党委组织委员和党委副书记牵头负责,深入各村调查研究、探索实践,以延安时期党群一家亲和"毛主席的圆桌"等党史为镜,结合"耿飚之问"对当下各类治理症结和问题进行反思,并提炼形成党群关系平等、深入调查研究和同吃同住同劳动这三个乡村治理工作准则,结合实际问题分别在新东、洪四等村进行乡村末梢治理创新试点。主要是由镇党委委员直接下沉参与基层多元民主协商,依据《党章》和《村民委员会组织法》指导村党支部领导村委会在村民小组组建由小组长、党员、各类人才和村民代表组成的处理村民小组事务圆桌会议。并围绕村组自治局限性问题,有针对地邀请相关社会力量共同参与治理,总结创新构建 1 个党支部 +1 个党群圆桌会处事制度 + 多种社会力量的"1 + 1 + S"党建

同心圆末梢治理机制。该治理机制旨在整合各类资源和社会组织，推动特色经济发展、调解矛盾纠纷、调整产业结构、夯实人才队伍，并作为加强基层政权建设、创新社会管理、培养村级后备干部队伍、推进农村反腐和拓宽群众诉求渠道的有效载体，实现基层治理末梢"自己的事情自己办，自己的权利自己使，自己的利益自己享"。2018 年，党建同心圆末梢治理机制已在罗溪镇 17 个村铺开。

二　主要做法

（一）党群一体，为末梢治理聚合力

聚焦组织振兴加强党的影响力，根据各村实际情况以村民小组或自然村为单位建立村党支部领导下的党群圆桌会，村"两委"成员负责联系挂钩，并由党委委员和挂村干部直接参加各党群圆桌会，掌握动态。同时，从各党群圆桌会中挑选骨干联合内外乡贤在村一级组建红色乡贤参事会，提供智力支持。根据镇情村情，镇党委负责联络新华网等媒体、各高等院校、国私有企业、金融机构等的党组织进行共建，联络各类人才之家、公益协会、互联网企业和罗溪外地商会同乡会党组织，统筹整合各方资源补足短板，使多种社会力量和党组织共同参与镇域经济社会事业，形成环环相扣立体型的党建同心圆末梢治理机制。该机制主要以凝聚引领、圆桌协商、辐射落实、监督纠正、同心运转"五轴联动"方式运转，作为党建引领治理和发展的引擎，汇聚最大公约数同心圆，加速实施乡村振兴战略。

在基层党组织领导下的党群圆桌会制度中，将原先村民小组的小组长一人负责扩大到多人参与协商治理，既充分尊重村民自治权力，又充分发挥党员先锋模范作用，使农村中代表各方利益的村民代表、村民小组长和各类农村人才都能表达各自的合法合理诉求，对村民小组的各项事业都能有效参与，提升老百姓的参与感和主人翁意识，形成行动共同体。坚持党领导一切，使党的影响力深入农村基层自治的末梢组织中，改变以往农村党小组松

散、村民小组尾大不掉的情况。通过圆桌会议平等开展多元民主协商，平衡多种利益需求，以人民为中心形成利益共同体。通过这一平台，让各种社会力量都能够有的放矢地参与乡村治理和乡村振兴中，使村组自治中的局限性问题能够借助外援解决，从而形成党员、群众和各种社会力量的命运共同体。

（二）目标一致，为乡村发展找出路

围绕"两山"理论，由党支部组织党群圆桌会成员深入各自辖区内的山水田园开展调查研究，盘点生态资源优势和历史人文资源，汇总形成清单，并在党群圆桌会上进行集中讨论研究，并举行多种形式的乡村论坛，涉及疑难问题时转交红色乡贤参事会，形成村域发展思路和治理办法，提交基层党组织审核把关。涉及重大事项时提交村民小组会议表决通过，确定村庄发展的共同目标，并由村务监督委员会全程监督，使共同目标和人民群众对美好生活的向往一致，在目标一致的前提下开展农村多元治理。目前全镇17个村共生成38个各具特色的发展项目，并已完成13个。比如，在镇一级，立足晋江东溪支流（罗溪段），以"清新流域"理念打造溪西点经济联合带、翁山点玉叶文化产业园和双溪点农业旅游综合体等，立足木兰溪支流（罗溪段），以"七彩龙鳞"理念打造龙潭溪休闲农旅合作园等。在村一级，新东村依托党群圆桌会提出先行先试打造乡村振兴"一花五叶"试验区，由浙江大学旅游研究所、筑可丽文旅、罗溪镇乡村振兴工作站负责策划，东庵、溪东、东兴等党群圆桌会负责论证和实施，已得到近1000万元政策资金和社会支持，党员群众纷纷出资出地共同推进。现已建成世界级大师小林国雄亲自指导的盆景观赏园、外地人才参与建设的罗马庄园和云山居、各级党组织共同种植的四季花树区等6个子项目，在建东庵同心小区、非遗文化馆、两岸和平书画院、农耕体验园和农产品电子商务馆等，为提升村集体和群众收入夯实了基础。

（三）队伍一心，为家园美好育情怀

一是以红色情怀提升党员党性。针对镇党委党校发挥作用不大的问题，

在洪四影剧院打造红色教育基地，用电影和案例相结合的方式轮训党员；针对村党支部"三会一课"落实不到位的问题，在各村开展党课与农村事务交流月讲微课堂，用红色文化、党史国史和农村实践影响党员及入党积极分子，在党群圆桌会和红色乡贤参事会中发挥积极作用，使红色基因扎根党建同心圆末梢治理机制，有效推进共同目标的实现。二是以家国情怀凝聚群众民心。针对群众对党的政策宣传解读和决策决定接受能力较弱的问题，充分发挥"八峰创客非公"党支部、新媒体人才兼合式党支部和各类文化人才的作用，打造和运用"罗溪讲古"文化阵地、"我们圆桌会"抖音平台和"印象八峰"、"生态罗溪"等微信公众号，以群众喜闻乐见的形式将社会主义核心价值观和家国故事融合起来并在各村公共文化场所和线上线下展播，在潜移默化中影响和带动党员群众，提升党员群众的家国文化底蕴，有效引导群众同心同德参与乡村治理。三是以乡愁情怀引导能人回归。针对村民小组党群圆桌会成员文化水平较低、见识见闻较少和资金资源较缺、城镇化发展使得大量农村贤达外流较难返乡，以及热心公益却无处发力的问题，发挥党群圆桌会统战作用，整合内外乡贤力量在村一级组建"1+1+S"党建同心圆末梢治理机制中"S"的重要组成部分红色乡贤参事会，并配套提供党群同心馆、乡情服务馆、乡贤荣誉榜和乡贤论坛等平台，以乡愁情怀引导在外贤达回归参与治理，使之充分发挥智囊作用并提供资金资源支持。目前，共有14个村成立红色乡贤参事会，并已筹集扶贫资金和意向发展资金2.5亿元，其中落地1.6亿元，还鼓励村集体以入股分红形式与乡贤企业合作，为村集体经济创收提质增效。

（四）一道协商，为民主决策立规矩

一是加强党在末梢治理中的主导地位。树立党群圆桌会成员一律平等的理念，镇党委委员和挂村干部作为党群圆桌会成员直接参与协商讨论并防范形成新的宗族势力，村"两委"成员仅列席并不作为党群圆桌会成员。镇党委委员和挂村干部从党群圆桌会中直接倾听和收集群众意见建议，梳理后提交党委政府决策。圆桌议定事项交由村党支部研究审核，普通党员成员负

责协助政策法规和党的决策决定执行，双向倾听、双向互动，用党群一家亲主导基层社会治理。二是加强人民在末梢治理中的自治地位。涉及人民群众切身利益的大事小事均作为党群圆桌会协商事项，谁主张谁负责召集主持，先向村民小组各户征求意见，汇总后进行圆桌商议，过半数形成一致意见后按事项大小报说支部审核或村民小组会议表决，表决通过后，由圆桌会成员发动群众分工实施，全程接受村委会和村务监督委员会监督，即按照"党群提事、征求论事、圆桌议事、会议定事、集中办事、制度监事"的圆桌六步程序处理村民小组事务。比如，在开展人居环境整治、基础设施建设和脱贫攻坚等事务上，圆桌成员不仅做群众工作，还联合非公文创类党支部、在校大学生和公益协会共同打造微景观、"最美庭院"和公益住房，使村民小组由乱而治。三是加强社会力量在末梢治理中的参与地位。依托招商引资会、统战工作座谈会、各类联络群、微信公众号和红色动力网络联合党支部开发的各村微信小程序，经常向红色乡贤参事会和社会各界通报罗溪镇村发展情况及遇到的困难和问题，使多种社会力量及时了解罗溪镇村情况，并围绕困难和问题广邀英才、广纳才智，参与末梢治理，提升社会各界对罗溪发展的支持和关注。

（五）一同创业，为人民群众谋幸福

一是树立一盘棋思想，统筹资源谋发展。建立村级股份经济联合社，根据项目发展需要统筹农村土地、房屋和山林资源入股，实行村企联营、统一管理、对外招商、分项实施、集中营销，降低投资成本，提高项目推进速度，实现投资者、村集体和群众三方共赢，推进现代农村的规模经济和专业经济稳步发展。二是树立互联网思维，助力产业谋脱贫。推行"党建+互联网"双促进助脱贫攻坚工作，建立健全镇、村、第三方公司"三级四有"网络服务体系，实施先锋农村电商"121"培养计划，在镇一级注册统一的"党群帮更多"农特产品品牌，由镇党委与太平洋保险泉州支公司党委以及新华网泉州支部共建，开展"党建+乡村振兴"战略合作，统筹拼单、团建宣传、国企走货。发动网络电商人才成立红色动力网络联合党支部，与村

党支部共建开发"党建＋农村商务"微信小程序，对外推介罗溪特色农副产品和旅游业，并以此为契机鼓励群众逐步发展各类农产品合作社和农旅产业，推行农副产品产供销线上线下一体化，推动农旅产业招商引资，增加村财政和群众的收入。成立新媒体人才之家兼合式党支部，为本土和外地新媒体人才提供平台，以直播形式推介罗溪农副产品和旅游业。三是树立人才库理念，培养后备谋振兴。注重从"1＋1＋S"党建同心圆末梢治理机制中发现乡村治理人才，并建立"一懂两爱"人才库，培养储备农村精细善治型人才，改变以往村干部未经锻炼直接上岗和发展农村事业无人可用的被动局面，目前已从党群圆桌会、红色乡贤参事会及其他社会组织中发现并入库农村人才 461 名。比如，建兴村在 2018 年的换届中有两名 30 周岁以下的党群圆桌会成员脱颖而出并当选村干部。

三 成效与反响

（一）创新建强组织结构，有效推动多元治理

建立党群圆桌处事制度并形成圆桌精神，用党建引领乡村治理，聚焦乡村末梢村民小组，建设支部领导下的党群圆桌会、红色乡贤参事会和多种社会组织等基层治理平台，提升基层组织力，凝聚多元共识，兼顾各方利益，并将圆桌精神延伸到其他社会治理工作。截至 2020 年，已组建 85 个小组或片区党群圆桌会、14 个村级红色乡贤参事会、15 个参与治理社会组织。创新调整乡村治理组织结构，搭建具有强大包容性的平台和载体，改变大包大揽治理模式，激活各方力量参与乡村末梢治理的积极性和主动性，实现党员群众从"要我做主"到"我要治理"的转变，推动形成多元主体参与乡村治理的共建共治共享格局。依托"1＋1＋S"党建同心圆末梢治理机制，罗溪镇以换届零信访的成绩圆满完成 2018 年 17 个村换届选举任务，有效提升了村级组织的战斗力、组织力和群众支持度。

（二）精细研判路径，有效推进科学发展

遵循做实做细基层党建的原则，将党建工作与农村经济社会发展相结合，系统化、项目化推进党建工作。依托"1＋1＋S"党建同心圆末梢治理机制，组织党员、群众及其他社会力量共同对所处乡村开展调查研究，摸透辖区内的山水人情。根据各有特色的乡村区位优势和资源优势，精细研判全镇17个村220个村民小组的治理和发展路径，确保发展部署的科学性和可行性，确保治理决策符合广大村民的诉求和利益。在科学规划部署各村经济发展路线的基础上，2018年消除村财务收入1万元以下空壳村5个，2019年消除村财务收入5万元以下薄弱村10个；全镇17个村2019年村财务收入合计169.9万元，同比2017年增长227％，2020年预计17个村村财务收入均超过10万元，其中10个村村财务收入超过20万元。

（三）切实动员村民，有效圆融党群关系

罗溪镇运用"1＋1＋S"党建同心圆末梢治理机制，把人民对美好生活的向往作为开展农村工作的中心，充分听取意见，尊重多方利益，搞清楚人民的事、搞清楚民心、搞清楚人民需求，用情怀拉近党员群众关系，用同吃同住同劳动维系干部群众感情，使党心与民心心心相印。用好党群圆桌会和红色乡贤参事会等农村组织，让广大村民知道家乡治理发展情况，零距离听取和落实村民对治理和发展的意见建议，根据实际情况调整治理办法和发展方向，让人民有获得感和效能感，激发人民参与治理、参与发展的主动性，使党群关系亲密圆融。2016年至2020年，罗溪镇共通报各类治理与发展情况40批次，接受建言献策295条；有效解决各类纠纷700多件、息访200多件；大幅度降低移风易俗阻力，节省旧俗费用近1亿元。

（四）深化整合资源，有效激活乡村建设

用党的基因作为内在纽带将镇村组和多种社会力量环环相扣汇聚成同心圆，使多元主体在农村实现共建共治共享，并合理挖掘、盘活、集中、整合

各种资源，打破地域限制，使外来的人才、技术、资金能够较好的融入乡村治理和发展中来，将原先的各自为营变为互补短板、互动共享，不断增强向心力、吸引力和竞争力。2016年至2020年，"1+1+S"党建同心圆末梢治理机制在运转中不断产生磁力，吸引农业技术人才、养殖专业人才、传统文化名流、新媒体和网络人才、规划设计人才、新阶层和统战对象等省内外人士30余名参与罗溪镇乡村治理和发展中来，共落地和策划大小项目10余个，有效推进农村经济社会发展。通过近几年的发展，罗溪镇已获评省级乡村治理试点示范镇，有1个村获评全国文明村、2个村获评省级乡村治理试点示范村、1个村获评省级乡村振兴示范村、2个村获评省级乡村旅游特色村、9个村获评省级美丽乡村。

四 探讨

一是农村基层党建工作要针对问题敢创新。坚持按照全国组织工作会议上习近平总书记系列重要讲话精神要求，紧扣罗溪发展实际，以问题为导向，从乡村治理的普遍性问题入手，紧盯治理的重难点问题，以党的理论解析问题本质，以逆向思维审视原先治理弊端，理论联系实际，与时俱进用新思想破解新问题。坚持以务实有用为原则将农村党建虚功实作，用习近平总书记的同心圆理念引领乡村治理，加强党的领导，把准群众被动、资源松散、利益冲突的问题关键，顺势而为，提升群众主人翁意识，提供多元主体共同参与乡村治理的平台和载体，提倡党群一体平等协商，共解难题、共治乡村、共享利益，打破大包大揽、松散闭塞的治理格局，重构乡村治理体系。

二是农村基层党建工作要打动民心有灵魂。坚持党的基本路线，以人民为中心，把握民心向党才是党在农村基层的生命线，用党群关系同心圆走群众路线，在党的领导下开展多元民主协商，在乡村治理末梢中深耕厚植党的灵魂，以情怀感染和团结民心，生动开展农村基层党建工作，改变农村党群、干群疏远现象，让党的干部和党员做群众的自己人，引导党员依靠群众做群众工作，让党员和群众凝聚起来积极参与乡村治理，切实提升党员群众的使命感、参与感和获得感，夯实、筑牢党在农村的执政根基。

三是农村基层党建工作要在精细上下苦功。坚持下沉调研顶层设计，从系统上、整体上把握，从细小处、实在处着眼，用绣花般的工匠精神围绕乡村治理开展农村基层党建工作，在工作深度、范围广度和时间跨度上久久为功，在党建同心圆的构架下有的放矢地建设环环相扣的党建子项目，用相互衔接的制度和机制使之规范协同运转、整体联动，使乡村治理工作在各类党组织的联合下统筹推进、互相贯通、多方共赢，逐步建成共驻共建、兼容吸收、环环相合、资源共享、优势互补的党建引领乡村治理格局，使农村基层党建工作充满生机活力。

B.8
多元主体参与美丽乡村建设
——福建省政和县石圳村"美丽之路"

李雯娜 吴涓金 陈志晗 颜 翔 陈隆蔚*

摘 要: 本案例考察政和县石圳村从"垃圾村"向"美丽乡村"华丽转身的历程,展示了石圳村从美起来到富起来的具体做法和面临的困难,揭示了美丽乡村政策在基层有效执行的深层逻辑,并探寻在乡村振兴战略和美丽中国背景下,美丽乡村该如何进一步发展,让美丽乡村事业为乡村振兴承担更为重要的责任。该村在建设发展过程中,经历了不同主体间的利益冲突和权益分配矛盾,其后在带头人的积极推动下,创造性地采取一系列措施,比如建设历史文化馆、发展乡村产业等,终于取得阶段性的成效,实现了丰厚的社会、经济和环境效益,也为其他地方的美丽乡村建设,乃至乡村振兴提供了参考和借鉴。

关键词: 利益冲突 美丽乡村 乡村振兴 石圳村

一 背景

石圳村隶属于福建省政和县石屯镇松源村,现有村民 126 户、500 多

---

* 李雯娜、吴涓金、陈志晗、颜翔、陈隆蔚,均为福州大学经济和管理学院 2018 级公共管理(MPA)硕士研究生,主要研究领域:公共管理。

人，拥有土地面积 1500 亩，是一个在宋代就已形成的古村落。明清时期，石圳成为水运要冲，是粮食和茶、盐、布匹等进出政和的中转码头。民国时期，石圳码头仍然十分繁盛，后因公路开通，水运渐废，石圳逐渐丧失交通要冲地位。长期以来，石圳村经济社会发展严重滞后，主要体现在以下四个方面：一是人口流失。20 世纪 90 年代，随着大量的村民外出务工经商，村里大部分留下行动不变的老人和小孩，村财政收入几乎为零。二是村主干道是泥巴路。由于道路两旁垃圾堆积、杂草丛生，原 2 米的路也只剩 1 米宽。三是水利设施年久失修，农田水渠渗水严重、效用较低，直接影响农户生产。四是环境卫生较差。村内没有设置垃圾桶，没有生活垃圾集中处理场所，村民对环境的长期忽视，使得石圳"很受伤"——果树被砍掉，茉莉花枯死，干涸的小溪淤塞，村庄随处可见垃圾，村子变得又脏又颓败。夏天的时候，蚊子满天飞，臭水沟散发的气味使人无法走进村庄。陈旧的基础设施、落后的文化卫生状况、几乎为零的村集体经济、稀缺的劳动力——看到这些，让从小就生活在石圳村的妇女主任袁云姬很心痛。

二 蓝图

袁云姬从小生活长大的石圳村背靠青山，三面环水。在她小时候，石圳环境清幽，村里种满梨树、桃树、杏树、茉莉花……还有几条小溪穿村而过，妇女们在河边洗衣，有鱼儿从指尖游过。她听老人们说石圳以前是一个码头，并从长辈们的口中得知家乡昔日的繁华与大气。然而，现今的石圳村让她倍感难受，她觉得应该为她深爱的石圳做点事。2013 年，政和县人民政府开始推进美丽乡村建设工作，石屯镇的工农村被列入政和县首批美丽乡村建设试点村名单，袁云姬眼热地看着工农村在县委、县政府大力支持下建设美丽乡村的盛况，她反复看了县里的"美丽乡村"的相关文件，了解到建设"美丽乡村"是政和县委、县政府今后一段时期主抓的一项工作，县政府将牵头县直有关部门密切配合各乡（镇、街道），齐抓共管，在人力、物力、财力上予以大力支持，通过三年努力（2013～2015 年），打造一批生

态优化、环境美化、村庄绿化、庭院净化的生态宜居新村。这和她心目中的石圳村正相符，但县里第一批"美丽乡村"建设的10个试点村都是基础条件较好的行政村。政和县有124个行政村、598个自然村，如果是等政府安排，石圳这样一个经济条件落后、村容村貌萧条的自然村遥遥无期。思虑再三，她决定即便没有政策支持，石圳的面貌也要做出改变，恢复古村落"小桥流水人家"本来面貌！这种热切的盼望在她心中涌动，她要带领大家去圆一个美丽梦想——让石圳村重新成为一颗明珠，镶嵌在政和城西5公里的七星河畔，倚靠七星溪的潺潺流水，伴着一年四季柔和如春的风，古樟树参天蔽日，黑瓦土墙描绘着童话般的历史。

三　闯关

（一）党员带头，妇女姐妹齐动手

2013年夏天，袁云姬独自跑到镇领导办公室，争取到了10个垃圾桶，并把它们摆到了石圳的村头巷尾，供村民们倒垃圾。村民文化水平普遍较低，垃圾都是顺手就丢，没有环保意识，长期养成的习惯该如何在短期内纠正？村财政收入为零，如何启动环境整治工作呢？若靠村民义务自愿，则劳动力有限，时间不一，无组织、无计划，何时才能清除垃圾山？……一系列问题摆在袁云姬面前。家人和朋友都劝她别做吃力不讨好的事，但她却铆足了劲，"九头牛都拉不回"，从村头至村尾一次次进行环境卫生整治宣传。

2013年农历八月初一，依托一年一度的开路节，她和村里的10个姐妹成立了"巾帼美丽家园"建设理事会，向村里的垃圾山发起挑战！她先是带头拿出4万元，号召理事会成员凑了7万元作为卫生保洁启动资金，并建立卫生保洁机制和石圳村民主议事制度。通过制定卫生保洁村规民约和建立"巾帼美丽家园"建设理事会议事制度。采取记工办法，男工劳动一天补100元、女工补75元。每户每年出资30元，用于雇请保洁员1名，负责做好卫生清扫工作和运送垃圾等工作。这些制度在现在看来显得有点简陋，但在那时，这些制度有效地动员妇女依法理性有序参与社会管理，引导妇女参与基层群众性、社会性和公共事务，群体性突出矛盾和突发事件等问题的讨论、咨询、协商、建议和监督，充分发挥女性在基层群众自治中的作用。

在创建美丽家园的初期，袁云姬父亲极力反对，觉得做这事要冒风险还有可能吃力不讨好。村民们环保意识薄弱，在劝导村民不乱扔垃圾时，有的村民不支持还说风凉话，这些让袁云姬有些难过，但她建设美丽家园的决心毫不动摇。她带领着领薪劳动的妇女顶着烈日捡垃圾、搞卫生、挖沟渠、运垃圾……晚上又和理事会成员一起商讨和解决遇到的困难问题，做到一事一议。袁云姬说："这事儿从一开始只有我，到包括我在内的 10 个女人，用心用劲地做了差不多 1 个月。"

巾帼理事会有计划、有纪律、有落实的美丽行动感染了越来越多的妇女，村里的妇女都赞同支持她、信任她，有的不计报酬，随召随到，清理环境卫生、疏通堵塞水沟、美化村容村貌，样样都干，一点不含糊。渐渐地，村民们发现，村里"不一样"了：村前门后的垃圾变少了，村里的道路变宽阔了，连臭水沟的味道都没那么刺鼻了。村民们看在眼里，喜在心里，既有薪酬领，又能让家乡变美丽，陆陆续续地，几乎所有的村民都加入了村居保洁的行列。短短 3 个月的时间，石圳村清出了 500 多车垃圾，村里堆积30 多年的垃圾就这样被清除一空，村容村貌焕然一新。

垃圾山清除了，但是离美丽家园还有很长的路：村内随处可见的违章搭盖建筑、被填埋的古水渠、破败的古井和寺庙，想要恢复石圳村的美丽旧景致，这些问题都得一一突破。这一关似乎更加艰难，遇到的各种困难，个中滋味只能自己感受。她顶着压力带头拆除村内违章建筑时被人辱骂过；在制止河道乱采沙石时与人争吵过；在丈夫投入资金，在背后一直默默支持她时愧疚过；在把一户十多年没居住的临时搭盖房屋拆除后，对方却提出无理条件到处上访时伤心委屈过……这些虽没有动摇她建设美丽家园的决心，却也让她落入了迷茫，下一步该怎么走？

（二）以干得助，恢复美丽旧景致

困境之中，事情发生了转机。袁云姬带领村里姐妹开展卫生保洁活动的事传到了廖俊波书记耳里，廖书记知道后，就直接来到村里，他说："云姬，你们十姐妹带了个好头啊！"袁云姬将自己想要建设村庄美、生态优、百姓富的美丽乡村的想法告诉廖书记，并且也反映了村里存在的困难："石圳村有几百年的历史，以前很是繁华，现在青壮年都跑出去打工了，村集体没有一分钱收入，村民日子过得苦啊。"廖书记当即就给出了方向，说："苦日子该到头了！绿起来，就是要结合古码头文化建设生态村。"廖书记还鼓励她们："大家放心干，赚钱的事，你们自己投资；不赚钱的事，由县里、镇里来做。"廖书记的一番话不仅让袁云姬等村干开了窍，也点燃了她们的热情。

2014年初，一份《关于共建美丽政和推动绿色发展的实施意见》（政委〔2014〕16号）的文件正式揭开了石圳村"美丽乡村"的序幕。在廖书记的牵线下，石圳自然村被纳入2014年美丽乡村名单，村里的水、电、桥、路灯等基础设施很快就完善起来，石圳村成为全县第一个没有电线杆的村庄。在政和县委、石屯镇党委的支持下，"巾帼美丽家园"建设理事会发动村里妇女志愿者们走街入户，深入当地妇女群众家中，发放美丽乡村建设宣传材料，动员村民争做"建设美丽家园"的倡导者、建设者和维护者。政和县委派住建部门工作人员对石圳村内违章建筑的拆除工作予以指导，针对村内疑似违章搭盖房屋进行实地调查了解，明确挤占村内公共道路等临时搭盖房屋违章后，依照1982年国务院颁布的《村镇建房用地管理条例》第五条明确规定"在村镇内，个人建房和社队企业、事业单位建设用地，都应按照本条例的规定，办理申请、审查、批准的手续。任何机关、企业、事业单位和个人不准擅自占地建房、进行建设或越权批准占用土地"，责令村民及时拆除违章建筑。镇、村干部积极走访村内违章搭盖房屋的村民，晓之以理，普及法律知识，违章建筑物要拆除，动之以情，理事会贴出公告后，村民们互相帮忙，一起和户主将违章建筑拆除，还村庄以整齐和美丽。在周边合理设置垃圾桶，并建议村民可将建筑杂物用于村内建设投工投劳。同时委派水利部门对乡镇河道采砂管理工作进行指导，发布河道采砂管理条例，加强乡镇水利站对于河道采砂监督管理工作。

石圳村迎来了发展的春天，政和县把石圳村作为乡村旅游景点来打造，请规划院做了专门的建设规划。理事会成员带领规划院走遍村里每一条小巷道，与村民深入交流，挖掘这片土地的老故事。理事会成员还深入咨询村民对美丽乡村建设的看法及意见，多次开会讨论，最终集体确定了石圳村的建设方案，即着力打造"一山、二水、三殿、四巷、五坂"，集古村、休闲、采摘为一体的美丽新农村。一山：村后卧牛岗的建设开发。二水：七星溪旧河道（包括码头、水上游乐、垂钓、吊桥等）的修整建设。三殿：修缮福兴寺、大奶殿和妈祖庙并恢复民俗文化活动。四巷：保护修缮古巷道、古民居、古渠道、古井、古水碓等。五坂：充分利用周边五片宽阔的土地资源，建设家庭农场、桃李观光园、农业观光植物园、荷塘及水禽园。将石圳村打造成政和近郊休闲旅游及农业观光旅游村落，实现"小桥流水人家"之美景，做省级工业园区"后花园"。

通过村民投工投劳和政和县委、县政府的支持，石圳村加快进行环境卫生整治、古村落恢复、基础设施改造提升和产业的发展工作，从昔日的"垃圾村"变成宜居宜业的美丽新农村，让石圳村建设成为经济繁荣、设施完善、环境优美、文明和谐的社会主义新农村的美好愿景不再遥远。

1. 修缮、环保

在政和县委、石屯镇党委的帮助下，前期的宣传及倡议让村民们都"动起来"了。袁云姬引领留守妇女、带领村民掏水沟清淤泥、拆违建通古渠、捡石头铺巷道、清空地改旱厕、筑篱笆兴绿化……短时间内，清理小溪沟渠1050米，挖通引水渠335米，将活水引入村中；拆除违章建筑17个，挖通古水渠1500米；修复古井4口，石砌围墙300多米，修建护堤5000多米；建成垃圾池1个，大力开展房屋立面改造、垃圾分类处理等工作，全村实现了雨污分离，污水达标排放；种植香樟70棵，四季桂25棵，红叶李120棵，柳树120棵，进行美化绿化；修缮了福兴寺、大奶殿和妈祖庙；村

里残留的古屋、石堤、古井，甚至是断壁残垣，她们都精心保护起来。村容村貌有了很大的改变，还申报为市级美丽乡村。

2. 恢复民俗文化活动

石圳村在2019年春节前后精心组织举办了送灯笼、赠对联、赶庙会等系列迎新春民俗文化活动。举办"三八"节妇女文化娱乐联谊会，邀请石屯镇各村妇女代表到石圳来参观，进行广场舞、拔河、演唱、快板等比赛和娱乐表演。

3. 倡导文明新风

理事会成员经常入户和村民讲卫生、拉家常、聊建设、问需求，看到村民乱扔垃圾就走上前去劝说，看到谁有困难就主动前去帮忙，看到哪家有矛盾就前去调解，形成了自觉、文明、互助、和谐的农村新风尚。有些小孩放学后吃完零食将包装袋随手扔在路边，村民们看到后教育他要保持卫生，让他将垃圾捡起，从小培养他爱护环境卫生的好习惯。现在大家白天都抢着干活，村里打牌、买六合彩的人没了，大家一起干活，邻里关系也越来越和谐了。

工作开展起来后，石圳村的新农村建设得到了上级部门的认可和支持。福建省住建厅将石圳村评为全省垃圾分类处理及卫生保洁机制创新示范点，并在石圳村召开全省农村垃圾分类处理现场推进会；福建省妇联将石圳村列入省级"巾帼美丽家园"创建示范点。

（三）群众参与，走出一条富裕路

村子仅仅美丽还不够，还得让村民通过创业富起来。袁云姬回忆说，廖书记当时给出石圳村的发展方向还有两句："活起来，就是要引进适合的产业，让村民打工不出门；游起来，就是发挥石圳靠近县城的优势，发展乡村旅游。"

廖书记的话给了袁云姬很大的启发，石圳悄然发生了改变，但更需要改变的是村民的心态。因为美丽乡村建设，石圳吸引一些政和当地人，开始是没有多少游客的，最多一家三口，后来朋友介绍朋友，许多当地人组团来到石圳游玩。在家门口做生意，是非常有发展前景的。于是，袁云姬着手联系许多在外工作的村民。

村民黄孙超、吴孝丹夫妇就是在袁云姬的鼓励下回乡创业的年轻人。夫妻二人在河南郑州做生意，和当时村里其他年轻人的想法一样，他们认为村里杂乱不堪，没有发展前景。然而，袁云姬对村里现状的描述让夫妻二人改变了想法。夫妻二人回乡后，在袁云姬的帮助下，结合石圳村的乡村旅游发展政策，利用自家的房屋开起了小店铺，随着游客的日益增多，生意一天比一天好。

另一位袁云姬的好姐妹丁彩女，至今还记得与廖书记的两次对话。她的房子紧靠进村的路口，位置特别好。可一家人苦于生计，长期在浙江丽水打工，房门紧闭。2014年春天，丁彩女回村时遇到了廖书记，廖书记说："老姐啊，你房子的位置这么好，不开个餐馆太可惜喽！"与她同样情形的几户人家听了廖书记的话，看着村里游客往来的热闹情形，有点儿心动，但是启动资金的紧缺让她们却步。廖书记帮助她们对接国家补助政策，多方筹集资金，很快就将丁彩女等5家人的旧房子修得古色古香。

随着石圳村人居环境的改善，古村落的修缮，基础设施的改造，游客的日益增多，愈来愈多外出打工的村民返乡创业，如今的村民们对石圳的未来有美好的憧憬。村里还与专业的旅游公司进行合作，引导村民发展采摘农业、民宿、农家乐等旅游项目，并且进一步修缮了鹅卵石巷道，新建了自行车骑行道、观光游览车等基础设施，形成旅游项目和基础设施良性互促的局面。村里为了让家家户户的小生意发挥合力，由袁云姬带领理事会租用百亩农田，号召农户之间联合发展休闲观光农业，鼓励农户合资搭建葡萄采摘园30亩，樱桃园采摘园30亩，搭桥牵线多个成员共同种植向日葵30亩，鼓励村民筹资筹劳联合发展手工制茶作坊，让整个村庄大步朝休闲观光农业迈进，石圳因此发生了翻天覆地的变化。

一年后的一天，丁彩女在自家店里又见到了廖书记。"老姐，生意好吧？"廖书记一开口，丁彩女快人快语地说："廖书记，您帮我们装修了房子，我学着把生意做起来了。刚开始不怎么样，有时一天赚不了几块钱，可

我们相信您的话，咬着牙也要坚持。如今呀，好日子来了！村里的旅游项目越来越多，最多的一天，能赚到上千块呢！"

石圳村的大型规划项目也陆续启动。一是扩建中华紫薇园，在政和紫薇（福建）有限公司指导下，举办"爱在政和"中华紫薇文化旅游节系列活动。对建设总面积 27 亩第一期紫薇园进行扩建，紫薇园位于石屯镇工农村富竹庄，2016 年开工建设，占地 500 多亩，整个园区以一片大树叶形为主构成，叶肉为景观，叶脉为旅游步道，两端连接着太阳湖和月亮湖，构思巧妙，将紫薇园由原来的公园变为集观赏、娱乐、影视、文化为一体的大型旅游综合园。2016 年 7 月，中国第一紫薇园"中华紫薇园"建成开放，仅开幕式当天就吸引游客 2 万人次。村民实现门口就业，石圳从美丽乡村逐步转变为远近闻名的旅游景区。在政和紫薇（福建）有限公司指导下，石圳举办"爱在政和"中华紫薇文化旅游节系列活动，让"爱在政和"中华紫薇文化旅游节成为石圳的一张亮丽名片，推进全区域旅游发展。

一是与武夷影业集团合作，建设朱子书院暨武夷影视基地，提升旅游文化品位。

二是继续同专业旅游公司合作，发展亲水平台、游乐场、射箭场等乡村游项目，拓展石圳村旅游市场。安装了简易的游乐设施项目，旅游设施和旅游项目的不断完善提升了石圳村的游客量，石圳不仅吸引了很多政和当地人，附近建瓯人、松溪人和浙江庆元人，也来到石圳观光。

三是村里成立石圳湾旅游开发有限公司，实行"公司＋农户"的模式，采取村民股份制，村民可以以现金、房屋等多种方式入股，通过旅游公司和农民专业合作社的规范运营管理获取盈利，合约规定旅游开发公司的经营收入首先提取 20% 作为村财政收入，剩余收入由村民按照持股比例分红。石圳通过发展果蔬采摘园、农家乐饮食、白茶作坊、豆腐作坊、民宿、儿童乐园和自行车骑行观光等乡村旅游业态，真正实现了依靠美丽乡村建设让群众脱贫致富的目的。石圳村近年平均接待游客量高达 35 万人次，年村财政收入从 0 元到如今的 40 万元，村民年平均收入也从5000多元增加到1.8万元。如今，造血式的发展让村里的贫困户全部实现了脱贫。

此外，政和县大力挖掘石圳村特色产业。自2014年以来，立足石圳村区位、文化、产业等优势，围绕白茶主题打造白茶特色产业，致力助农增收。立足村情实际，分析优势劣势，委托上海同济科技园有限公司编制规划，实行整体开发布局，规划面积3平方公里，聚力打造"一心四片区"：一心即小镇集散服务中心，四片区即茶文化游赏体验片区、标准茶田示范片区、茶商贸交流片区、茶办公物流片区。总投资9.24亿元，截至2019年底已完成投资6.55亿元。

四　转变

石圳村加快进行环境卫生整治、古村落恢复、基础设施改造提升和产业的发展工作，从昔日的"垃圾村"变成宜居宜业的美丽新农村，让石圳村建设成为经济繁荣、设施完善、环境优美、文明和谐的社会主义新农村的美好愿景不再遥远。石圳村的美丽乡村建设，让其实现了华丽转身。村内村居环境逐渐改善，基础设施逐步完善，产业发展逐渐兴旺。一条5公里长的水泥硬化道路贯穿村内，多条专用自行车道环绕石圳湾铺设开来。全村定点放置环保型垃圾箱，并配备专职环保人员管理，新建4处旅游公厕、1座垃圾干湿分离屋。实施电网迁移改造工程，实现电缆下地，完善全村路灯照明，打造村庄夜景工程。大力修复村中古水渠，打通全村水系，改造水渠周边绿化景观。仿古立面改造的村屋、铺设鹅卵石的步巷道、已被修复的古码头、豆腐坊、烟馆、酒坊、小吃店等多处遗址让石圳找回了曾经的古韵。恢复村中损毁的古戏台、福兴寺、福主庙、妈祖庙、天后宫等多处寺庙为石圳增添了古香。引导村民联合种植经营葡萄采摘园、向日葵园、樱桃园等观光采摘农业项目，特色农家乐、休闲餐饮店和零售店等商铺12家。增设儿童游乐场、观光自行车等休闲旅游项目。陆续引进大与白茶、云根茶业等4家茶企。同时，逐

步建设朱子书院、白茶博物馆等历史文化馆。

通过一系列的努力，石圳村实现了良好的社会、经济和环境效益，得到省市各级领导和专家学者的高度评价，成为名副其实的"美丽乡村"。福建省委书记尤权、省长于伟国等省市领导先后到石圳村开展石圳扶贫经验调研。全国人大代表、福建省妇联主席吴洪芹在2015年"两会"答中外记者的提问中专门提到石圳村的成功经验。央视财政频道《生财有道》栏目拍摄《高铁开启新财路——走进福建政和》，专题报道了石圳村新农村建设致富的故事。石圳村被评为福建省"巾帼美丽家园"创建示范村，同时也被省住建厅列为百村示范村，被省林业厅列为2014年省级绿色村庄建设示范村，顺利增补为南平市级"美丽乡村建设示范村"等。2015年，石圳被评为"国家3A级景区""中国白茶小镇"，石圳发展又迎来了新起点。如今，本地及周边县市，还有外省、外国的游客都来了，客流量最大的一天，村子涌进了3万多人。"绿起来、活起来、游起来"的发展思路，真的让石圳富起来了。

一晃5年了，望着现在的石圳，松源村党支部书记袁云姬心里暖洋洋的，古码头、古水渠、古巷道，古朴典雅，古酒坊、古作坊，古香萦绕，古戏台、古庙堂，古色渺渺；紫薇园、葡萄园、樱桃园、白茶园，园园兴旺。村庄美、生态优、百姓富，曾经廖俊波书记对石圳的畅想，如今一一实现了。但是，随着美丽乡村的进一步推进，新的难关又出现在石圳的面前：一是后期建设资金不足，石圳村"中华紫薇园""中国白茶小镇"等4A级景区建设标准高、规模大、周期长，所需资金投入大，政和县本身即为贫困县，财政拮据，支持的资金有限，社会投融资也较为困难，后期建设资金缺乏来源。二是石圳村游客承载力未跟上旅游发展的步伐，石圳的进村道路较为狭窄，旅游高峰期需要实行交通管制，对车辆限流，并且村内外停车场、停车位严重不足，极大地影响了游客们的游玩热情。三是农业产业化水平较低，当地农民的文化程度不高、农业技术水平有限，仅仅依靠采摘、农家乐等单一、小规模的休闲农业模式获取报酬，政府在新兴农民职业培训和产业融合方面政策扶持较少，制约了经济效益的提升。四是该村的历史文化仍未挖掘，仍处于低质量的旅游阶段。石圳是否会在一阵热度过后变成"过气网红"？其做法能否得到推广？如何将其与周边乡镇联动发展，形成群聚效应，互相促进，相互带动？

五　探讨

一是美丽乡村建设要识别影响公共政策过程的全因素。石圳村从一个"垃圾村"变成"美丽乡村"，这源于村干部对村庄问题、政策文件以及大政方针的准确识别，明确影响公共政策过程的各要素及其作用，有机汇合影响村庄建设与发展的优劣势因素，开启了美丽之路的机会之窗。石圳村的美丽乡村建设前中期明确村内主要问题集中在人口流失多、村内基础设施陈旧、村内环境差等方面，针对现存问题采取有效措施。党的十六届五中全会首次提出建设社会主义新农村，将其浓缩概括为"生产发展、生活宽裕、乡风文明、村容整洁、管理民主"20字的具体要求。福建省也明确提出将以推进"美丽乡村"工程为抓手，加快推进全省新农村建设的步伐，石圳村依循美丽乡村政策的指导，开展乡村建设活动。紧密把握建设社会主义新农村的大政方针，开展乡村精英牵头的卫生整治行动，党员带领村民整治环境，争取政策支持。同时，上级部门的政策倾斜，帮助石圳村的美丽乡村建设得以顺利推进。

二是美丽乡村建设要明确相关的利益主体。石圳村的美丽乡村建设呈现多元主体协同参与的模式。村内建设活动主要涉及村落乡村精英、地方政府、村民、旅游和建筑公司等外来资本、规划院等五类主体。自下而上的美丽乡村建设伴随着经济利益冲突和权益分配，这需要明确各方利益主体的利益诉求和政策态度。石圳村美丽乡村项目建设过程中，利益诉求冲突和利益博弈现象产生消极影响，其中乡村精英起到主导作用，调和各方主体的利益关系。

三是美丽乡村建设要平衡好多元主体的利益关系。一项美丽乡村政策的推进要协调公共政策过程中获益者、被抑制者和被损害者之间的利益关系。

乡村精英对村务的重大决定以及村庄的生产生活起到重要的影响作用。石圳村的乡村精英在"美丽乡村"建设的村居环境整治阶段采取非行政手段和行政职能相结合的方式平衡利益冲突；乡村精英在"美丽乡村"整体规划和建设阶段以公众参与为平衡各方利益的重要手段，实现多种参与方式与多方协商的公众参与过程，让主体在参与中表达利益诉求。

协同治理推进空心村"实心化"改造

——福建省沙县盖竹村改造经验

李诗璇[*]

摘　要： "空心村"是农村社会经济发展转型时期出现的一种乡村地域系统退化性演变的结果。在城镇化不断推进的背景下，"空心村"已经成为农村治理问题的一个主要障碍和短板。十九大报告明确提出乡村振兴战略，为农村各地扶贫提供了良好的政策依据。本案例讲述的是福建省一个偏远小山村——沙县盖竹村由原来被遗忘的"空心村"转变为乡里乡外的"旅游村"的乡村振兴故事。通过对盖竹村的党委、村委、村民、企业等相关利益群体的一手调研，探索该村在乡村治理蜕变过程中矛盾与纠纷及多方主体发挥的作用，比如协同政府、村民、其他组织等，整合资源，化解矛盾，呈现乡村治理过程中的协同可行性，为其他乡村的治理提供借鉴和启示。

关键词： "空心化"　协同治理　盖竹村

一　背景

（一）沙县盖竹村概况

沙县隶属于福建省三明市，位于闽中偏北，历史悠久，是国家商品粮

---

* 李诗璇，福建农林大学公共管理学院 2018 级硕士研究生，主要研究领域：行政管理。

基地县、国家南方重点林区县、福建省竹子重点产区，因其沙县小吃而闻名于大江南北。盖竹村位于沙县富口镇西南部，与三明市交界，因其村里竹子繁茂而得名盖竹，是沙县革命老区基点。盖竹村距集镇 16.8 公里，辖6 个村民小组，全村共 252 户，总人口 992 人，党员 40 人，人口以闽北客家人为主，全村土地面积 3.2 万亩，其中耕地面积 1871 亩，林地面积20950 亩，生态林面积 10560 亩。盖竹村拥有丰富的自然景观、人文景观和民俗文化资源。地处三明国家郊野地质公园的核心区域，有大小佑山景区：大佑山，海拔 1276.3 米，典型的火山岩地貌，表现为孤峰入云、傲视群峰的地貌，大自然的鬼斧神工雕塑出飞瀑流泉、幽峡峭壁、象形灵石的雄伟景象。小佑山，海拔 811 米，与大佑山相邻，山上怪石峥嵘，古柏参天，风景秀美，有仙人床、仙人梯、关公刀、石鼓、佛脚等景色，景色精致与大佑山形成鲜明的对比。村内历史文化底蕴深厚，有"云庆庵"古戏台、石磨坊、林氏贞洁牌坊等历史文化遗存，还有延续至今的小腔戏、迎烛桥、迎铁枝等民俗风情。盖竹村的小腔戏更是被列入三明市第四批非物质文化遗产名录。

（二）过往的繁华

21 世纪之前，盖竹村里一片祥和，先天的自然环境优势，依山傍水，气候冬暖夏凉，给盖竹村提供了一个很好的发展优势。全村人口有 1000多人，邓姓占了 80% 左右，全村 60 岁以上人口占 16%，40～60 岁占29%，20～40 岁占 32%，20 岁以下占 23%。人口以中年青年为主，生育率高，劳动力充足。村内就好像一大家子人一样，右门进了你家，左门进了我家，邻里之间其乐融融。老人在戏台上唱小腔调，中年人种田种地，壮年男子养猪、养羊、养鸡，妇女打理家务，小孩上学读书。据村里年近90 岁的邓大爷介绍说："村里同年龄的都是伙伴，大家穿一条裤子长大，隔壁家包了饺子，全村孩子都去吃饺子，可把大妈大爷忙得呀，足足包了两个盆的饺子。那时候大家的关系是让人怀念的。"邓大爷在回忆的时候，眼里还带着笑意。

二 困境

（一）社会背景下的人口外流

随着 21 世纪到来，工业化推进，信息时代发展，网络新媒体普及，新兴产业的发展，通货膨胀等，这些变革吸收了大量农村劳动力，推动了城镇的发展。而远离灯红酒绿的乡村就远远地落在后头，城乡之间的发展差距越拉越大，村民单靠勤劳种田种菜已经不能解决温饱问题。在此背景下，大量农村人口进入城镇，形成大量外来务工人口。盖竹村也因劳动力缺失而深受其害，开始走向衰落，村民们生活压力日益增大，迫于生计，开始三三两两地进城打工。最初只是几个有想法的青年带着家乡的老手艺，进城开了家沙县小吃，以此来养家糊口。正是这几个青年外出经营小吃，捞到人生的第一桶金，他们过年返乡和村民谈起，激发一批新的血液加入进城经营沙县小吃的行列中，随后又激发了一批又一批村民外流，在城镇娶妻生子，新建住房。而正是这些新建住宅"摊大饼"式地不断向四面八方扩张，使得原来位于盖竹村中心的老村区，保留了大量的破旧闲置宅基地，且许多已经无人居住，或者只有一些老人和留守儿童居住。

（二）无人治理的村内混乱

随着盖竹村人员的外流，大量年轻劳动力转移，盖竹村无人管理，导致村内治理出现大问题。首先，村内道路还是黄泥巴铺成，由于下雨天山体滑坡，泥土堆积堵塞道路，无法正常出行，路两旁的灯常年坏了无人修理，上厕所还是传统的粪坑，水电设施无人维修，停水停电，晚上村里一片漆黑；其次，盖竹村老一辈村"两委"班子年纪偏大，最大的 50 岁，平均年龄 40 岁以上，仅一人会使用电脑，对于新事物的接受能力相对较弱，工作涣散，干群关系紧张，村内财政收入几乎为零；最后，村内治安混乱，正是年轻人的外出，老人又老弱病残，给了盗匪行窃的机会，大白天也敢明目张胆进家

打劫等。人口外流加上内乱，使得十几年下来，盖竹村已然变成一个"空心村"，常住人口统计，2005 年 920 人，2010 年 658 人，至 2015 年仅 170 人，170 人中 60 岁以上占 68.1%，40～60 岁占 13.3%，20～40 岁占 4.2%，20 岁以下占 14.5%，在当时的沙县已然成为难点村。前村支部书记说道："其实也不是我们不想做好，村内没年轻人啊，都是老人小孩，有心无力。"回家探望老母的村民邓冬莲说道："村内变成这样我也很难过，但是我们还还要生活，外面教育好，医疗也好。"村民邓大爷边抽着烟边和我们叹息道："我在这啊，生活了 85 年，85 年啊，盖竹村就是我的根，现在盖竹村是不如从前了，走的走，散的散，哪一天等我也走了村里就真的没人了。"

三 探索

（一）乡贤返乡选书记

1. 决定返乡

1986 年出生在盖竹村的村民邓享尧，是一个土生土长的盖竹人，本科就读于合肥学院公共事业管理专业。和其他绝大多数的大学生一样，2009 年本科毕业的他在福州的一家公司做企业内训师。工作之余，他喜欢去各地旅游，在江浙一带旅游时，他发现这里乡村更加富有活力和生机，与家乡的冷清形成鲜明的对比。特别是在他每次回乡时，看到泥土路上破败，土砖瓦房年久失修，猪圈、牛圈、垃圾场杂乱无章，蚊蝇肆虐。对家乡充满感情的他心里很是难过，很想为村里做点什么来改变现状。于是，年仅 29 岁的他毅然决然辞去城里高薪的工作，带着其在外求学、就业获得的学识和经验，返乡竞选盖竹村党支部书记。

2. 返乡阻力重重

这个重大的决定，遭到邓享尧全家人的一致反对，特别是他的母亲，觉得毕竟在外面读大学读了这么多年，不在外面打拼，却回到这没有生气的乡村。不仅是家里人持反对意见，村里人也对这么年轻的村书记持怀疑的态度。村民邓陈洪说道："这么年轻上任，吃不住苦的，做不好然后拍拍屁股又跑了。"身边的几个朋友劝他："现在人都是一个个往外跑，你在大城市待得好好的，可得想清楚了，小心以后媳妇都娶不到。"

3. 信心坚定，成功选举

尽管多方声音反对，邓享尧没有泄气，反而更加坚定了信念，励志要把盖竹村建设成美丽的新农村。于是他开始不断地说服家人、村民、朋友，努力和他们沟通自己的想法，最终得到了他们的支持。父亲说道："他的想法很坚定，我们最后也支持他在乡村历练几年，帮助村里做点事，改变现状。"村民说："难得看到这么诚恳的年轻人，就给他一次机会。"2015 年 5 月 20 日，29 岁的邓享尧成功当选盖竹村党支部书记。

（二）各级政府促合作

1. 镇政府重建"两委"班子

镇政府领导借着邓享尧返乡，决定重振村"两委"。首先，拟定十几位在外工作"80 后"乡贤，寻问村民其住址、联系方式、工作情况；其次，拟定对乡贤返乡给予的补贴，其中包括年薪、住房、孩子教育、保险等；最后，依次亲自上门走访，询问他们工作、生活现状等，把补贴政策说与他们听，向他们分析利弊，利用乡愁和未来发展鼓动他们返乡带领村民。

就这样在 2015 年换届中，盖竹村迎来了新血液，形成以邓享尧为领导的 6 位两委班子，其中"80 后"干部占了 4 位，组成了沙县"最年轻的"村干部团队。镇政府也随之召开座谈会、思想政治会、领导班子会，整治作风，重振新时代的风气，使得全村领导上下一心，拧成一股绳。新上任的"80 后"村主任邓昌如说道："近几年，我在外做沙县小吃也不容易，城里房价贵，生活贵，每天起早贪黑，一年到头赚不了几个钱，想想还不如回去，建设自己家乡。"

2. 兴修环村公路

俗话说得好，"要致富先修路"，村"两委"根据对当地村民的走访，

发现的一个共同诉求就是：修盖竹村的环村公路。环村公路全长2公里，宽
3米，是泥泞的土路，尤其到了雨天，成为困扰村民出行的难题。但是当时
的盖竹村村财政薄弱，资金的问题就成了修路的第一道门槛，怎么办呢？村
书记将修路事件具体汇报给富口镇政府，镇政府非常支持，随即制定了
《关于富口镇盖竹村环村公路重建计划》《关于富口镇盖竹村环村公路可行
性报告》向三明市政府报告，申请项目。三明市政府针对这一项目开会讨
论，村书记邓享尧在会上做了关于重建计划的报告，并派工程师进行现场勘
察，经多方谈论，《关于富口镇盖竹村环村公路项目》获得批准，并予以资
助30万元，作为公路重建支持。村"两委"和党员干部带头，各捐2000
元，并鼓动全村村民捐款众筹，包括所有在外乡贤、务工人员等，再加上村
原始一点财力、镇政府的捐赠等，经过3个月的努力共筹集65万余元。

由于村内年轻劳动力有限，村"两委"决定采用投标的形式，秉着公
平公正的原则，对外公开招标，由中标企业来具体实施盖竹村环村公路的修
建工程，并成立了盖竹村环村公路机动组和督察小组，由村干部和村民共同
组成，对该项目的实施进行监督。在村两委和市、镇两委的共同努力下，
2015年11月，盖竹村盼了十多年的水泥环村公路终于完工。环村公路的硬
化工程，改变了以往盖竹村里晴天尘土飞扬、雨天泥泞不堪的局面。市、镇
政府借助剩余资金和进一步的众筹，修建了从村到镇的公路和通往"福银"
高速公路的公路、完成小佑山景区的柏油路硬化工程（一期）。

（三）其他公司合作完善基础设施

修好了路，下一步就是针对其他村内基础设施进行完善。在电路方面，
与县供电公司合作，该公司通过派测量师等技术专家进行现场实查，拟订
《关于建设盖竹村网改方案》，对盖竹村电网进行改造升级，并建立移动4G
基站，改造电信宽带光纤，挨家挨户免费埋网线、装宽带，对广电数字电视
进行升级，方便村民与外面世界的交流。在用水方面，与县自来水公司、五
金公司、水管公司等合作，拟定《关于盖竹村粪池改造方案》《关于盖竹村
自来水用水方案》等，对每家自来水管、水龙头等进行免费维修、换新，

并对原始的粪坑进行改造，改用三格化粪池，截至2019年底，完成户数占全村户数80%。在卫生方面，拟定《关于盖竹村垃圾治理方案》，与环卫公司、垃圾回收公司等合作，根据环卫专家的现场计算，全村一共配备垃圾桶20个、旅游公厕2座、垃圾收集车1辆、清洁人员3名，采取"户保洁、村收集、镇转运"的方法，要求村民们每天上午9点前将自家的垃圾扔进各个路口的垃圾桶内，每天由三个清洁人员轮班，开着垃圾收集车，9点开始环村巡逻，对每个站点垃圾进行集中清理，将垃圾运往垃圾站，再由站转运到镇。方案实施效果显著，有效推进了盖竹村生活垃圾治理工作，辖区环境面貌得到明显改善，提升了宜居环境。在村两委、政府、企业的合作下，盖竹村的基础设施得到了有效改善，累计投入资金150余万元。村民们纷纷赞扬现在村子和之前是不一样了，对领导很是满意和信任。

四　合作

（一）各级政府

盖竹村得天独厚的自然环境是其发展的必要条件。但是，要如何发展呢？沙县富口镇人民政府与福建博川旅游规划管理有限公司联合编制《沙县富口旅游发展总体规划》，再委托福建悠然景观设计有限公司制定《沙县富口镇盖竹村小佑山景观规划设计》《沙县富口镇盖竹村美丽乡村建设规划》，最后拨款150万元予以资助。提出以"特色产业化、特色旅游"为目标，力求将所有的田地、林地、山地进行统筹安排，建成空间科学合理、功能健全完备、基础设施配套的"旅游村"。实施《关于沙县盖竹村高等人才引进政策》，鼓励青壮年人才回乡创业，增加了非农收入，并且促进林地、山地、池塘等资源有效利用起来，推动农村的"就地城镇化"。

（二）村两委干部

对于盖竹村的旅游和产业开发，具体做法如下：首先，聘请高校和县住建局的专业规划人员，对盖竹村的功能进行了总体的布局和规划，拆除村庄中的闲置危旧房屋，建立村庄的横轴和纵轴，使交通工具和农机具"进得来、出得去"；其次，结合村庄结构和农民活动的特点，与三明郊野国家地质公园合作，建设村中心公园，并在公园内设计公共广场、公厕、座椅、池塘、健身设施等；最后，针对盖竹村海拔高、生态环境保护良好的优势，引导村民发展适合盖竹生态环境的产业，以大佑山蜂蜜和盖竹红菇为突破口，提高产品质量和包装档次，提高农产品销售价格，促进村民增收。

（三）政企合作

对于盖竹村的产业开发，具体做法如下：首先，结合农民的耕种习惯和当地产业的特点，依托丰富的泥炭土资源，沙县农业企业主动与政府合作引进越光米种植项目，种植优质好米，为村民提供更多的就业机会。其次，利用盖竹村特有的高山气候优势发展高山花卉种植项目。与国内知名花卉园艺企业神州克劳沃公司合作，采用"公司＋合作社"的模式，由村集体牵头成立合作社，与克劳沃公司签订合作协议。农田流转和日常管理由合作社负责，种苗肥料和技术支持由公司提供，市场销售由公司负责，实行定额报酬。项目首期流转 5 亩土地，通过向上争取资金，建设钢架大棚 2700 平方米，种植白掌或绿萝等花卉品种，预计一季可种植花卉 4 万盆，实现收益 4 万元。同时，待试种成功、模式成熟后，可自主生产，并向全村推广，带动村民从事高山花卉种植产业，实现致富增收。最后，政府发展林业共享经济合作项目。参与沙县林业采育总场森林合作经营模式，将采伐迹地收回，按照采育总场 51% 和村集体 49% 的股份比例共同出资造林。生产、经营、管护由采育总场负责，费用按股份比例承担，采育总场每年预付林地使用费24 元/亩，主伐时按股份比例结算支付林地使用费，经营利润按照股份比例分配。通过合作经营，亩出材量可达 10 ~ 13 立方米，远高于村集体自主经营的 6 ~ 7 立方米。截至 2018 年底已经合作经营 200 亩，整个合作周期可带来村财政收入年平均 9 万元。

（四）干群合作

产业发展上，在村"两委"的引导下，聘请林业专业毕业的外出乡贤吴建军返乡管理，种植 4 万盆白掌，按种植 100 亩面积计算，为村民实现增收 5.2 万元，建成 2500 平方米的现代花卉大棚，每年可为村财政增收 4 万元。与此同时，返乡乡贤吴祖佐成立怡园农业经济合作社，在小佑山脚下建立 5 亩辣椒基地，并在全省首批试种中草药金铁锁。坞呈坑自然村村民已经形成自然养蜂产业，具不完全统计，坞呈坑小组蜂蜜产值达 20 万元，2016 年盖竹村的蜂蜜价格从一斤 80 元增长到 100 元，2019 年，仍处于供不应求的状态。盖竹村越光稻的收购价比市场普通稻米的收购价提高了 50%，2017 年越光米稻谷的收购价为 225 元/百斤。村两委还带动其他年轻人一起抓紧互联网这个新媒体，利用淘宝、微商等线上平台，发展线上线下相结合的农产品销售，与快递公司合作将野生蜜销往各地，每个村民都忙得不亦乐乎，更是积极地配合工作的开展。

旅游发展上，首先，为复兴传统小腔戏，村两委里向市、县申请 4 万元经费修建云庆庵古戏台，制作展板宣传推广。以庙会形式召集全村会唱戏的群众，动员他们"重出江湖"，并积极申报非物质文化遗传。其次，在村委的指导和支持下，修缮古墓、古楼、古井，完善、修建民房，将房子打造成传统闽北客家文化的村落，建立农家乐。最后，村两委和村民还一起合作，把旅游公厕、游客服务中心、旅游标牌等旅游基础设施建起来，并制作了景区导游图、《古镇·名村·盖竹》图书、《盖竹村》画册、音像制品等免费宣传品，方便游客了解盖竹村的历史。村内连续三年开展帐篷节、三月三、正月初四、三月初三等传统节日。首届沙县农民丰收节等民俗文化活动，由村里手艺好的村民掌厨，为游客呈上一桌桌香喷喷的农家美味，还有新鲜的果蔬，原汁原味的土鸡、土鸭、米冻皮等特色小吃。此外，还有"一盘棋"、抓鱼闹春田、迎铁枝、篝火晚会等亲民活动，共吸引各地游客 5000 余人次参与，2018 年全年共接待游客 3 万人次，盖竹旅游品牌影响力还在逐步提升。

五　变化

（一）群众心里新变化

"以前，村部旁是茅厕，我家门前就是垃圾场，后门边上是一潭死水，整个村子臭烘烘的。"70岁的村民邓邦群带着我们边走边介绍，"没想到，在大家努力下，还真不一样了，家门口就是中心公园，死水变成了锦鲤池，如今村里的生活不比城里差。"村民吴建军说道："现在盖竹村确实很不一样，政府为我们盖竹村做出了很多的努力，把旅游农家乐做起来，整批整批的游客来这里游玩，我觉得我们还要增加旅游建设，扩大宣传，吸引更多的人来盖竹。"村民邓秀添说道："村里的水泥路也打起来了，很多企业来我们这里投资，我儿子年后也打算回乡发展了，不过在教育上希望能再多一点的改变。"盖竹村原支部书记邓享宗说道："盖竹村现在变化是真的很大，四周都是水泥路，而且还有休闲游玩的地方，现在还搞了各种各样的节日，真的很丰富多彩，作为盖竹村的主人，我们还应该提高我们的素质，让大家看到盖竹的新面貌。"2018年顺利入选沙县十大杰出青年的村党支部书记邓享尧说道："这三年来，最大的感悟就是，要踏踏实实地为村民做点事，当村官不是当村民的官，而是要放低身段，沉下心，为盖竹村、为村民谋福利，踏踏实实做人，实实在在做事。"

（二）盖竹村的新要求

村两委在全村召开座谈会，经共同讨论，对2019年的发展提出新目标。

第一步，继续完善旅游基础设施建设。盖竹的旅游基础设施虽然初步完善，但还有很大的上升空间。未来，盖竹将牢牢抓住三明郊野国家地质公园建设的机遇，完成村庄至小佑山路段的柏油硬化，提高游客到小佑山景区的便利性。同时，也将对盖竹村小学教学楼进行改造提升，使之建设成为集示范民宿、村史馆、乡村讲习所、自然教育等功能为一体的乡村旅游活动中心。提高盖竹村的游客接待能力。

第二步,建设极具特色的文创基地。继续用好"国家郊野地质公园""福建省传统村落"品牌优势,邀请厦门东南乡村建设中心(东南乡建)来改造村里的闲置建筑用于艺术品展览,国学、佛学文化传播基地,乡村艺术课堂,民间工艺和制作旅游产品等,以期吸引更多的游客。并邀请湖北文史专家刘作忠来指导编纂村志。引进特色乡村游体验项目,发展生态采摘项目,种植桃树、打造景观林,以旅促农,以农带旅,走"农旅互动"的融合发展之路,推动乡村旅游发展。进一步丰富和展示旅游品牌的文化内涵,提升村庄现有文化档次。

第三步,举办系列大型节事活动。要想快速聚集人气,必须通过高品质、有影响力的节事活动。利用民俗活动资源丰富的优势,多举办具有盖竹特色的乡村旅游活动。在做好强势品牌活动的同时,与各大俱乐部等组织合作,继续举办特色的"帐篷节"活动,进一步扩大盖竹村在全省的影响力。

六 探讨

盖竹村空心村的治理体现了"县、镇政府出台 - 村两委实施 - 村民具体实施 - 企业配合 - 乡贤推动"的多中心协同治理的过程,这一模式使得盖竹村焕然一新,重现活力。盖竹村空心村协同治理的实践,可对中国其他地方农村的"空心村"治理提供有效的帮助和借鉴。

一是空心村治理体现多元主体的协同共治。过去传统的"单一式"由政府主导的治理模式,随着乡村治理问题复杂化,早已不适应当今乡村发展,多主体共治才能形成合力。且多中心主体的知识储备、价值观和各自利益诉求与空心村治理需要的混合知识结构、多方援助不谋而合,转变以往"政府中心论",实现多主体各取所长,为公共事务出谋划策,实现多中心治理的权威性。盖竹村的空心村治理主体包含:村两委,村民,企业,乡贤,政府相关部门如财政部门、住建办、农工部门、发改委、国土部门等。在基层社会自治模式下,政策的复杂性和制度的多样性使得政府的执行能力

难以施展，多元组织便能在协同治理中发挥不一样的作用。

二是采取综合运用＋多方配合的治理策略。协同是整个过程中的灵魂，内部核心是多中心主体所发挥的作用，外部力量是指经济、政治、文化、社会等多因素下的作用，最重要的特点是一环接一环的结构层次和多中心主体的协同实施。这种治理策略使空心村治理的项目、政策方案、筹集资金等都有序进行，依托特定的制度化的交流渠道和沟通对话平台，发挥项目、政策方案、筹集资金的示范效应典型性和经济效益规模性。治理策略上采取综合运用＋多方配合，使盖竹村的政策落实、项目方案进展、筹集资助款项都产生"叠加效应"，实现"1＋1＞2"的最优模式。

三是协同治理理论与实践探索。空心村的治理过程换句话说就是村庄重组再造的过程，要求在有限的村庄结构内各个子系统都能有效协调配置，包括对空间布局的优化组合、资源环境的可持续循环利用、村庄人口质量的有层次缓解、村落基础设施的基本保障、经济产业的显著提高。因此，它必然要求用自然科学的协同理论奠定基础。并且要重视的是空心村的治理，它作为村内公共事务的管理，是在共有的公共政策制定和特有的规则的执行基础上进行的，需要依靠社会科学治理理论的支持、互补形成协同治理下的空心村治理模型。在正式机构和非正式机构共同作用下协同治理，完善村民事务管理，确保村民基本权益，创新乡村发展模式。

附　录

Appendix

B.10

附录1　2018~2019年福建省
乡村振兴大事记

2018年福建省乡村振兴大事记

1月，福建省农业工作会议在福州召开。会议的主要任务是，深入学习贯彻党的十九大和中央农村工作会议精神，落实全国农业工作会议部署，总结2017年全省农业工作，研究实施乡村振兴战略措施，安排部署2018年重点工作。

1月，省委农村工作会议在福州召开。会议强调，要深入学习贯彻习近平新时代中国特色社会主义思想和党的十九大精神，全面落实中央农村工作会议各项部署要求，实施乡村振兴战略，推进新时代福建"三农"工作上新水平。省委书记于伟国出席会议并讲话，时任省委副书记、代省长唐登杰做具体工作部署。

2月，福建省农业厅印发《关于大力实施乡村振兴战略加快建设特色现

代农业的意见》（闽农综〔2018〕1号）。

4月，2018海峡两岸乡村振兴论坛在厦门举行。来自海峡两岸的专家学者聚集一堂，深入交流两岸乡村振兴及社区治理经验和方法，共同分享两岸乡村振兴及社区治理的心得体会。

5月，省领导召开主要涉农部门座谈会。省委副书记、福州市委书记王宁在省农业厅（省委农办）主持召开全省主要涉农部门座谈会，听取各部门工作情况汇报，研究解决困难问题的措施，部署下一阶段"三农"工作。副省长李德金参加会议。

6月，第十届海峡论坛·两岸特色乡镇交流暨促进"双新双创"发展对接会在厦门举行。农业农村部总农艺师马爱国、福建省副省长李德金、台湾自然资源保育技术服务基金会董事长陈志清出席对接会并致辞。两岸业界对接企业的代表350余人参加了活动。

6月，第十届海峡论坛·第五届海峡（漳州）茶会在漳州花博园成功举办。本届茶会秉承"品牌茶·行丝路"的主题，以加强海峡两岸茶业交流与合作、促进闽台及全国茶叶产销区的信息沟通和产业互动、打响漳州茶品牌为目的，紧扣茶产业发展的主题，广邀海峡两岸业界专家、代表、茶农品茶论道，展示推介新产品、新技术、新业态，力促两岸茶产业创新提效、融合发展。本届茶会共有240多家茶企参展（其中台湾茶企22家），400多名客商、专家学者应邀参会。

6月，"新农人新产业新业态"福建百香果·阿里巴巴产业合作项目启动仪式在福州海峡会展中心隆重举行。启动仪式上，来自福建百香果产销联盟、主产县的代表与阿里巴巴就福建百香果精准扶贫计划及福建百香果出海项目签订了合作协议，并进行了"福建百香果"国家地理标志品牌的授权。活动现场对十位"杰出福建百香果新农人"进行授牌颁奖。

6月，由福建省农业厅和全国农业技术推广服务中心共同举办的茶产业绿色发展高峰论坛（中国·福建）在福州召开。中国工程院院士陈宗懋、全国农业技术推广服务中心副主任王戈、福建省副省长李德金等出席论坛，中国农科院茶叶研究所、中国茶叶学会、省直有关单位、茶叶主产区政府、市县农业（茶业）管理部门、茶叶企业负责人共200多人参加活动。

7月，由农业农村部和福建省人民政府主办、省农业厅承办的2018年质量兴农万里行活动启动仪式在福州举行。

8月，"闽茶海丝行"香港站活动启动，共组织50家福建茶叶企业参加第十届香港国际茶展，举办了"清新福建·多彩闽茶"专场推介会。

8月，福建省实施乡村振兴工作会议在福州召开。省委书记于伟国讲话强调，要坚持以习近平新时代中国特色社会主义思想为指导，深入学习领会习近平总书记关于"三农"工作的重要论述，认真贯彻落实习近平总书记对实施乡村振兴战略的重要指示、重要讲话精神，按照全国实施乡村振兴战略工作推进会部署要求，加快推进福建省乡村振兴各项工作，努力开创新时代福建"三农"工作新局面。省长唐登杰主持会议，省政协主席崔玉英出席会议。

8月，中共福建省委下发通知，决定成立省委实施乡村振兴战略领导小组，负责研究制定全省乡村振兴战略规划，部署推进重大政策、重大行动和重要工作，协调解决实施乡村振兴战略重点难点问题。领导小组在省委农办设办公室作为日常办事机构，同时设立乡村产业振兴专项小组、乡村生态振兴专项小组等12个专项小组，由省直牵头单位主要负责人（省委部门分管领导）担任专项小组组长，负责制定专项小组工作方案，统筹推进各专项重点任务落实。

9月，两岸农民共庆丰收节——走进漳平"大陆阿里山"活动在漳平成功举办，2000多名两岸农民欢聚一堂，共庆农民首个自己的节日——中国农民丰收节。

9月，由福建省农业厅主办的"闽茶海丝行"亚欧站活动启动仪式在希腊雅典举行。福建省农业厅厅长黄华康、福建省人民政府副秘书长刘琳、"闽茶海丝行"亚欧站经贸代表团成员、希腊政商界人士和中国驻希腊使馆代表、华侨华人、新闻媒体等200多人参加活动。

10月，福建省实施乡村振兴战略现场推进会在永春召开。省委副书记、福州市委书记王宁，副省长李德金出席会议并讲话。王宁强调，要深入学习

领会习近平总书记关于实施乡村振兴战略的重要论述，按照省委书记于伟国在全省实施乡村振兴战略工作会议上提出的"五个紧紧抓住"的指示要求，学习借鉴浙江经验，坚持从人民群众最关心的问题入手，全力推动乡村产业、人才、文化、生态、组织振兴。

10月，新组建的福建省农业农村厅正式挂牌。副省长李德金代表省委、省政府专程揭牌。福建省将省农业厅的职责，以及省发展和改革委员会的农业投资项目、省财政厅的农业综合开发项目、省国土资源厅的农田整治项目、省水利厅的农田水利建设项目等管理职责整合，组建省农业农村厅，作为省政府组成部门，正厅级。省委农村工作领导小组办公室设在省农业农村厅。省农业农村厅加挂省扶贫开发领导小组办公室、省委实施乡村振兴战略领导小组办公室牌子。不再保留省农业厅。

10月，中共福建省委实施乡村振兴战略领导小组印发《关于加快实施乡村振兴战略十条措施的通知》（闽委振兴组〔2018〕1号）。

10月，福建省文化厅牵头的省乡村文化振兴专项小组召开了第一次联席会议，审议全省乡村文化振兴的工作方案、工作机制以及建设乡村文化传习所的实施意见。

11月，由国家林草局、福建省政府共同主办的第十四届海峡两岸林业博览会在三明举办。据统计：展会期间，现场参观人数突破10万人次，实现销售总额3235万元；共有嘉宾和客商3405人，其中客商3182人，约占宾客总数的93%；签约项目112项，总投资210亿元，其中台外资项目20项，拟利用台外资1.6亿美元；参展企业546家，展品2800种，评选金奖产品68个。其间，还举办了绿色金融论坛、林业科技成果展、海峡两岸林业电子商务大会暨花卉"新零售·新电商"推介会等活动。

11月，全省农业农村重点工作攻坚会在福州召开。会议深入学习习近平总书记关于做好"三农"工作的重要论述，贯彻落实省委十届六次全会，省委、省政府三季度经济形势分析会暨高质量发展落实赶超工作督查会，省直农口经济形势分析会，全省实施乡村振兴战略现场推进会精神，进一步统一思想、对标任务、聚焦问题、补齐短板，确保如期完成全年各项目标任务。省委农办主任、省农业农村厅党组书记、厅长黄华康出席会议并讲话。

11月，亚洲规模最大的国际食用菌行业盛会第十二届中国蘑菇节在漳州市举行。本届蘑菇节，包括各种专题会议、论坛、讲座、研讨会等13场活动，室内外展览场地面积达6000平方米，国内外展商数量突破100个。来自全国20多个省市以及美国、加拿大、荷兰、泰国、越南等30多个国家的专家学者、厂商代表计1000多人参加了大会。

11月，第十届海峡两岸现代农业博览会·第二十届海峡两岸花卉博览会在漳浦东南花都开幕。本届博览会围绕党的十九大提出的实施乡村振兴战略，以"特色农业·绿色发展"为主题，突出质量兴农、绿色兴农、品牌强农，集中展示生态农业、精品农业、智慧农业、对外合作发展的新亮点、新成效；共有20多个国家、全国20多个省份以及台湾地区的1200多家企业参展，2000多名客商参会，汇聚了1万多种名优特农产品。博览会期间还同时举办中国蘑菇节、中国（福建）花王赛、海峡两岸人才与项目对接会、漳州名优特农产品订货会暨"一带一路"贸易对接会、漳州农业机械展销会、三角梅主题展以及三角梅产业对接会等一系列经贸交流活动。

11月，福建省脱贫攻坚现场推进会召开。福建省委书记于伟国出席会议并讲话。他强调，要深入学习贯彻习近平新时代中国特色社会主义思想，认真贯彻落实习近平总书记关于扶贫工作的重要论述，切实增强"四个意识"，坚持不懈、攻坚克难，努力取得脱贫攻坚战的胜利。省长唐登杰主持会议。于伟国指出，脱贫攻坚战已经到了决战决胜的关键时期，我们一定要以更精准、更有力、更有效的办法，优化政策供给，下好"绣花"功夫，确保完成脱贫攻坚各项任务。省长唐登杰主持会议。

12月，两岸现代农业融合发展论坛在厦门举办。这是2018两岸企业家峰会年会综合合作交流推动小组的专题论坛之一。会上，两岸农业专家和企业代表就"携手应对挑战，共创互利商机"主题开展圆桌对话。

12月，第十九届中国绿色食品博览会暨第十二届中国国际有机食品博览会、第十五届中国（厦门）国际食品交易博览会、第十一届厦门名优特农产品展销会四大展会同时在厦门国际会展中心开办。其中，第十九届中国

绿色食品博览会暨第十二届中国国际有机食品博览的主题是"绿色生产、绿色消费、绿色发展",除了成果展示,主办方也致力于促进贸易、推动发展,帮助有实力的农业企业"走出去",把优质农产品"引进来"。福建设"特色现代农业展示区""省级扶贫开发工作重点县优质农产品产销对接区""有机食品展销区"三大展区。

12月,福建省实施乡村振兴战略乡村产业振兴专项小组印发《福建省实施乡村振兴战略乡村产业振兴专项小组工作方案》(闽乡村产业〔2018〕1号)。

2019年福建省乡村振兴大事记

1月,以"多彩上杭 印象梅花"为主题的福建省第二届梅花节在上杭县湖洋镇文光民族村举行。

1月,福建省教育厅、福建省财政厅印发《关于印发福建省教育脱贫攻坚三年行动方案的通知》(闽教财〔2019〕1号)。

1月,经省委、省政府同意,中共福建省委实施乡村振兴战略领导小组分别授予林雪枫等10位同志"'一懂两爱'好书记"称号,杨雪梅等10位同志"优秀驻村第一书记"称号,王道平等10位同志"优秀科技特派员"称号,康英德等10位同志"农村创新创业明星"称号,福建春伦集团有限公司等10家企业"'千企帮千村'助村富民明星企业"称号。

2月,南平市武夷山市国家农村产业融合发展示范园、三明市建宁县国家农村产业融合发展示范园被认定为首批国家农村产业融合发展示范园。

3月,福建省村庄绿化行动启动仪式暨福州市"村植千树"植树活动在福州举行,主题为"美丽新福建,林业在行动"。

3月,福建省绿化委员会、省林业局联合命名邵武市大埠岗镇竹源村等首批200个村庄为"福建省森林村庄"。

3月,福建省委农村工作领导小组办公室、省自然资源厅等五部门联合印发通知,要求各地统筹推进村庄规划工作,并将村庄规划工作情况纳入市、县党政领导班子和领导干部推进乡村振兴战略实绩考核范围，作为下级党委政府向上级党委政府报告实施乡村振兴战略进展情况的重要内容。

3月，省生态环境厅牵头省实施乡村振兴战略乡村生态振兴专项小组在全国率先出台《福建省乡村生态振兴专项规划（2018~2022年)》，梯次推进"绿盈乡村"建设。

4月，"全福游，有全福"系列之"2019美丽乡村旅游季"活动在永泰县嵩口镇月洲村拉开帷幕。旅游季活动持续到5月31日，为了让游客玩转福州周边乡村，主办方以踏青、赏花、村宴、民宿为主题，精心推出10条乡村游线路、32个乡村旅游点推荐名单。

5月，全省4县（区）获评全国县域数字农业农村发展水平评价先进县，分别是华安县、漳州龙文区、南靖县、厦门集美区。

5月，福建省"千企帮千村"精准扶贫行动推进会暨民企参与实施乡村振兴战略工作会议在福州召开。

5月，全国推进农村创业创新现场交流会暨经验推介活动在晋江举行，围绕打造农村"双创"升级版、助力乡村振兴进行经验介绍和深入交流。

5月，福建省发展和改革委员会等十二部门联合出台《关于进一步推动进城农村贫困人口优先享有基本公共服务并有序实现市民化的实施意见》。

6月，省委乡村振兴办选送的泉州市洛江区罗溪镇《党建"同心圆"激活基层治理神经末梢》入选全国20个乡村治理典型案例，作为首批推介的典型供各地学习借鉴。

6月，由福建省人民政府主办，福建省林业局、中国国际贸易促进委员会、福建生态环境厅、福建省文化和旅游厅联合承办的2019年中国北京世界园艺博览会"福建日"在世园会同行广场开幕。

6月，两岸特色乡镇交流暨现代农业融合发展对接活动在厦门举行。

7月，福建省生态环境厅牵头福建省实施乡村振兴战略乡村生态振兴专项小组印发《福建省"绿盈乡村"建设工作指南（试行)》，指导各地以"绿盈乡村"建设为抓手，推进全省乡村生态振兴工作。

7月，福建省农业科技创新联盟成立大会在福州举行。该联盟由省农业

农村厅、省农科院、福建农林大学共同发起成立，由农业农村行政管理部门、农业科研机构、高校、农业技术推广机构及新型农业经营主体等共同组成，旨在解决农业科技资源条块分割、创新力量碎片化问题。

7月，全省7县（区）获准创建2019年省级现代农业产业园区，以推进全省优势特色主导产业发展，分别为建宁现代种业产业园、永春现代水果产业园、仙游现代水果产业园、寿宁现代茶业产业园、清流现代蛋鸡产业园、长泰现代水果产业园、宁德蕉城现代生猪产业园。

7月，古田被列为全国农村综合性改革试点试验区域，三年获补助资金7500万元。

7月，全省乡村产业振兴推进会在福安召开，副省长李德金出席会议并讲话。

8月，福建省农科院茶叶研究所"国家土壤质量福安观测实验站"入选"第二批国家农业科学观测实验站"，是全省首个国家农业科学观测实验站。

8月，第三届福建省农村创业创新大赛决赛在晋江举行，大赛以"激情创业创新，梦圆乡村振兴"为主题，旨在激发双创潜能，发展现代农业，建设美丽家园，助力乡村振兴。

9月，2019首届"一带一路"农产品农资（电商）交易会在厦门国际会展中心开幕。同期举办2019年首届"一带一路"农产品农资投资合作高峰论坛，现场举行了《2019"一带一路"农产品农资投资合作高峰论坛厦门倡议书》签署仪式，以及重要项目签约仪式，共有24个项目现场签约。

9月，福建省少数民族庆祝2019年"中国农民丰收节"活动在宁德市"中华畲族文化馆"顺利举办，活动主题为"八闽庆丰收，礼赞70年"。

10月，第二届"一带一路"南南合作农业教育科技创新联盟大会暨2019年"一带一路"农林技术推广与合作论坛在福州举行。来自国内外政府部门、涉农高校、科研机构和商界代表参加会议。

10月，省委召开全省实施乡村振兴战略暨农村人居环境整治现场推进会，总结典型经验，推动重点工作落实，省委书记于伟国对乡村振兴重点工作进行再部署、再推动。

10月，省乡村文化振兴专项小组在永泰县召开全省乡村文化振兴现场会。

11月，全省8县（市、区）入选第二批"国家农产品质量安全县"，分别是安溪县、平和县、仙游县、泰宁县、武夷山市、上杭县、宁德市蕉城区、厦门市同安区。

11月，全省组织近80家涉农企业，精选200多种名优特产品赴江西南昌参加第十七届中国国际农产品交易会，并在展会上设立福建省农业农村成就综合展区、农产品地理专业展区、海峡两岸农业合作展区、人居环境整治新技术新产品（精品）展区。

截至2019年11月17日，全省已建设9902个益农信息社站点，计划至2020年覆盖全省主要建制村。

11月，全省乡村治理体系暨乡风文明建设现场推进会在晋江市召开。参会人员来到磁灶镇东山村、金井镇围头村、英林镇西埔村，深入了解乡村治理的创新实践。

12月，全省共11家企业被认定为农业产业化国家重点龙头企业，分别是：闽榕茶业有限公司、厦门茶叶进出口有限公司、福建武夷山国家级自然保护区正山茶业有限公司、福建旭禾米业有限公司、福建省海新集团有限公司、立兴集团有限公司、福建和其昌竹业股份有限公司、福建三都澳食品有限公司、宁德市金盛水产有限公司、福建省红太阳精品有限公司、福建阳光生态农业集团有限公司。新认定的国家重点龙头企业都是各地多年发展起来的大型农业企业集团，平均总资产规模超过8亿元，年平均销售收入（不含农产品专业批发市场的交易额）超过8亿元，年平均税后利润超过5000万元。

12月，福安市、安溪县、建宁县、厦门市同安区4地入选全国农民合作社质量提升整县推进试点，本轮试点期限为2年，自2019年9月起至2021年底止。

12月，厦门市海沧区、长泰县、晋江市三地入选全国乡村治理体系建设试点单位，试点期至2021年12月底。

12月，为推动全省农民合作社高质量发展，省委农办、省农业农村厅、省发改委等11部门联合印发《关于开展农民合作社规范提升行动的实施方案》，明确了本次提升行动的目标任务。到2022年，农民合作社质量提升整县推进基本实现全覆盖，省级以上农民合作社示范社达到1000家，市级以上达到3000家，县级以上达到6000家。

12月，经各地组织推荐申报、专家评审、复核、公示等环节，福州市长乐区文武砂丰之瑞生态家庭农场等189家家庭农场入选"第二批省级家庭农场示范场"，示范有效期3年。

12月，全省共有10个村获评"2019年中国美丽休闲乡村"，分别是南靖县梅林镇官洋村、福州市晋安区寿山乡九峰村、平潭综合实验区流水镇北港村、宁德市蕉城区赤溪镇赤溪村、泰宁县梅口乡水际村、武平县城厢镇云礤村、南平市建阳区麻沙镇水南村、安溪县芦田镇福岭村、厦门市海沧区东孚街道过坂社区、厦门市同安区五显镇三秀山村。

12月，全省10个村入选"2019年中国美丽休闲乡村"名单，其中有2个美丽库区移民示范村，分别是泰宁县梅口乡水际村和厦门市同安区五显镇三秀山村。

12月，福建福州东部片区被列为11个国家城乡融合发展试验区之一。

B.11

附录2 中共福建省委、福建省人民政府 关于实施乡村振兴战略的实施意见

(闽委发〔2018〕1号)

为深入贯彻落实党的十九大和中央农村工作会议精神，按照《中共中央、国务院关于实施乡村振兴战略的意见》，结合福建省实际，现提出如下实施意见。

一 深刻认识乡村振兴战略的重大意义

1. 准确把握乡村发展面临的新形势

党的十八大以来，在以习近平同志为核心的党中央坚强领导下，中共福建省委、省政府认真贯彻落实中央一系列决策部署，全面深化农村改革，深入践行精准扶贫精准脱贫方略，扎实推进农业农村现代化，农业农村发展取得新进展。全省农业综合生产能力稳步提升，农业发展方式加快转变，特色现代农业产业格局基本形成；农村公共服务和社会事业持续改善，农村教育、文化、卫生等各项事业快速发展，农村水、电、路、气、房和信息化建设全面提速；农业农村发展体制机制不断完善，农业农村改革"四梁八柱"基本建立；精准扶贫精准脱贫取得决定性进展，国定贫困人口基本脱贫；农民收入实现较快增长，城乡居民收入差距进一步缩小；农村生态文明建设显著加强；党执政的基层基础更加牢固，农村社会更加安定稳定。农业农村发展取得的重大成就和"三农"工作积累的丰富经验，为做好新时代"三农"工作奠定了良好基础。在中国特色社会主义新时代，乡村是一个可以大有作为的广阔天地，迎来了难得的发展机遇。我们必须抓住这一历史契机，顺势

而为，乘势而上，不断开创"三农"工作新局面。

2. 切实增强实施乡村振兴战略的紧迫感和使命感

农业农村农民问题是关系国计民生的根本性问题。当前，我国社会主要矛盾已经转化为人民日益增长的美好生活需要和不平衡不充分的发展之间的矛盾，解决好发展不平衡不充分问题要求我们更加重视"三农"工作。从全省看，农业基础还比较薄弱，农民适应生产力发展和市场竞争的能力不足，农村环境和生态问题还比较突出，城乡之间要素合理流动机制亟待健全，农村基层党建存在薄弱环节，乡村治理体系和治理能力亟待强化。实施乡村振兴战略，是解决人民日益增长的美好生活需要和不平衡不充分的发展之间的矛盾的必然要求，是实现"两个一百年"奋斗目标的必然要求，是实现全体人民共同富裕的必然要求。全省上下要切实增强责任感、使命感、紧迫感，以更大的决心、更明确的目标、更有力的举措，推动农业全面升级、农村全面进步、农民全面发展，谱写新时代乡村全面振兴新篇章。

二 实施乡村振兴战略的总体要求

3. 指导思想

以习近平新时代中国特色社会主义思想为指导，全面贯彻党的十九大精神和中央农村工作会议精神，加强党对"三农"工作的领导，坚持稳中求进工作总基调，牢固树立新发展理念，落实高质量发展的要求，紧紧围绕统筹推进"五位一体"总体布局和协调推进"四个全面"战略布局，坚持把解决好"三农"问题作为全党工作重中之重，坚持农业农村优先发展，按照产业兴旺、生态宜居、乡风文明、治理有效、生活富裕的总要求，建立健全城乡融合发展体制机制和政策体系，统筹推进农村经济建设、政治建设、文化建设、社会建设、生态文明建设和党的建设，加快推进乡村治理体系和治理能力现代化，加快推进农业农村现代化，走中国特色社会主义乡村振兴道路，让农业成为有奔头的产业，让农民成为有吸引力的职业，让农村成为安居乐业的美丽家园，为"再上新台阶、建设新福建"做出新贡献。

4. 目标任务

按照党的十九大提出的决胜全面建成小康社会、分两个阶段实现第二个百年奋斗目标的战略安排，我省实施乡村振兴战略的目标任务是：

2018年全省农林牧渔业增加值增长3.5%，农村居民人均可支配收入增长8.5%，为实施乡村振兴战略开好局、起好步。到2020年，乡村振兴取得重要进展，制度框架和政策体系基本形成。农业综合生产能力稳步提升，农业供给体系质量明显提高，农村一、二、三产业融合发展水平进一步提升；农民增收渠道进一步拓宽，城乡居民生活水平差距持续缩小；现行标准下农村贫困人口实现脱贫，省级扶贫开发工作重点县和建档立卡贫困村全部摘帽；农村基础设施建设深入推进，农村人居环境明显改善，美丽宜居乡村建设扎实推进；城乡基本公共服务均等化水平进一步提高，城乡融合发展体制机制初步建立；农村对人才吸引力逐步增强；农村生态环境明显好转，农业生态服务能力进一步提高；以党组织为核心的农村基层组织建设进一步加强，乡村治理体系进一步完善；各级党的农村工作领导体制机制进一步健全；推进乡村振兴的思路举措得以确立。

到2035年，乡村振兴取得决定性进展，农业农村现代化基本实现。农业结构得到根本性改善，农民就业质量显著提高，相对贫困进一步缓解，共同富裕迈出坚实步伐；城乡基本公共服务均等化基本实现，城乡融合发展体制机制更加完善；乡风文明达到新高度，乡村治理体系更加完善；农村生态环境根本好转，美丽宜居乡村基本实现。

到2050年，乡村全面振兴，农业强、农村美、农民富全面实现。

5. 基本原则

——坚持党管农村工作。毫不动摇地坚持和加强党对农村工作的领导，健全党管农村工作领导体制机制和党内法规制度，确保党在农村工作中始终总揽全局、协调各方，为乡村振兴提供坚强有力的政治保障。

——坚持农业农村优先发展。把实现乡村振兴作为全省上下的共同意志、共同行动，做到认识统一、步调一致，在干部配备上优先考虑，在要素配置上优先满足，在资金投入上优先保障，在公共服务上优先安排，加快补

齐农业农村短板。

——坚持农民主体地位。充分尊重农民意愿，切实发挥农民在乡村振兴中的主体作用，调动农民的积极性、主动性、创造性，把维护农民群众根本利益、促进农民共同富裕作为出发点和落脚点，促进农民持续增收，不断提升农民的获得感、幸福感、安全感。

——坚持乡村全面振兴。准确把握乡村振兴的科学内涵，挖掘乡村多种功能和价值，统筹谋划农村经济建设、政治建设、文化建设、社会建设、生态文明建设和党的建设，注重协同性、关联性，整体部署，协调推进。

——坚持城乡融合发展。坚决破除体制机制弊端，使市场在资源配置中起决定性作用，更好发挥政府作用，推动城乡要素自由流动、平等交换，推动新型工业化、信息化、城镇化、农业现代化同步发展，加快形成工农互促、城乡互补、全面融合、共同繁荣的新型工农城乡关系。

——坚持人与自然和谐共生。牢固树立和践行绿水青山就是金山银山的理念，落实节约优先、保护优先、自然恢复为主的方针，统筹山水林田湖草系统治理，严守生态保护红线，以绿色发展引领乡村振兴。

——坚持因地制宜、循序渐进。科学把握乡村的差异性和发展走势分化特征，注重规划先行、突出重点、分类施策、典型引路。既尽力而为，又量力而行，不搞层层加码，不搞"一刀切"，不搞形式主义，久久为功，扎实推进。

三 围绕产业兴旺，加快特色现代农业建设

6. 提高粮食安全保障能力

严格落实粮食安全省长责任制，深入实施藏粮于地、藏粮于技战略，全力保障粮食生产能力，2018年完成800万亩水稻生产功能区划定，2021年基本完成建设任务。严格永久基本农田保护，落实耕地占补数量和质量双平衡，推进高标准农田建设。加强粮食绿色高产高效创建，建设200万亩优质水稻示范基地，推广优质水稻600万亩以上，扩大专用甘薯、马铃薯品种覆

盖面。落实储备订单粮食收购直接补贴和稻谷最低收购价格政策。巩固和拓宽引粮入闽渠道。加强储备粮管理，推行科学储粮、绿色储粮新技术，加快推进现代化粮库建设和粮库"智能化"升级改造。大力发展粮食产业经济，加快实施"优质粮食工程"。

7. 做强做优做大特色农业产业

加快发展茶叶、蔬菜、水果、畜禽、水产、林竹、花卉苗木七个全产业链产值超千亿元的优势特色产业，到2020年七大产业全产业链总产值超过1.5万亿元。调整结构优化一产，以质量效益为中心，优化品种结构和区域布局，引导优势特色产业向适宜区域和产业园区集聚发展。补齐短板深化二产，建设100个蔬果初加工基地和产后商品化处理中心，推进闽东南沿海外向型林产加工和闽西北山区笋竹加工业发展，做大做强闽东南闽北果蔬加工、泉州休闲食品产业、沿海水产品加工带、闽西北畜禽产品加工等加工业集群，2018年农产品加工转化率提高到70%。搞活流通强化三产，新组建一批产业联盟，鼓励发展营销新模式；加快构建现代化农产品冷链物流仓储体系，2020年全省果蔬、肉类和水产品冷链流通率分别提高到15%、50%和80%；完善农村电子商务服务站点和物流体系布局，鼓励发展基于互联网的新型产业模式。拓展功能融合一、二、三产，支持主产区农产品就地加工转化增值，开发农业多种功能，延长产业链、提升价值链、完善利益链；大力发展休闲农业和乡村旅游，鼓励利用闲置农房发展民宿、养老等项目，积极发展乡村共享经济、创意农业、特色文化产业，创建10个农村一、二、三产融合示范县，建设一批农业特色小镇。

8. 实施项目带动促进产业集聚

2018年实施350个重点产业发展项目，新增投资100亿元以上。高水平推进特色农产品优势区建设，2018年完成50个省级特色农产品优势区划设。加快安溪国家现代茶业产业园建设，新创一批国家现代农业产业园，推进59个省级、100个市级、300个县级现代农业产业园创建。加快发展现代高效林业，实施森林质量精准提升工程，完成示范项目建设10万亩，争创2个国家级林业产业示范园。科学布局近远海养殖和远洋渔业，到2020年

建设境内远洋渔业产业园区 3 个、海外远洋渔业基地 10 个，吸引社会资本投入中心渔港和一级渔港建设，推动"渔港＋"项目实施。

9. 推进农业绿色发展

加快推进生态农业建设，促进形成绿色低碳循环的农业产业体系。发展绿色生态健康养殖，改造提升畜禽养殖场和水产养殖场。推动漳州、南平加快创建国家农业可持续发展试验示范区建设，支持光泽、上杭、永定创建第二轮国家级畜牧业绿色发展示范县。充分利用丰富的森林资源，科学发展林下经济。推进化肥农药使用量零增长减量化行动，继续实施地力提升"1112"工程，与 2016 年相比，2018 年化肥农药使用量减少 3% 以上，到 2020 年减少 10% 以上。探索农业废弃物资源化利用的有效治理模式，加快培育农业面源污染治理市场主体，支持连城创建国家农业废弃物资源化利用示范县，到 2020 年农作物秸秆综合利用率达 85% 以上，畜禽粪污综合利用率达 90% 以上，农膜回收利用率达 80% 以上，农药包装物逐步实现回收处置。大力发展节水农业，实施大中型灌区节水配套改造工程，推进小型农田水利设施达标提质，2020 年农田灌溉水有效利用系数提高到 0.55 以上。

10. 全面推进质量兴农

坚持品质提升，推动农业由增产导向转向提质导向。强化种业创新，开展联合育种攻关，加快选育一批优质、专用、特色新品种，扶持建设优质特色良种扩繁基地 20 个以上，推进南繁育种基地建设，到 2020 年全省主要农作物和畜禽良种覆盖率达 98% 以上、优质专用率达 85% 以上，水产良种覆盖率达 80% 以上。强化科技支撑，推动产业技术创新战略联盟建设，提高农业科技园建设水平，完善基层农技推广体系，推进农业机械化，推广具有福建省特色的先进、适用农机具。强化质量安全，深入实施农产品质量安全"1213"行动计划，新建农业标准化规模生产基地 3000 个以上，加快农资、农产品质量安全追溯两个监管信息平台推广应用，推进食用农产品"一品一码"销售，建立健全农产品产地准出与市场准入无缝对接机制，实现全链条质量安全监管。

11. 加快发展数字农业

建设福建"农业云131"信息服务平台，推进物联网、大数据等现代信息技术在农业产加销各个环节的应用，逐步实现育种、栽培、灌溉、施肥、用药、采摘等生产环节的精确化、信息化管理。2018年新建10个以上省级现代农业智慧园，省、市、县三级建设一批农业物联网示范点，开展农业互联网小镇建设试点。加快信息进村入户工程建设，到2020年实现益农信息社主要行政村基本覆盖。

12. 扩大农业对外开放与闽台合作

支持农业"走出去"，鼓励引导有条件的农业企业到境外建设农产品生产基地，加强"一带一路"沿线国家和地区仓储、物流设施等建设。实施特色优势农产品出口提升行动，扩大高附加值农产品出口。推进福建农业对外开放合作试验区、境外农业合作示范区建设。促进闽台农业深度对接，提升台湾农民创业园、闽台渔业产业园、闽台农机合作产业园、海峡两岸现代林业合作实验区等建设水平，加强两岸青年农民交流，吸引台湾青年农民来闽投资、创业和发展。

13. 打响"清新福建·绿色农业"品牌

大力发展品牌农业，实施产业兴村强县行动，支持发展一村一品，培育发展安溪茶叶、平和蜜柚、古田食用菌、连江水产等一批特色产业产值超百亿的一县一业。培育特色农产品品牌，保护地理标志农产品，力争到2020年全省"三品一标"达4000个以上。提升福建百香果、富硒农产品等特色农产品品牌效应，2018年组织评定10个福建农产品区域公用品牌、20个福建名牌农产品，到2020年福建农产品区域公用品牌和福建名牌农产品总数达150个以上。开展"清新福建·绿色农业"主题宣传和"闽茶海丝行"活动，不断扩大福建农业的知名度和影响力。

四　围绕生态宜居，建设清新富饶美丽乡村

14. 开展农村人居环境整治行动

实施农村人居环境整治三年行动方案，梯次推动乡村山水林田路房整体

改善。继续开展"千村整治百村示范"美丽乡村工程建设,全面推进农村生活垃圾干湿分离,到2020年实现行政村生活垃圾治理常态化机制全覆盖。推进乡镇污水收集和处理,新建和改善乡镇污水处理设施。引导农民树立集约建房的住房消费理念,简化审批程序,落实用地保障,实施全域管控,遏制违章建设,推动裸房整治和居住环境改善。实施乡村绿化行动,全面保护古树名木。坚持不懈推进农村"厕所革命",大力开展农村户用卫生厕所建设和改造,推动全省村庄农房配备三格化粪池,加快实现农村无害化卫生厕所全覆盖。

15. 实施重要生态系统保护和修复工程

优化和保护国土生态空间,保持生态功能稳定,完善生态安全格局,到2020年基本建立生态保护红线制度。实施天然林保护、湿地保护和恢复、生物多样性保护等重点生态修复工程,推进武夷山国家公园体制试点,大力开展"三带一区"造林绿化,2018年完成植树造林100万亩、森林抚育300万亩、封山育林200万亩,到2020年完成环城一重山等重点生态区位林分改造10万亩,力争实现国家森林城市覆盖各设区市和平潭综合实验区。实施"清洁土壤"工程,以耕地为重点完成农用地土壤污染状况详查,建设全省土壤环境质量监测网络,开展农用地土壤环境质量状况类别划定并实行分类管控。以闽江山水林田湖草保护修复工程为重点,通过土地整治、植被恢复、河湖水系连接等手段系统恢复生态功能。加强农村饮用水水源保护,全面落实河(湖)长制。落实水电生态电价政策,建立覆盖全省、统一规范的全流域生态保护补偿机制。持续推进水土流失治理,每年综合治理水土流失面积200万亩,力争到2020年全省水土流失率下降到8%以下。完善海洋环境协同保护机制,实施"蓝色海湾"和红树林种植修复工程,开展岸线和海岛整治修复,到2020年完成不符合养殖规划设施的清退工作。加强农村环境监管能力建设,强化基层监管执法力量,落实县乡两级农村环境保护主体责任。

16. 打造乡村生态旅游产业链

实施乡村旅游"百镇千村"提质升级行动,建设"一镇一品、一村一景"工程，发展休闲农业和森林生态旅游，构建乡村旅游精品体系，创建一批休闲农业示范基地，推出一批中国美丽乡村，培育一批乡村生态旅游品牌，到2020年打造三星级以上（含三星级）乡村旅游休闲集镇40个、特色村150个、"水乡渔村"160个，乡村旅游精品线路10条。积极开发观光农业、游憩休闲、健康养生、生态教育等绿色生态产品和服务，打造绿色环保的生态旅游产业链。

17. 完善城乡防灾减灾体系

实施常态化水库除险加固，加强水利水毁设施修复，推进万里安全生态水系、防洪防潮工程、蓄水工程、引调水工程、流域综合整治等项目建设。加强森林防火，强化森林专业消防队伍建设，完善森林防火预警体系，积极开展航空护林。落实重大动植物疫源疫病监测预警制度，实施动物疫病集中强制免疫行动。开展农作物病虫害综合防治，推进松材线虫病等重大林业有害生物防控。提升气象为农服务能力，优化城乡及海洋气象监测网，推广应用新一代天气雷达。加强渔港避风能力建设，完善海洋观测网，实施海洋渔船通导与安全装备建设项目，提升海洋灾害预警报能力。

五 围绕乡风文明，繁荣兴盛农村文化

18. 加强农村思想道德建设

深入宣传习近平新时代中国特色社会主义思想，推动社会主义核心价值观进村入户，弘扬民族精神和时代精神，加强爱国主义、集体主义、社会主义教育。加强农村思想文化阵地和队伍建设，创建农村宣传思想文化工作示范乡镇，推动文化科技卫生"三下乡"，广泛开展群众性文化活动。开展移风易俗行动，遏制大操大办、厚葬薄养、人情攀比等陈规陋习，弘扬诚信文化，净化社会风气，树立文明乡风。抵制封建迷信，加强农村科普。启动新一轮文明村镇、文明家庭创建活动，到2020年县级以上文明村、文明乡镇比例达50%以上。

19. 弘扬八闽优秀传统文化

切实保护好优秀农耕文化遗产，积极培育新乡贤文化，大力弘扬红色文化、闽南文化、客家文化、妈祖文化、朱子文化、船政文化、海丝文化、海洋文化、福建书院文化、畲族文化、闽都文化和陈靖姑文化等。深化传家训、立家规、扬家风活动。支持农村地区优秀戏曲曲艺、少数民族文化、民间文化等非物质文化传承发展。划定乡村建设的历史文化保护线，保护好历史文化名镇名村和文物古迹、传统村落、民族村寨、传统建筑、农业遗迹等。

20. 健全乡村公共文化服务体系

发挥县级公共文化机构辐射作用，推进基层综合性文化服务中心建设，实现乡村两级公共文化服务全覆盖。强化公共文化服务供需对接，实施文化惠民工程，推进乡镇实体书店和数字影院建设，提升行政村农家书屋管理水平，加强乡村广播电视传输覆盖网络建设。支持"三农"题材文艺创作生产，鼓励文艺工作者深入农村、贴近农民，推出具有乡村特色、深受农民欢迎的优秀文化作品和文化产品。活跃繁荣农村文化市场，丰富农村文化业态，加强农村文化市场监管。

六　围绕治理有效，夯实农村基层基础

21. 加强农村基层党组织建设

扎实推进抓党建促脱贫攻坚、促乡村振兴，突出政治功能，提升组织力，抓乡促村，把农村基层党组织建成坚强战斗堡垒。强化农村基层党组织领导核心地位，创新组织设置和活动方式，推进"跨村联带""千企帮千村"工作，推行乡镇干部"住村工作法"，落实村干部"一定三有"政策，完善"168"农村党建工作机制和"六要"群众工作法。实施农村带头人队伍整体优化提升行动，选优配强村党组织书记，推进农村本土化人才培养工程。健全从优秀村党组织书记中选拔乡镇领导干部、考录乡镇机关公务员、招聘乡镇事业编制人员制度。完善选派干部驻村工作机制，实施第五轮省级扶贫开发重点村整村推进帮扶工作，驻村第一书记实现建档立卡贫困村全覆盖、少数民族村应派尽派。持续整顿软弱涣散村党组织，稳妥有序开展不合格党员处置工作。发展壮大村级集体经济，增强村级组织自我保障能力。落实好村级组织运转经费、活动场所、报酬待遇和服务群众专项经费等，建立健全以财政投入为主、稳定的经费保障制度。加大在优秀青年农民中发展党员力度，建立农村党员定期培训制度。推行村级小微权力清单制度，加大基层小微权力腐败惩处力度。

22. 深化村民自治实践

坚持自治为基，加强农村群众性自治组织建设，健全和创新村党组织领导的充满活力的村民自治机制。做好村委会换届选举工作，推动村党组织书记通过选举担任村委会主任。发挥自治章程、村规民约的积极作用。充分发挥乡镇纪检组织监察职能，全面建立健全村务监督委员会，推行村级事务阳光工程。依托村民会议、村民代表会议、村民议事会、村民理事会、村民监事会等，形成民事民议、民事民办、民事民管的多层次基层协商格局。创新基层管理体制机制，整合优化公共服务和行政审批职责，打造"一门式办理""一站式服务"的综合服务平台。在村庄普遍建立网上服务站点，逐步形成完善的乡村便民服务体系。加强农村社区治理创新，积极发展农村社会工作和志愿服务，建立健全农村社区、社会组织和社会工作者联动机制。维护村民委员会、农村集体经济组织、农村合作经济组织的特别法人地位和权利。

23. 加强乡村法治建设

坚持法治为本，树立依法治理理念，强化法律在维护农民权益、规范市场运行、农业支持保护、生态环境治理、化解农村社会矛盾等方面的权威地位。增强基层干部法治观念、法治为民意识，将政府涉农各项工作纳入法治化轨道。深入推进经济发达镇行政管理体制改革，推进综合行政执法改革向基层延伸，创新监管方式，推动执法队伍整合、执法力量下沉，提高执法能力和水平。建立健全乡村调解、县市仲裁、司法保障的农村土地承包经营权纠纷调处机制。加大农村普法力度，提高农民法治素养。健全农村公共法律服务体系，加强对农民的法律援助和司法救助。

24. 提升乡村德治水平

深入挖掘乡村熟人社会蕴含的道德规范，结合时代要求进行创新，强化道德教化作用，引导农民向上向善、孝老爱亲、重义守信、勤俭持家。建立道德激励约束机制，开展农村道德评议活动，促进家庭和睦、邻里和谐、干群融洽。广泛开展好媳妇、好儿女、好公婆等评选表彰活动，开展寻找最美乡村教师、医生、村官、家庭等活动。深入宣传道德模范、身边好人的典型事迹，弘扬真善美，传播正能量。

25. 推进平安乡村建设

从 2018 年起用 5 年时间开展更高水平平安乡村建设，力争到 2022 年全省 90% 以上的乡镇（街道）和 95% 以上的村居达到新一轮平安创建标准。健全落实社会治安综合治理领导责任制，大力推进农村社会治安防控体系建设。加强乡镇（街道）治安巡防队伍建设，强化乡村治安巡防力量配备。按照全域覆盖、全网共享、全时可用、全程可控的目标推进农村"雪亮工程"建设，努力实现城乡视频监控一体化。严厉打击农村黑恶势力、宗族恶势力，开展"村霸"问题专项整治。依法加大对农村非法宗教活动和境外渗透活动打击力度，依法制止利用宗教干预农村公共事务。健全农村公共安全体系，持续开展农村安全隐患治理。加强农村警务、消防、道路交通、安全生产工作，坚决遏制重特大安全事故。加强乡村综治中心建设，2018年实现省、市、县、乡综治中心全覆盖。加快网格化服务管理平台建设，2020 年实现省、市、县、乡、村五级网格化服务管理全覆盖并与综治中心联动运作，为广大农民群众搭建畅通快捷的服务平台和利益诉求表达渠道。

七　围绕生活富裕，增强广大农民获得感幸福感

26. 促进农村劳动力转移就业和农民增收

健全覆盖城乡的公共就业服务体系，大规模、有计划、有针对性地开展职业技能培训，促进农民工多渠道转移就业。健全农民创业创新工作推进机制，进一步推进台湾农民创业园和省级农民创业园建设，鼓励引导广

大农民入园创业。开展福建省农村青年创业致富"领头雁"培养计划，鼓励高校毕业生、企业主、农业科技人员、留学归国人员等各类人才回乡下乡创业创新。

27. 加快城乡基础设施互联互通

继续把基础设施建设重点放在农村，加大财政投入力度，畅通多元投融资渠道，调动各类市场主体的积极性。加快农村公路、供水、环保、电网、物流、信息、广播电视等基础设施建设，不断提高建设效率和运营管护水平。建立农村公路路长、乡村道路专管员制度，以示范县、示范乡镇为载体，全面推进"四好农村路"建设。实施农村饮水安全巩固提升工程，力争到2020年农村自来水普及率达80%以上，集中供水率提高到90%以上。加快新一轮农村电网改造升级，农网供电可靠率提高到99.93%。实施数字乡村战略，加快农村地区宽带网络和第四代移动通信网络覆盖步伐，实现包括海岛在内的所有行政村通高速宽带。

28. 促进城乡基本公共服务一体化

统筹推进县域内城乡义务教育一体化改革，促进义务教育优质均衡发展。改善薄弱学校基本办学条件，加强农村寄宿制学校建设，提高乡村中小学和必要教学点标准化建设水平，推进中小学信息化。实施农村义务教育学生营养改善计划。实施城镇中小学扩容工程，依法保障随迁子女平等接受义务教育。继续实施特殊教育提升计划。加快建设普惠性幼儿园。推进农村普及高中阶段教育，支持教育基础薄弱县普通高中建设。健全学生资助制度。加强妇幼健康服务机构标准化建设，推进基层医疗卫生机构和一体化村卫生所达标建设，实施计划生育家庭发展能力和保障提升工程，开展健康家庭行动和创建幸福家庭活动。巩固城乡居民医保设区市统筹，推进城乡居民医保和城镇职工医保实现统筹层次、医保目录、定点管理、基金管理"四统一"，完善城乡居民医保、大病保险、医疗救助等制度。加大公共租赁住房有效供给，将进城落户农业转移人口全部纳入城镇住房保障体系。深入推进医养结合融合发展。构建多层次农村养老保障体系，盘活用好乡镇敬老院，加快建设一批农村幸福院，到2020年农村养老服务设施覆盖率达到60%以

上，80%以上社区卫生服务中心、乡村卫生院有能力为老年人提供康复服务。推进城乡居民基本养老保险参保扩面，按照国家统一部署构建基础养老金调整机制。缩小城乡低保标准差距，适度扩大农村低保覆盖面，逐步提高农村特困人员供养标准。健全农村留守儿童和妇女、老年人以及困境儿童关爱服务体系。加强和改善农村残疾人服务。

八 围绕打好精准脱贫攻坚战，巩固提升脱贫成果

29. 精准聚焦脱贫对象

编制23个省级扶贫开发工作重点县、2201个建档立卡贫困村和贫困人口的脱贫滚动规划和年度计划，实现分年度有序退出。加强贫困人口动态管理，做到应纳尽纳、应扶尽扶。2018年完成1.5万人造福工程易地扶贫搬迁，加大力度支持贫困户危旧房改造。到2020年现行标准下的贫困人口全部脱贫、省级扶贫开发工作重点县和建档立卡贫困村全部摘帽。

30. 精准落实扶贫措施

把提高脱贫质量放在首位，建立稳定脱贫长效机制，做好实施乡村振兴战略与打好精准脱贫攻坚战的有机衔接。坚持扶贫与扶志、扶智相结合，强化产业、就业扶持，改进帮扶方式方法，更多采用生产奖补、劳务补助、以工代赈等机制，推动贫困群众通过自己的辛勤劳动脱贫致富。聚焦特殊贫困人口精准发力，强化保障性扶贫，确保病有所医、残有所助、生活有兜底。落实完善精准扶贫医疗叠加保险政策，缓解因病致贫、因病返贫问题。推进"雨露计划"培训，2018年培训4万人次，提升贫困群众发展生产和务工经商的基本技能。扶持贫困村集体经济发展，创新资产收益扶贫机制，扎实推进资产收益扶贫工作。加大山海协作对口帮扶力度。深入推进东西部扶贫协作。

31. 强化攻坚责任落实与监督

脱贫攻坚是严肃的政治任务，既要确保进度，更要确保质量。坚持中央统筹省负总责市县抓落实的工作机制，强化党政一把手负总责的责任制。强

化县级党委作为全县脱贫攻坚总指挥部的关键作用，脱贫攻坚期内贫困县县级党政正职要保持稳定。开展扶贫领域腐败和作风问题专项治理，切实加强扶贫资金管理，充分发挥扶贫资金在线监管系统作用，实现对扶贫项目资金使用的全程跟踪，对挪用和贪污扶贫款项的行为严惩不贷。将2018年作为脱贫攻坚作风建设年，集中力量解决突出作风问题，坚决纠正脱贫攻坚工作中形式主义、官僚主义等突出问题。要切实提高脱贫质量，对弄虚作假、搞数字脱贫的严肃查处。贯彻落实中央扶贫督查巡查、考核评估办法，严格控制各地开展增加一线扶贫干部负担的各类检查考评。关心爱护战斗在扶贫第一线的基层干部，保护和调动他们的工作积极性。根据中央部署，研究制定坚决打好精准脱贫攻坚战三年行动实施意见和持续减贫的实施意见。

九　强化改革创新，激发乡村振兴新动力

32. 巩固完善农村基本经营制度

落实农村土地承包关系稳定并长久不变政策，衔接落实好第二轮土地承包到期后再延长30年的政策。2018年全面完成土地承包经营权确权登记颁证工作，实现承包土地信息联通共享。完善农村承包地"三权分置"制度，逐步建立规范高效的"三权"运行机制，农村承包土地经营权可以依法向金融机构融资担保、入股从事农业产业化经营。积极培育农业新型经营主体，发展家庭农场、合作社、龙头企业、社会化服务组织和农业产业化联合体，发展多种形式适度规模经营。

33. 深化农村土地制度改革

按照中央统一部署，积极开展农村土地征收、集体经营性建设用地、宅基地制度改革试点。扎实推进房地一体的农村集体建设用地和宅基地使用权确权登记颁证。落实中央农民闲置宅基地和闲置农房政策，探索宅基地所有权、资格权、使用权"三权分置"，落实宅基地集体所有权，保障宅基地农户资格权和农民房屋财产权，适度放活宅基地和农民房屋使用权，不得违规违法买卖宅基地，严格实行土地用途管制，严格禁止下乡利用农村宅基地建

设别墅大院和私人会馆。在符合土地利用总体规划前提下，允许县级政府通过村土地利用规划，调整优化村庄用地布局，有效利用农村零星分散的存量建设用地；预留部分规划建设用地指标用于单独选址的农业设施和休闲旅游设施等建设。对利用收储农村闲置建设用地发展农村新产业、新业态的，给予新增建设用地计划指标奖励。

34. 深化农村集体产权制度改革

2018 年基本完成集体资产清产核资工作，2019 年基本完成农村集体经济组织成员身份确认，2020 年全省有经营性资产的村镇基本完成股份合作制改革。推动资源变资产、资金变股金、农民变股东，探索农村集体经济新的实现形式和运行机制。维护进城落户农民土地承包权、宅基地使用权、集体收益分配权，引导进城落户农民依法自愿有偿转让上述权益。

35. 深化集体林权制度改革

加快林权收储机构建设和管理，推进林权收储机构与金融机构合作，为林权抵押贷款提供担保、收储服务。继续探索林地"三权分置"改革试点，支持林地经营权抵押融资。推进重点生态区位商品林赎买等多种形式的改革，探索开展天然商品林赎买等改革试点，创新赎买后商品林管护模式。完善森林生态效益补偿机制，探索建立生态产品购买、森林碳汇等市场化补偿制度。

36. 健全支持小农户发展的新机制

统筹兼顾培育新型农业经营主体和扶持小农户，加大对小农户的支持力度，改善小农户生产设施条件，提升小农户抗风险能力，拓展小农户增收空间。发挥新型农业经营主体带动作用，发展多样化的联合与合作，帮助小农户对接市场。大力培育各类专业化市场化农业服务组织，帮助小农户节本增效。发展面向小农户的普惠金融，推进农村信用体系建设，大力发展以信用为基础的小额信贷，拓宽小农户生产的融资渠道。

37. 统筹推进农村各项改革

深化农垦改革发展，2018 年基本完成农垦国有土地使用权确权登记颁证工作，剥离国有农场办社会职能，推进国有农场企业化和垦区集团化改革。推进农业水价综合改革。完善渔业基本水域保护制度，在内陆集体养殖水域探索"三权分置"制度。深化海域资源市场化改革，加快推进福建海洋产权交易服务平台建设。以推行混合所有制为重点，深化供销合作社综合改革。

十　强化人才支撑，汇聚乡村振兴力量

38. 大力培育新型职业农民

实施新型职业农民激励计划，继续推进新型职业农民素质提升工程和农村实用技术远程培训，支持新型职业农民通过弹性学制参加中高等农业职业教育，鼓励开展职业农民职称评定试点。创新新型职业农民培育模式，支持农民专业合作社、专业技术协会、龙头企业等主体承担培训。

39. 加强农村专业人才队伍建设

建立县域专业人才统筹使用制度，推动人才管理职能部门简政放权，保障和落实基层用人主体自主权，统筹使用基层编制资源，加大动态管理力度，使有限的基层编制资源向乡村农技推广、中小学、幼儿园、卫生院、养老院等领域倾斜。落实乡村教师支持计划，推行乡村教师"县管校聘"，促进城乡教师均衡配置。加大代偿学费、教师补充资助计划实施力度，吸引优秀高校毕业生到23个省级扶贫开发工作重点县任教。加快乡村医生培养，采取"订单定向"培养方式，优化乡村医生队伍结构。开展乡村全科执业助理医师资格考试，推进乡村医生向执业（助理）医师转化。落实在岗乡村医生养老保险与老年乡村医生生活补助政策，加强乡村医生养老保障。继续实施"三支一扶"，组织实施高校毕业生基层成长计划，面向高校毕业生开发一批乡村基层公益性岗位，加强农村基层人才配置。支持高等学校、职业院校创新人才培养模式，为乡村振兴培养专业化人才。扶持培养农业职业经理人、经纪人、乡村工匠、文化能人、非遗传承人等。

40. 鼓励社会各界投身乡村建设

支持企业家、党政干部、专家学者、医生教师、规划师、建筑师、律

师、技能人才等，通过多种方式服务乡村振兴事业。全面深入推行科技特派员制度，创新选派方式、利益分配、政策供给等工作机制，加大科技人才选拔力度，促进科技特派员工作向第二、三产业拓展。全面贯彻落实高等院校、科研院所等事业单位专业技术人员到乡村和企业挂职、兼职和离岗创新创业制度，保障其在职称评定、工资福利、社会保障等方面权益。健全种业等领域科研人员以知识产权明晰为基础、以知识价值为导向的分配政策。允许农技人员通过提供增值服务合理取酬。建立城乡、区域、校地之间人才培养合作与交流机制，鼓励城市专业人才参与乡村振兴。

十一　强化投入保障，拓宽乡村振兴融资渠道

41. 坚持将"三农"投入作为财政支出优先领域

建立健全实施乡村振兴战略财政投入保障机制，公共财政更大力度向"三农"倾斜，确保财政投入与乡村振兴目标任务相适应。探索建立涉农资金统筹整合长效机制，优化财政支农投入供给，分类推进涉农资金统筹整合，以部门为单元探索实施"大专项＋任务清单"管理模式，赋予县级整合权限。做好涉农项目前期工作，加强涉农项目库建设，加快涉农预算执行进度，减少财政资金结余结转，盘活涉农沉淀资金。实施支农资金绩效管理，建立健全支农资金正向激励。推广一事一议、以奖代补等方式，鼓励农民对直接受益的乡村基础设施建设投工投劳。

42. 创新农村金融服务机制

加大"三农"信贷支持力度，更好满足乡村振兴多样化金融需求。继续推进政策性农业信贷担保体系建设，加大对新型农业经营主体的金融服务力度。推动和规范发展村级担保合作社、互助担保基金，支持依托产业、身份等纽带发展农村信用共同体融资。积极推动农业生产设施产权抵押贷款和生产订单、农业保单融资，创新林权、海域（滩涂）使用权等特色化抵押贷款产品。推进农村金融与农村电子商务融合发展，推动金融机构发展普惠金融。加强农村金融服务网点建设，到2020年行政村实现基础金融服务全

覆盖。加快农村信用体系建设，深入开展信用户、信用村、信用乡（镇）创建活动，在贷款利率、额度、手续等方面给予差别化政策优惠，体现守信价值。探索开展农产品目标价格保险、天气指数保险试点，推动农村家庭财产保险、小额人身保险等涉农普惠保险发展。

43. 引导社会资本投向乡村振兴

加快建立乡村振兴多元化投入机制，充分发挥财政资金引导带动作用，用好中国人民银行抵押补充贷款（PSL）资金，撬动金融和社会资本更多投向乡村振兴。积极探索股权债权融资等多种方式，支持符合条件的农村基础设施领域主体和项目发行各类企业债券。鼓励市、县政府和社会资本设立各类农业农村发展投资基金。加大地方政府债券支持农村基础设施建设力度。

十二 强化党对"三农"工作的领导

44. 完善党的农村工作领导体制机制

健全党委统一领导、政府负责、党委农村工作部门统筹协调的农村工作领导体制。建立实施乡村振兴战略领导责任制，实行中央统筹省负总责市县抓落实的工作机制。党政一把手是第一责任人，五级书记抓乡村振兴，县委书记要当好乡村振兴的"一线总指挥"。各部门要按照职责，加强工作指导，做好协同配合，形成乡村振兴工作合力。切实加强各级党委农村工作部门建设，按照《中国共产党工作机关条例（试行）》有关规定，做好党的农村工作机构设置和人员配置工作。建立实施乡村振兴战略工作报告制度，市、县两级党委、政府每年要向上级党委、政府报告实施乡村振兴战略进展情况。建立市、县党政领导班子和领导干部推进乡村振兴战略的实绩考核制度，科学制定评价体系和考核办法，将考核结果作为选拔任用领导干部的重要依据。实施乡村振兴"巾帼行动"。发挥工会、共青团、妇联、科协等群团组织的优势和力量，发挥各民主党派、工商联、无党派人士等积极作用，支持农业农村发展，投身乡村振兴事业。大力宣传各地各部门推进乡村振兴的丰富实践，营造乡村振兴良好氛围。

45. 加强"三农"工作队伍建设

把懂农业、爱农村、爱农民作为基本要求，加强"三农"工作干部队伍的培养、配备、管理、使用。注重选派熟悉"三农"工作的干部进入市、县两级党委和政府领导班子，确保各级党委和政府主要领导干部懂"三农"工作，会抓"三农"工作，分管领导真正成为"三农"工作的行家里手。拓宽县级"三农"工作部门和乡镇干部来源渠道。把到农村一线工作锻炼作为培养干部的重要途径，注重提拔使用实绩优秀的干部，形成人才向农村基层一线流动的用人导向。

46. 强化乡村振兴规划引领

制定福建乡村振兴规划（2018～2022 年），编制各市、县（区）乡村振兴具体规划或实施方案，明确到 2020 年和 2022 年的发展目标、重点任务和保障措施，部署若干重大工程、重大计划、重大行动。加强各类规划的统筹管理和系统衔接，形成城乡融合、区域一体、多规合一的规划体系。

让我们更加紧密地团结在以习近平同志为核心的党中央周围，高举中国特色社会主义伟大旗帜，以习近平新时代中国特色社会主义思想为指导，迎难而上、埋头实干、开拓奋进，为"再上新台阶、建设新福建"，为决胜全面建成小康社会，夺取新时代中国特色社会主义伟大胜利做出更大贡献！

B.12

附录3　中共福建省委
实施乡村振兴战略领导小组关于加快
实施乡村振兴战略十条措施的通知

（闽委振兴组〔2018〕1号）

各市、县（区）和平潭综合实验区实施乡村振兴战略领导小组，省直有关单位：

实施乡村振兴战略是以习近平同志为核心的党中央着眼党和国家事业全局、顺应亿万农民对美好生活的向往，对"三农"工作做出的重大决策，是决胜全面建成小康社会、全面建设社会主义现代化国家的重大历史任务，是新时代做好"三农"工作的总抓手。为深入贯彻落实中央关于实施乡村振兴战略的决策部署和省委、省政府《关于实施乡村振兴战略的实施意见》（闽委发〔2018〕1号），加快推进乡村产业、人才、文化、生态和组织振兴，建设美丽、文明、善治、殷实乡村，现提出以下措施。

一　坚持"五个留住"，落实"多规合一"，
提升乡村建设规划水平

建设美丽宜居乡村，关键要保护好乡村。振兴后的乡村要"像乡村""是乡村"，使自然景观、生态环境、历史建筑、文物遗迹、民族民俗等得到有效保护，充分体现乡村独特风貌。坚持留住"白"，坚决守住"三区四线"（即：禁建区、限建区、适建区，绿、蓝、紫、黄线），多保留功能性"空地"、公共空间和生态空间；坚持留住"绿"，充分保护山体、

林木、河流、湿地等可持续发展的核心资源，不搞"削山工程""砍树工程""填湖工程""截流工程"，保留和扩大自然生态空间；坚持留住"旧"，保护古街、古宅、古树、古道、古井等，实现聚落保存、古物重生，留住和唤起人们的乡愁；坚持留住"文"，坚决把八闽大地悠久的农耕文化留下来，加强农村历史建筑和文化遗产的保护、修复、开发、利用，延续历史文脉，保存文化基因，不搞"拆真古迹、建假古董"；坚持留住"魂"，充分体现村庄固有风貌、特色、肌理、样式，展示独特的乡村精神气质，保护好不同乡村的独特味道，形成类型多样、特点鲜明、多姿多彩的美丽乡村。

按照"多规合一"要求，完善乡村建设规划体系。加强规划执行刚性，凡是涉及规划内容更改的，都必须履行法定程序。

责任单位：省住建厅、发改委、民宗厅、民政厅、自然资源厅、生态环境厅、农业农村厅、水利厅、文化和旅游厅、林业局、海洋与渔业局

二　打造十个"千亿产业"，实施特色现代农业"五千工程"

坚持抓龙头、建基地、强品牌，促进一、二、三产业融合发展，在稳定粮食生产能力，做强做优做大茶叶、蔬菜、水果、畜禽、水产、林竹、花卉苗木7个优势特色产业的基础上，加大食用菌产业、乡村旅游业、乡村物流业的培育力度，形成10个优势特色产业，到2022年实现10个产业全产业链产值均超千亿元。

实施特色现代农业"五千工程"，到2022年全省培育1000个以上省级以上农业产业化龙头企业；支持建设1000个优质农产品标准化示范基地；建成1000个农产品产地初加工中心；新增"三品一标"农产品1000个，新增一批区域公用品牌、粮油商标品牌和名牌农产品；培育"一村一品"特色产业示范村1000个，建成一批特色农业大镇，打造一批特色产业产值超百亿元农业产业强县。

责任单位：省农业农村厅、省发改委、工业和信息化厅、交通运输厅、商务厅、文化和旅游厅、林业局、海洋与渔业局、市场监督管理局、粮食和物资储备局、供销社

三 推进两岸合作交流，促进闽台乡村融合发展

深化闽台农业合作，提升6个国家级台湾农民创业园建设水平，新设一批省级台湾农民创业园，推进海峡两岸农业合作试验区发展，打造台湾同胞来闽就业创业的幸福家园，促进两岸同胞情感融合。

加强闽台特色乡镇交流，深化闽台"农业＋"旅游、康养、文化、教育、休闲等新型业态的合作，促进闽台乡村产业发展深度融合。

推动闽台乡村建设合作，鼓励台湾地区投资者以及建筑师、文创团队等来闽参与乡村规划、设计、建设，按规定享受相应政策，促进两岸乡村建设理念有机融合。参与旧城镇、旧村庄改造的台资企业，同等享受相关用地政策。

责任单位：省农业农村厅，省委台港澳工作办公室，省教育厅、自然资源厅、住建厅、文化和旅游厅、林业局、海洋与渔业局

四 实施"一革命四行动"，建设美丽宜居村庄

实施农村厕所革命，2018～2020年新建改造1200座乡镇公厕、3000座以上农村公厕。到2020年完成37.5万户农村户厕改造，到2022年农村户厕改造覆盖率达98%。

实施农村垃圾治理行动，推行"户分类、村收集、镇中转、县处理"的城乡一体化垃圾处理模式，推动农村生活垃圾干湿分离，提倡"垃圾不落地"。2018年基本实现全省乡村生活垃圾得到有效治理，到2020年农村生活垃圾常态化治理机制更加完善，基本完成非正规垃圾堆放点整治。

实施农村污水治理行动，提高农村污水治理市场化、专业化水平。2019

年底，全省乡镇污水处理设施基本建成并投入使用。

实施农房整治行动，开展农房整治试点，每个设区市选择 1 个县作试点，每个县和平潭综合试验区选择 1 个乡镇作试点，每个县都有试点村。将村庄规划、农民建房纳入村规民约，将农民建房"一户多宅"、"贪大求洋"、私搭乱建问题整治纳入移风易俗和乡风文明建设。

实施村容村貌提升行动，改造村庄公共照明和村内道路，整治村庄杆线"蜘蛛网"，组织拔除、清理村庄废弃杆塔、线路，整治违法交越、搭挂，引导合理共杆。推进村庄"四旁"（路旁、水旁、宅旁、村旁）绿化。到2020 年全省基本完成村庄房前屋后整治。

责任单位：省住建厅，省委文明办，省发改委、卫生健康委员会、财政厅、自然资源厅、生态环境厅、交通运输厅、农业农村厅、水利厅、林业局、广播电视局、通信管理局、电力公司

五　建设"一中心一服务站"，健全农村基层服务体系

推进乡（镇）便民服务中心标准化建设，创新基层所站运行机制，稳定基层公共服务队伍，改造提升乡（镇）便民服务中心，推行标准化服务，为农民群众提供土地流转、农房审批、计划生育、就业服务、社会保险、民政救助、法律服务等全方位、多层次、高质量的"一站式"服务。

设立村级乡村振兴服务站，整合现有"六大员"职能、队伍、经费，按照标志标识、功能设置、服务规范、综合管理标准化的要求，在每个行政村设立村级乡村振兴服务站，实行"一窗式"受理、"一站式"代办，为村民提供党务、村务、社务等便利化服务，打通服务农民群众"最后一公里"。

推进乡村文化传习所建设，组织开展文化传讲、文化传承、文化传播、文化传习等活动，使其成为传播思想、传承文化、留住乡愁的活动载体。

责任单位：省农业农村厅，省委编办，省卫生健康委员会、民政厅、司法厅、人社厅、自然资源厅、住建厅、文化和旅游厅、林业局、海洋与渔业局、税务局、市场监督管理局、医疗保障局

六　坚持投入优先保障，构建多元化乡村振兴投入格局

各级财政支持乡村振兴战略的投入要持续增长，确保力度不断加大、总量持续增加。要坚持把农业农村作为财政支出的优先保障领域，统筹中央、省、市、县各级财政投入乡村振兴战略的资金，对基层急需并能给广大农民带来收益的乡村振兴项目精准发力。加强对乡村振兴战略资金的监督管理，切实提高资金使用效益。

加大省级财政投入力度，2018～2020年，省级财政每年落实18亿元资金保障农村人居环境整治，每年筹集12亿元以上"四好农村路"专项资金，每年安排1亿元资金用于提升粮食核心区粮食产能项目建设。每年安排13亿元村级组织运转保障经费。2018～2022年每年安排1.5亿元用于扶持年经营收入10万元以下的村级集体经济发展。省直有关部门要调整优化专项资金支出结构，加大对乡村发展的投入，促进城乡基本公共服务均等化，完善乡村治理体系建设等，各部门现有投向乡村振兴领域的专项资金规模要逐年有所增长。

市、县级财政每年新增土地出让收入重点投入乡村振兴，并分阶段逐步提高投入比例。城乡建设用地增减挂钩所得收益通过支出预算安排，全部用于耕地保护、乡村振兴和脱贫攻坚。

鼓励各级投融资平台在市场化运作、依法担保的前提下，增加乡村振兴项目建设相关投资或担保规模。省水利投资集团、省农业信贷担保有限公司应大幅度增加投资或担保规模，支持重大水利工程、农村安全饮水等项目建设及解决新型农业经营主体贷款难的问题。推动农业生产设施产权抵押贷款和生产订单、农业保单融资，创新快农贷、福林贷、福田贷、海域（滩涂）使用权等特色化贷款产品。实施县域金融机构涉农贷款增量奖励、新型农村金融机构定向费用补贴等政策，用好用足支农再贷款、扶贫再贷款等货币政策工具。创新农村保险服务机制，支持发展农业保险、小额人身保险等涉农普惠保险。

引导社会资本投向乡村，创新农村基础设施和公用事业投融资体制机

制，吸引社会资本参与乡村振兴。实施财政奖补政策，鼓励工商资本投入农业农村，引导农民对直接受益的乡村基础设施建设投工投劳。鼓励县（市）利用省财政核定的新增债务限额支持乡村振兴领域公益性项目，2019～2022年各县（市）在省级财政下达的一般债券额度内，应安排不低于20%的比例用于乡村振兴项目。鼓励各县（市）在省级财政下达的其他专项债务限额内，合理选取试点发展项目收益与融资自求平衡的地方政府专项债券。

责任单位：省财政厅、省委组织部、省发改委、民政厅、自然资源厅、住建厅、交通运输厅、农业农村厅、林业局、海洋与渔业局、工商联，中国人民银行福州中心支行，福建银监局、保监局，省投资开发集团、水利投资集团

七 完善保障机制，为乡村振兴提供资源要素支撑

加强用地保障，推进农村土地综合整治和旧村复垦，拓宽旧村复垦实施范围，旧村复垦新增耕地形成城乡建设用地增减挂钩指标，用于经营性房地产用地的耕地占补平衡。在生态条件允许的前提下，支持耕地后备资源丰富的地区有序推进土地整治增加耕地，补充耕地指标可在全省范围内调剂，用于建设项目耕地占补平衡。

加强用林保障，对实施乡村振兴战略的项目，优先安排林地定额指标，对涉及乡村振兴战略的项目用林，开通审批"绿色通道"，即到即审，允许缺件受理、限时补正，进一步提高审批效率。

加强用海保障，落实村集体养殖用海海域使用权，加快沿海各地村集体海域使用确权和发证工作。对新增的养殖用海，依托海洋产权交易服务平台以"招拍挂"方式全面推进海域资源市场化出让。

责任单位：省自然资源厅、财政厅、农业农村厅、林业局、海洋与渔业局

八 健全激励机制，鼓励社会人才投身乡村建设

深入推行科技特派员制度，2018～2022年每年选派1000名以上省级科

技特派员到基层开展服务创业，促进科技特派员工作向二、三产业拓展。

以乡情乡愁为纽带，引导和支持企业家、党政干部、专家学者、医生教师、规划师、建筑师、律师、技能人才等，通过下乡担任志愿者、投资兴业、行医办学、捐资捐物、法律服务等方式服务乡村振兴事业，允许符合要求的公职人员回乡任职。

乡镇事业单位招聘工作人员，在学历、年龄、专业等方面可适当放宽条件。对招聘脱贫攻坚急需紧缺人才，可采取面试、组织考察等方式公开招聘。

拓宽农技员选聘渠道，从农业乡土专家、种养能手、新型农业经营主体技术骨干、退休农业科技推广人员以及科研教学单位一线服务人员中选聘一批产业紧缺、农民急需的特聘农技员。

责任单位：省人社厅，省委人才办，省卫生健康委员会、教育厅、科技厅、司法厅、住建厅、农业农村厅、林业局、海洋与渔业局

九 关心关爱基层干部，充分调动干事创业积极性

完善基层干部激励机制，按照相关规定对在推进乡村振兴中表现突出的乡镇党委书记、乡镇长和村党组织书记、村主任给予表彰，对受表彰的乡镇党委书记、乡镇长在干部选拔任用中优先考虑，对受表彰的村党组织书记、村主任在选拔乡镇领导干部、考录乡镇公务员、招聘乡镇事业编制人员时给予政策倾斜。

大力选拔使用优秀基层干部，从乡镇事业编制人员、优秀村干部、大学生村官等人员中选拔乡镇领导班子成员，适当提高基层事业单位中、高级专业技术岗位结构比例。

切实提高基层干部待遇，落实乡镇工作补贴政策，并向条件艰苦的偏远乡镇和长期在乡镇的工作人员倾斜；乡镇干部经济待遇一般高于县级机关同职级干部10%～20%；健全公共财政支持和村级集体经济收益自我补充的村级组织运转经费保障机制，村主干基本报酬按不低于当地（以县为单位）

农村居民人均可支配收入2倍标准，其他村干部的基本报酬按照村主干基本报酬60%左右的标准。

责任单位：省委组织部，省财政厅、民政厅、人社厅、农业农村厅

十 发挥农村基层党组织在乡村振兴中的战斗堡垒作用

积极推进村党组织书记通过法定程序担任村民委员会主任和集体经济组织、农民合作组织负责人，推行村"两委"班子成员交叉任职，到2022年村党组织书记兼任村委会主任的村比重达50%以上。加大从本村致富能手、外出务工经商人员、本乡本土大学毕业生、退役军人中培养选拔村党组织带头人力度。

实施村党组织带头人整体优化提升行动，通过本土人才回引、院校定向培养、县乡统筹招聘等渠道，每个村储备一定数量的村级后备力量。

全面向贫困村、软弱涣散村和集体经济薄弱村党组织派出第一书记，建立长效机制，助推乡村振兴。

责任单位：省委组织部，省教育厅、民政厅、财政厅、人社厅、农业农村厅

中共福建省委实施乡村振兴战略领导小组

2018年10月30日

B.13

附录4 福建省农业厅
关于大力实施乡村振兴战略加快
建设特色现代农业的意见

闽农综〔2018〕1号

各市、县（区）农业局，平潭综合实验区农村发展局，厅各处室、各直属单位：

2017年，全省农业系统以习近平新时代中国特色社会主义思想为指导，贯彻落实省委、省政府决策部署，扎实推进农业供给侧结构性改革，加快建设特色现代农业，深入实施精准扶贫精准脱贫方略，持续深化农村改革创新，全面完成各项目标任务。全省农林牧渔业增加值增长3.6%，农民人均可支配收入增长8.9%，粮食、园艺、畜牧等主要农产品实现增产增效，农业农村经济保持稳中向好态势，为全省经济社会发展全局提供了有力支撑。但也要清醒看到，同全国一样，我省发展不平衡、不充分问题在乡村最为突出。解决这些问题，根本要靠实施乡村振兴战略。全省农业部门要牢牢把握"产业兴旺"这个重点，准确认识农业农村经济由高速增长阶段转为高质量发展阶段的深刻变化，把大力发展农村生产力放在首位，更高质量推动特色现代农业发展，以产业兴旺促进乡村全面振兴。

2018年，农业农村工作要以习近平新时代中国特色社会主义思想为指引，全面贯彻落实党的十九大精神，坚持稳中求进总基调，践行新发展理念，按照高质量发展与实现赶超有机统一的要求，以实施乡村振兴战略为总抓手，围绕"产业兴旺、生态宜居、乡风文明、治理有效、生活富裕"的总要求，以推进农业供给侧结构性改革为主线，以优化农业产能和增加农民

收入为目标，坚持质量兴农、绿色兴农、效益优先，大力推进质量变革、效率变革、动力变革，加快特色现代农业建设，深化农业农村改革，坚决打好精准脱贫攻坚战，全面推进农业农村发展。力争全省农林牧渔业增加值增长3.5%，农民人均可支配收入增长8.5%。

一 坚持"藏粮于地、藏粮于技"战略，
着力巩固提升粮食产能

全力推动粮食安全省长责任制落实，确保粮食播种面积和总产量稳定。

1. 稳定粮食播种面积。制定全年粮食生产指导性计划，层层分解落实到乡到村，加大政策引导力度，扶持发展粮食生产规模经营，引导农民多种粮、种好粮。

2. 开展粮食绿色高产高效创建。加强优质稻新品种示范基地建设，推广优质稻600万亩以上，扩大专用甘薯、马铃薯品种覆盖面，着力提升粮食品质与效益。

3. 加强永久基本农田保护。会同国土部门完成800万亩水稻生产功能区划定。

4. 改善农田基础设施条件。加快高标准农田建设，复垦改造山垅田20万亩，继续实施"地力提升1112工程"，加快推进水稻生产全程机械化，为稳面积、增产能提供保障。

二 坚持全产业链推动，着力加快特色现代农业建设

坚持市场导向、效益优先原则，深化农业供给侧结构性改革，按照"优化一产、深化二产、强化三产业、融合一二三产"的思路，加快推动特色产业转型升级、提质增效。力争茶产业全产业链产值突破千亿元。

1. 建设特色农产品优势区。推动武夷岩茶等国家特色农产品优势区建设，划设50个省级特色农产品优势区。

2. 加强现代农业产业园建设。推进安溪国家现代茶业产业园建设，组织平和、古田争创国家现代农业产业园，推进 59 个省级、100 个市级、300 个县级现代农业产业园创建，提升国家现代农业示范区、福建农民创业园、台湾农民创业园建设水平。引导企业等主体到现代农业产业园投资兴业，实施现代农业重点项目 350 个，新增投资 100 亿元以上。

3. 开展产业兴村强县行动。支持发展"一村一品"，培育发展一批特色产业产值超百亿的"一县一业"。

4. 实施农产品加工提升工程。支持主产区农产品就地加工，建设 100 个蔬果初加工基地和产后商品化处理中心，推进蔬菜产地初加工、净菜上市、包装运输、标识销售、质量追溯，支持水果分级包装、低温处理、冷链物流，提高蔬果上市品级。推动茶叶、食用菌、畜禽等农产品精深加工，农产品加工转化率提高到 70%。加大龙头企业培育力度，引导与合作社、农户建立更为紧密的利益联结机制，带动发展产业化规模化经营。

5. 搞活农产品市场流通。总结推广福建百香果建立产销联盟的经验做法，新建 10 个行业性产销联盟，支持发展定制配送、直供直销等流通新模式，推进农超对接、农批对接，扶持发展农村电商。

6. 拓展农业多种功能。大力发展休闲农业等新产业新业态，支持创建一批农村一二三产业融合发展试点县，推动建设一批特色农业小镇，培育100 个休闲农业示范基地，推动特色产业、生态资源与旅游、文化、康养等深度融合。加强政策支持和引导服务，培育一批"双新双创"典型。

三　坚持质量兴农，着力推进品牌农业发展

围绕创建农产品质量安全示范省目标，深入实施农产品质量安全"1213"行动计划，组织开展"农业质量年"行动，扎实推进质量兴农、品牌强农，进一步打响"清新福建·绿色农业"品牌。

1. 推进农业标准化生产。推动农业标准制定修订、宣传推广、使用指导和转化落地，支持农产品生产主体开展产品和质量管理体系认证，建设农

业标准化生产基地 3000 个以上，力争到 2020 年规模生产基地全部实现按标生产。

2. 加大监管整治力度。推进农资、农产品质量安全追溯监管信息平台建设，推动农药、兽药、肥料、饲料等投入品购销用全程监管，推动进入批发市场、连锁超市、主要农贸市场的农产品实现"一品一码"、标识销售、全程追溯。推进农产品产地准出与市场准入无缝对接。加强农产品质量问题专项整治，扩大县乡快检范围，加大省市"两检合一""检打联动"力度，确保主要农产品质量安全总体监测合格率高于全国平均水平。

3. 培育更多区域公用品牌和名牌农产品。新增"三品一标"农产品200 个以上，创建农产品区域公用品牌 10 个，认定福建名牌农产品 20 个以上，打造出口农产品自主品牌，培育综合实力强的品牌农业企业，支持争创全国知名区域公用品牌和名牌农产品。

4. 加强农产品品牌宣传推介。充分利用新媒体开展农产品宣传推介，继续加大特色产业电视宣传力度。组织农业企业参加厦门"9·8"投洽会、中国国际农交会、全国绿博会等知名展会，持续开展"闽茶海丝行"等活动，不断提升福建名牌农产品的知名度、影响力。

四 坚持绿色发展，着力加强生态农业建设

把绿色发展导向贯穿农业发展全过程，加快形成与资源环境承载力相匹配、与生产生活生态相协调的生态农业发展格局。

1. 加强农产品产地环境保护。实施农产品产地土壤长期定位、国控例行监测，建设长期定位监测点 5000 个。开展第二次全国农业污染源普查。开展农膜、农药包装废弃物回收处置试点。

2. 继续开展化肥农药使用量零增长减量化行动。推进减肥增效示范县建设和有机肥替代化肥行动，推动病虫害绿色防控和统防统治，化肥农药使用量分别比上年减少 3% 以上。

3. 开展"倡导茶园不用化学农药，加快促进茶产业绿色发展"行动。

实施生态、农艺、物理、生物等综合治理措施，修复茶园生态系统和生物群落系统，每年建设一批不用化学农药示范茶园，到 2022 年基本实现全省茶园不用化学农药，打造茶产业绿色发展模式。

4. 完善畜禽养殖污染防治长效机制。巩固生猪养殖污染防治成果，严格控制生猪养殖总量，对保留的生猪养殖场全面建立台账制度，实行建档立卡、一场一档管理，健全乡镇常态化监管机制，坚决遏制生猪违规养殖反弹回潮和污染环境行为。加快建设规模养殖场信息平台，逐步将监管范围扩大到所有畜禽规模养殖场。

5. 实施畜禽粪污资源化利用行动。以沼气、生物天然气、农用有机肥和农村能源为主要利用方向，因地制宜、分类施策，大力推广经济实用的畜禽粪污资源化利用技术模式，到 2020 年全省畜禽粪污综合利用率达到 90% 以上，基本实现资源化利用。

6. 推进绿色发展试验示范。抓好生态农业"2111"试验示范工程，推动漳州、南平国家农业可持续发展试验区建设，支持 10 个县创建省级以上农业可持续发展试验区，同时作为生态农业绿色发展试点先行区；支持创建 10 个省级以上农业废弃物资源化利用示范县、10 个国家级畜牧业绿色发展示范县，探索生态农业发展的新模式新机制。组织开展美丽畜牧场创建活动，培育和树立典型，示范引领生态畜牧业发展。

五　坚持科技强农，着力推进农业科技创新推广

加快转变农业发展方式，推动农业发展从主要依靠物质要素投入转到依靠科技创新和提高劳动者素质上来。

1. 深入实施种业创新工程。组织开展联合育种攻关，选育推广优质、专用、特色新品种，支持建设优质特色良种扩繁基地，推动主要农产品新一轮品种更新换代。深化闽台种业交流合作，示范推广台湾农业优良新品种 100 个、新技术 50 项。

2. 强化农业技术集成推广。加强农业重点领域科技联合攻关，大力推

广农业"五新",集成组装推广一批高产高效、资源节约、生态环保的新技术新模式。加强现代农业产业技术体系建设,围绕水稻、茶叶、水果、食用菌、蔬菜、畜禽等重点产业,组织开展新技术熟化、集成配套和示范推广。

3. 发展数字农业。推动现代信息技术在农业领域应用,建设福建"131农业云"信息服务平台,加强农业大数据开发使用。建设 10 个现代农业智慧园、220 个农业物联网应用示范基地,开展农业互联网小镇建设试点。加快信息进村入户,拓展完善"12316"平台功能,新建益农信息社 3000 个,发展"互联网 + 农业社会化服务"模式。

4. 提升农业物资装备水平。大力发展设施农业,继续实施重点设施农业项目补贴政策,新增设施农业面积 7 万亩以上。完善农机购置补贴政策,将更多适合我省特色产业发展的先进农机具纳入补贴范围,加快推进主要农作物生产全程机械化。

六 坚持对外开放,着力加强农业对外合作交流

统筹用好国内、国际两个市场、两种资源,不断提升农业对外合作水平。

1. 支持农业"走出去"。加强与"一带一路"沿线国家和地区的农业交流合作,实施特色优势农产品出口提升行动,新建一批国际标准农产品示范基地。

2. 深化闽台农业合作交流。加强闽台农业产业对接合作,提升台湾农民创业园建设水平,拓展闽台特色乡镇对接交流,持续开展"台湾农民福建行"和基层、青年"首来族"来闽考察参访活动。举办第十届海峡论坛农业专场对接活动。

七 坚持预防为主综合治理,着力提升
农业安全生产水平

牢固树立安全第一意识,落实综合举措,有效防范和遏制重特大事故

发生。

1. 加强重大动植物疫病防控。要抓好重大动植物疫病防控，全面落实动物疫病强制免疫计划，扩大规模养殖场"先打后补"试点，推进动物疫病净化。加强应急管理，强化重大动植物疫病监测预警，抓好动植物防疫检疫，健全应急处置机制，严防发生重大动植物疫情。

2. 统筹抓好农机、农药、饲料兽药、沼气、屠宰等安全生产。组织开展安全生产专项检查，严格落实相关管理制度，严防发生重大安全生产事故。

八　坚持精准扶贫精准脱贫，着力打好脱贫攻坚战

按照中央提出的"四个转变"要求，巩固脱贫成果，提高脱贫质量，引导有序退出，到2020年现行标准下的贫困人口、省级扶贫开发工作重点县和建档立卡贫困村全部脱贫摘帽。

1. 完善动态管理。对返贫、脱贫不稳和遗漏的贫困人口进行再识别，做到应纳尽纳、应扶尽扶。对已脱贫的贫困户，在脱贫攻坚期内给予持续扶持，确保稳定脱贫。编制23个扶贫开发工作重点县、2201个建档立卡贫困村和贫困人口的脱贫滚动规划和年度计划，着力构建稳定脱贫、有序退出机制。

2. 强化责任落实。进一步完善"省负总责、市县抓落实、工作到村、帮扶到户"的工作机制，逐层逐级传导压力、压实责任。指导制定坚决打好精准脱贫攻坚战三年行动实施意见和持续减贫实施意见。进一步落实《扶贫手册》《挂钩帮扶工作手册》管理制度，确保挂钩帮扶责任落实到位。

3. 实施精准帮扶。精准落实产业、就业、搬迁、金融、健康、教育、低保兜底等扶贫举措，做到一户一策、靶向发力。强化产业扶贫，做到奖补政策全覆盖。扩大扶贫小额信贷覆盖面，做到应贷尽贷。继续推进"造福工程"易地扶贫搬迁，完成搬迁1.5万人。组织实施"雨露计划"，完成培训4万人次。完善资产收益扶贫、精准扶贫医疗叠加保险等制度。

4. 推动挂钩帮扶。完善落实挂钩帮扶机制，做好省领导挂钩联系重点县调整工作。深化山海协作，提升山海协作共建产业园区建设水平。实施贫

困村提升工程，推进第五轮整村推进扶贫开发，扶持贫困村集体经济发展，培育贫困村致富带头人。扎实推进东西部扶贫协作。

5. 开展脱贫攻坚作风建设年活动。开展扶贫领域作风问题专项治理，以作风攻坚促脱贫攻坚。完善扶贫监督考核办法，推动脱贫攻坚主体责任、工作任务、项目资金、政策措施落实到位。加强扶贫资金管理，确保资金安全高效使用。

九 坚持改革创新，着力培育农业农村发展新动能

开展农村改革40周年纪念活动，落实、深化重点改革，破解农业农村发展瓶颈制约，释放改革红利，增强发展活力。

1. 落实农村承包地"三权分置"改革。完善农村承包地"三权分置"制度，加快建立规范高效的"三权"运行机制。全面完成农村土地确权登记颁证，完成县（市、区）数据库成果汇交，确保证书全部发放到户。完善提升县乡农村土地经营权流转服务平台功能，加快建立集信息发布、产权交易、权益评估、抵押融资等于一体的县级农村产权交易市场。

2. 全面开展农村集体产权制度改革。全省基本完成农村集体资产清产核资。30个省级改革试点完成农村集体经济组织成员身份确认，开展经营性资产股份合作制改革。

3. 推进农垦改革发展。基本完成国有农场分离办社会职能改革和农垦国有土地使用权确权登记发证工作。推进福州、福安、龙海等地区域集团化、农场企业化改革。

4. 加快培育农业新型经营主体。加快发展农民合作社、家庭农场和各类农业社会化服务组织。继续实施新型职业农民素质提升工程和农村实用技术远程培训，不断壮大新型职业农民队伍。

5. 健全支持小农户发展的新机制。加强带动，强化服务，通过加大对小农户的政策倾斜、改善生产设施条件、开展多样化的联合与合作、发展面向小农户的普惠金融，把小农户引入现代农业发展轨道。

6. 抓好改革试点。继续推进沙县农村金融服务、屏南扶贫机制创新，抓好晋江、漳平、沙县、荔城、同安集体产权制度改革等国家级试点，总结提升试点经验，积极打造农村改革福建模式。

十　坚持加强自身建设，着力提升"三农"工作能力水平

适应农业农村新情况、新变化，加快造就一支懂农业、爱农村、爱农民的"三农"工作队伍，为推进农业农村现代化提供坚强保障。

1. 深化"放管服"改革。持续推进行政审批"三集中""双随机一公开"，简化优化权力运行流程，推行网上审批、智能审批，推进"一趟不用跑""最多跑一趟"，提升优质服务水平。

2. 创新工作机制。加快建立健全工作项目化管理机制和抓落实推进机制，常态化开展重要政策、重点工作、重大项目落实情况督导检查和调度通报，全面开展农业系统绩效管理年活动，强化绩效延伸管理考核，不断增强工作效能。

3. 改进工作作风。强化责任担当，弘扬求真务实精神，大兴调查研究之风，建立完善正向激励机制，进一步提振干部干事创业精气神。常态化制度化开展"两学一做"学习教育，深入开展"不忘初心、牢记使命"主题教育，严格落实中央八项规定实施细则精神、省委《实施办法》和厅党组《若干具体措施》，驰而不息整治"四风"，加强农业项目资金监管，将全面从严治党责任落到实处。

全省各级农业部门要紧密团结在以习近平同志为核心的党中央周围，认真贯彻落实中央和省委、省政府决策部署，积极进取，奋发有为，努力开创全省"三农"工作新局面，为加快推进乡村振兴、为"再上新台阶，建设新福建"做出新的更大贡献。

福建省农业厅

2018 年 2 月 24 日

B.14

后　记

　　2014～2016年，应原福建省农村发展研究中心之邀，福建农林大学公共管理学院、经济学院十余位教师参与农村固定观察点指导工作，并由福建农村发展智库推动相关工作。基于观察点30多年的数据积累和每半年的数据更新，智库专家开展了多个专项课题研究，先后完成数十份研究报告，为全省"三农"工作出谋划策。作为此项工作的参与者，我们当时就计划着待时机成熟，即开展福建省农业、农村、农民发展的年度监测与分析，形成系列报告。这应该就是本书的前身构想。

　　2017年10月，党的十九大做出实施乡村振兴战略的重大决策部署。响应党中央、国务院和福建省委、省政府号召，福建农林大学随即启动服务乡村振兴战略行动，兰思仁校长等学校领导及时部署相关工作，提出在此前编撰《中国林业竞争力蓝皮书：中国省域林业竞争力发展报告》基础上，研创《福建蓝皮书：福建乡村振兴报告（2018～2020）》，为福建省乡村振兴贡献力量。历经一年多，本书终于出版面世。在此过程中，我们得到了许多领导、专家、老师、村干部、农户与学生的大力支持和帮助。在此我们务须一一感谢。

　　在本书构思阶段，我们得到了福建省农业农村厅相关处室的指导。他们为本书框架及撰写思路提供了宝贵意见。福建省农业农村厅发展规划处刘小婵同志也积极为我们提供协调帮助。在福建省农村工作研究中心宋秀高主任、黄跃东研究员、黄曦副主任、许伊华副调研员，高级农艺师陈德好、林宜辉、吴菁等的大力支持下，我们得以在全省11个国家级和32个农村固定观察点开展问卷调查，同时也得到了数十位辅导员、数百户记账户的积极帮助。此外，黄跃东研究员还对本书总报告和专题报告初稿提出了具体修改意见。福建省农业科学院农业经济与科技信息研究所所长曾玉荣研究员、漳州市畜牧技术服务站站长陈永贵也在本书撰写过程中提出很好建议。

福建农林大学社会科学处处长戴永务教授在本书策划和立项阶段给予很大支持。同时，在福建农林大学公共管理学院副教授施生旭博士、国家调查队宁德市支队统计师刘峰和宁德市统计局统计师沈丽琴的支持下，我们及时获得了2018～2019年全省部分指标的统计数据。研究生张莉莉指导胡鹭霞、李聿财、林晓莹、林雪雯、郑晓敏等同学负责录入、整理近600份调查问卷；本科生韩婉莹带领陈巧静、林诗婧、吴剑宏、杨友禄等协助搜集、整理2001年以来的《福建统计年鉴》的部分数据。同学们为本书提供了最基础也是重要的数据支持。

本书选题、准入、修改、出版、推广得到了社会科学文献出版社皮书研究院的大力支持和全面指导，特别是孙燕生编辑付出了大量的心血。

还有许多为本书做出贡献的人未能一一提及，在此一并深表谢意！

谨以此书献给福建省的广大农民兄弟和"一懂两爱"的"三农"工作队伍，并欢迎大家对本书提出批评指正，携手推进乡村振兴。

本书出版得到了福建农林大学、福建省以马克思主义为指导的哲学社会科学学科基础理论研究基地"新时代乡村治理研究中心"的资助，是国家社科基金年度项目（一般项目）"分类视角下空心村协同治理研究"成果之一，项目批准号：20BGL240。

编撰者

2020年6月于福建农林大学东苑

Abstract

Implementing the rural revitalization strategy is an important decision and deployment made by the 19th National Congress of the Communist Party of China. It is the key point of the policy of "agriculture, countryside and farmers" in the new era of Chine. Since 2018, Fujian Province has placed the implementation of the rural revitalization strategy on a position of priority, making the strategy an common task over the entire province. This book builds a content framework according to five goals of implementing the rural revitalization strategy, which include the prosperity of industry, the livability of ecological condition, the effectiveness of governing, the civilization of rural customs, and the affluence of life. The work include conducting field surveys in typical villages in Fujian Province, conducting in-depth interviews on the agricultural departments, towns, villages, enterprises, cooperatives, and farmers, and investigating the truth. Using descriptive statistics and quantitative analysis methods, the works also monitoring, analyzing and predicting the related hot issues occurredon rural economic, social, political, cultural and ecological development status in Fujian Province from 2018 to 2020. The works was conducted mainly based on the annual statistics reports and questionnaire survey data, and partly on the work report of relevant departments and contents reported by media. The book is consisted of four parts, including general report, special topics, case studies, and appendix.

The study found that Fujian Province has made an remarkable progress on rural revitalization during the year between 2018 and 2019. In particular, the output of advantageous and characteristic industries kept their momentum of continuous growth, the improvement of rural human settlements has continued to advance, and the rural public cultural service system has been established. In a scale of entire province, both impoverished residents and poverty-stricken counties havewentout of poverty. Progresses on the revolution of other aspects in rural area had been made. Specifically, the transform of cultivated land in Fujian Province is progressing in an ordered manner; the return of rural labor to start a carer has promoted local employment, social development, improvement of production and living conditions, and poverty alleviation and development; the level of pollution control of rural domestic waste has also gradually improved; the actions taken to change customs have affected the consumption of rural weddings and funerals to a certain extent in recent years; the reformation of the rural collective property rights system in the province is being carried out in an ordered manner; the income of farmers grew continuously and showed an rapidly increasing trend, which further narrowed the income gap between urban and rural areas; Developments in the financial poverty alleviation, social guarantee in healthy poverty alleviation, etc. have effectively promoted the poverty alleviation work across the province. There are still some significant problems in work of rural revitalization in Fujian Province. For example, improvement on the quality and efficiency of agricultural development are desperately needed, the drawbacks in rural construction and rural governance still need to be overcame and improved, respectively. In 2020, the overall development of agriculture and rural region in Fujian Province in becoming better; the rural revitalization is meeting promise opportunities; the superimposed policies expanded new spaces for agricultural and rural development. However, due to the complicating external environment, the detrimental factors (e. g. epidemic) to the implementation of the rural revitalization strategy should not be neglected. The extent of the impact of epidemic is difficult to accurately estimated. Therefore, policy response should be taken to accelerate the promotion of rural revitalization in Fujian Province.

In addition, in the process of rural revitalization, many places did the work creatively, which provided a good examples to other places as reference to conduct their rural revitalization. For instance, the government of Luoxi Town, Luojiang District, Quanzhou City used a concentric party building mechanism (named with "1 + 1 + S") to activate the end of rural governanc; the government of Shizhen village in Zhenghe county, Nanping city conducted the construction of beautiful villages using a way of multibody, and Gaizhu Village in Sha County, Sanming City promoted the "solidification" of hollow villages. Finally, in order to indicate

the situation of rural revitalization in Fujian Province more comprehensively, the book also presents the key events on rural revitalization happened in Fujian Province during the year between 2018 and 2019 in the form of an appendix. Several important policy documents were also provided for kind reference.

Keywords: Rural Revitalization; Targeted Poverty Alleviation; Fujian Province

Contents

Ⅰ General Report

Abstract: The work of "rural revitalization" in Fujian Province has made an remarkable progressduring the year between 2018 and 2019. The development of rural economy kept a trend of continuous advance. The regional GDP reached 3. 5804 and 4239. 5 billion yuan in 2018 and 2019, respectively. The respective increase compared to the previous yearof the two year are 8. 3% and 7. 6%, respectively. The output value of advantageous and characteristic industries grewcontinuously. The action of improving rural human settlement environment has been carried out, and the projects used to protect and maintain the rural landscape, forest, field, lake and grass ecological have been implemented. Ideological and moral constructions in rural area have been strengthened, excellent traditional culture has been spread and inherited, and a more complete rural public cultural service system has been built. The work focused on effective governance, consolidated the foundation of the rural grassroots level. The construction of the rule of law and virtue have been strengthen in the countryside. Farmers' sense of happiness has been enhanced. In 2018 and 2019, thedisposable income per capita of rural residents in Fujian province were 17821 and 19568 yuan, respectively,

Compared totheir previous year, the increase extendswere 9.1% and 9.8% in 2018 and 2019, respectively. The work of targeted poverty alleviation has made decisive progress and improvement. In 2019, both impoverished residents andprovincial poverty-stricken counties have wentout of poverty. Progresses on the revolution of other aspects in rural area had been made. Meanwhile, there are some key problems in rural revitalization in Fujian Province, which are as follows: improvement on the quality and efficiency of agricultural development are desperately needed, the drawbacks in rural construction and rural governance still need to be overcame and improved, respectively, and the level of rural governance urgently needs to be improved. The basic estimate on the situation of rural revitalization in Fujian Province in 2020 is: the overall development of agriculture and rural region in Fujian Province in becoming better; the rural revitalization is meeting promise opportunities; the superimposed policies expanded new spaces for agricultural and rural development. However, due to the complicating external environment, the detrimental factors (e. g. epidemic) to the implementation of the rural revitalization strategy should not be neglected. The extent of the impact of epidemic is difficult to accurately estimated.

2020 is the final year of building a well-off society in an all-round way, winning the battle against poverty, and completing the 13th Five-Year Plan. It is recommended to takepolicy response to accelerate the promotion of rural revitalization in Fujian Province; to implement upgrading actions on green-led and integrated development of rural industry, and toimplement the construction of a new era of beautiful villages with full coverage and ecological livability; to implement a rural development action with civilized and comprehensive quality of humanities; to implement a diversified combination and effective governance to promote governance of the countryside; to implement joint construction, common prosperity, and shared by all the rural people's livelihood optimization action implements the system and mechanism innovation action of urban-rural integration and vitality development.

Keywords: Rural Revitalization; Targeted Poverty Alleviation; Improve Quality and Efficiency; Fujian Province

II   Special Topics

Abstract: In this chapter, the data of a special survey questionnaire from 34 rural fixed observation points in Fujian Province was used to analyze the basic characteristics and main problems of current transfer of cultivated land. By the end of 2018, 36.2% of the surveyed farmers had transferred part or all of their family farmland, and the transfer area accounted for 28.6% of the contracted farmland of all survey subject. The study found that the regional differences in the level of cultivated land transfer and rent levels in Fujian Province are more obviousin recent years, and the proportion of farmers who transfer their land for a longterm has increased. However, it is difficult to transfer contiguous arable land, farmers' willing to use the arable land transfer service platformare low, a certain "non-grain" tendency was observed. Therefore, it is necessary to advertise the policy of cultivated land transfer, to improve the market system for cultivated land transfer, to innovate the financial and financial support model for new agricultural business entities, establish, and to improve the risk prevention mechanism of cultivated land transfer. So that the orderly transfer of cultivated land in Fujian could be improved.

Keywords: Arable Land Transfer; New Agricultural Business Entities; Market System; Fujian Province

Abstract: Rural revitalization needs certain industrial support. The return of rural labor to start a business meets the needs of rural industrial development. A

questionnaire survey of 506 return home entrepreneurial labor from 43 rural fixed observation points in Fujian Province showed that the related industries of rural labor returning home to start a business have obvious selectivity. Individual industrial and commercial households are the main types of farmers returning to start their own business, and e-commerce in agricultural product is a new form of economic increase. The growth point of entrepreneurship, ecological agriculture is the new domain of entrepreneurship in the rural area, and modern agriculture with characteristics is an important focus of entrepreneurship in rural area. The study found that the return of rural laborers in Fujian Province to their hometowns to start businesses has promoted local employment, social development, improvement of production and living conditions, and poverty alleviation and development. However, returning home to start a business also encounter some difficulties, including insufficient policy support, poor information, lack of funds, insufficient technological innovation, and lack of sites. Therefore, the construction of systems and mechanisms should be strengthen to ensure the continuity and fairness of entrepreneurial policies. In order to attract more entrepreneurs, entrepreneurial platforms should be built. New growth points for rural innovation and entrepreneurship shoule be actively cultivated, and sustainable entrepreneurial talents should be gathered.

Keywords: Rural Labor Force; Returning Home to Start a Business; Agricultural Product E-commerce; Fujian Province

B. 4   Investigation on the Consumption of Weddings and Funerals in Rural Areas of Fujian Province

Lin Jianhong, Ruan Xiaojing / 094

Abstract: The consumption of weddings and funerals has its historical origin and rationality, but it has a long-lasting impact on the economic pressure of rural families, and it has become more and more intense today. "Relationships gift" has become "relationship debts". Based on a follow-up survey of 43 fixed observation points in the rural areas of Fujian Province, this study found that the current rural weddings and funerals, such as irrational consumption, extravagance and waste, flaunting wealth and comparison, and blindly following the trend, not only burden farmers with heavy "ritual and custom debts", but also give birth to bad "environmental oppression". It requires the active and strong intervention from government administrative forces and social collective forces. The advocacy and intervention of rural wedding and funeral custom consumption civilization should clarify the boundary and path of government administrative intervention, adhere to and strengthen the "hub" role of villagers' autonomy, and attach importance to deep-level cultural and value reconstruction.

Keywords: Weddings and Funerals; Custom Consumption; Civilized Advocacy; Fujian Province

B. 5 Analysis on the Reform and Development of Rural
Collective Property Rights in Fujian Province   *Yu Liyan* / 112

Abstract: This article summarizes the overall current condition of rural collective property rights reformation in Fujian Province in 2018, and summarizes the practical exploration of collective property rights reformation. The results showed that: First, Fujian Province has actively created a good external environment for the reformation of rural collective property rights. In 2018, the reform of the rural collective property rights system is gradually being carried out in an orderly manner; Second, the reform of rural collective property rights in Fujian Province is currently mainly inthe initial stage of the process of clearing and verifying assets and membership identification. The reform of operating assets is the main content; third, most farmers are concerned about the content of the current property rights reform, and have confidence in the operation of the collective economy after the reform; fourth, the identification of membership is based on mainlythe "household registration +" compound standard; Fifth, the equity

setting is mainly based on member stocks, and a few areas have collective shares, and the equity management is mainly based on static solidification management. For this reason, this article recommends: local governments continue to pay more attention to collective property rights reform; second, increase publicity to improve farmers' awareness; third, actively learn from the experience and practices of member identification and equity setting in reform pilot areas; fourth, encourage exploration of shares. The effective operation mode of economic cooperatives realizes the "three changes" and promotes rural revitalization.

Keywords: Collective Property Rights Reform; Membership Qualification; Fujian Province

B. 6 Investigation and Analysis of Precise Poverty Alleviation in Rural Areas of Fujian Province *Guo Yuhui* / 132

Abstract: In the face of more complex and thorny issues in the fight against poverty, precise poverty alleviation is the main strategy of work on agriculture, rural areas and farmers in 2018 −2019. This chapter discussed and analyzed the scope of the targeted poverty alleviation work in Fujian Province in 2018 and 2019, and examined the effect of poverty alleviation from the aspects of finance, technology, health, and social security. The study found that Fujian Province has achieved certain goals in poverty alleviation through the development of production, relocation, ecological compensation, development of education, and social security. However, there is also the scope of poverty alleviation that should be redefined and poverty alleviation work. The overall plan needs to be further implemented, and the performance evaluation of poverty alleviation work still needs to be strengthened. In order to improve the accuracy of poverty alleviation, this article proposed policy recommendations as followed: It is necessary to actively build a dynamic identification system for the poor to accurately manage poverty alleviation targets, help poverty first, improve the overall quality of the population in poverty-stricken areas, change the policy promotion model, and promote the targeted poverty alleviation work in rural areas of Fujian Province. High-speed and efficient development.

Keywords: Targeted Poverty Alleviation; Healthy Poverty Alleviation; Technological Poverty Alleviation; Financial Poverty Alleviation; Social Security Alleviation of Poverty; Fujian Province

Ⅲ　Case Studies

B. 7　"1 +1 +S" Party building concentric mechanism activates the end of rural governance

　　—*Based on an investigation in Luoxi Town, Luojiang*

　　District, Quanzhou City　　　　　　　*Lin Kunpeng* / 152

Abstract: Since 2016, the Party Committee of Luoxi Town, Luojiang District, Quanzhou City has focused on economic and social development and rural governance issues, and has been problem-oriented, giving full play to the vanguard and exemplary role of rural grassroots party organizations and party members. Through the party-masses round table mechanism, relying on the people, closing the relationship between the party and the masses, extensively gather multiple forces, explore the construction of a three-dimensional and diversified "1 + 1 + S" party building concentric circle terminal governance mechanism, promote the integration of the party and the masses, create a new pattern of joint construction, co-governance and sharing, and effective activation Village governance nerve endings. In 2019, the "1 + 1 + S" party building concentric circle end governance mechanism in Luoxi Town was selected as the first category of the first 20 typical rural governance cases in the country, "strengthening grassroots party building and improving the governance system."

Keywords: "1 +1 +S"; party building; concentric mechanism; the end of rural governance; Luoxi Town

B. 8　　Diversified Subjects Participate in the Construction
　　　　of Beautiful Villages

　　　　—"*Beautiful Road*" *in Shizhen Village*, *Zhenghe County*,

　　　　Fujian Province

　　　　Li Wenna, *Wu Juanjin*, *Chen Zhihan*, *Yan Xiang and Chen Longwei* / 162

Abstract: This case examined the gorgeous transformation of Shizhen Village from a "garbage village" to a "beautiful village" in Zhenghe County. It demonstrated the specific practices and difficulties faced by Shizhen Village from being beautiful to becoming rich, and revealed how the beautiful rural policy is. The in-depth logic of the effective implementation of the grassroots level, and explored how to further develop the beautiful countryside under the rural revitalization strategy and the background of beautiful China, so that the beautiful rural cause will bear more important responsibilities for rural revitalization. During the construction and development of the village, it experienced conflicts of interest and distribution of rights between different subjects. Later, under the active promotion of the leader, a series of measures were creatively adopted, such as building a historical and cultural museum, developing rural industries, etc. , and finally achieved effects in stage have achieved substantial social, economic and environmental benefits, and have also provided reference and reference for the construction of beautiful villages in other places and even the revitalization of villages.

Keywords: Conflict of Interest; Beautiful Countryside; Rural Revitalization; Shizhen Village

Contents ⟨⟩

Abstract: "Hollow Village" is the result of the degenerative evolution of the rural area system during the transitional period of rural social and economic development. In the context of continuous urbanization, "hollow villages" have become a major obstacle and shortcoming of rural governance. The report of the 19th National Congress of the Communist Party of China clearly put forward the rural revitalization strategy, which provided a good policy basis for poverty alleviation in rural areas. This case tolda story of rural revitalization in a remote small village in Fujian Province—Gaizhu Village, Sha County, which was transformed from a forgotten "hollow village" into a "tourist village" outside the township. Through a first-hand survey of relevant interest groups such as the party committee, village committee, villagers, and enterprises in Gaizhu Village, the village's role in the conflicts and disputes and multi-party subjects in the process of rural governance transformation was explored, such as coordinating with the government, villagers, and other organizations. It integrated resources, resolved contradictions, showed the feasibility of synergy in the process of rural governance, and provided reference for other rural governance.

Keywords: Hollowing; Collaborative Governance; Gaizhu Village

社会科学文献出版社

皮 书

智库报告的主要形式
同一主题智库报告的聚合

❖ 皮书定义 ❖

皮书是对中国与世界发展状况和热点问题进行年度监测，以专业的角度、专家的视野和实证研究方法，针对某一领域或区域现状与发展态势展开分析和预测，具备前沿性、原创性、实证性、连续性、时效性等特点的公开出版物，由一系列权威研究报告组成。

❖ 皮书作者 ❖

皮书系列报告作者以国内外一流研究机构、知名高校等重点智库的研究人员为主，多为相关领域一流专家学者，他们的观点代表了当下学界对中国与世界的现实和未来最高水平的解读与分析。截至2021年，皮书研创机构有近千家，报告作者累计超过7万人。

❖ 皮书荣誉 ❖

皮书系列已成为社会科学文献出版社的著名图书品牌和中国社会科学院的知名学术品牌。2016年皮书系列正式列入"十三五"国家重点出版规划项目；2013~2021年，重点皮书列入中国社会科学院承担的国家哲学社会科学创新工程项目。

权威报告·一手数据·特色资源

皮书数据库
ANNUAL REPORT(YEARBOOK)
DATABASE

分析解读当下中国发展变迁的高端智库平台

所获荣誉

- 2019年，入围国家新闻出版署数字出版精品遴选推荐计划项目
- 2016年，入选"'十三五'国家重点电子出版物出版规划骨干工程"
- 2015年，荣获"搜索中国正能量 点赞2015""创新中国科技创新奖"
- 2013年，荣获"中国出版政府奖·网络出版物奖"提名奖
- 连续多年荣获中国数字出版博览会"数字出版·优秀品牌"奖

成为会员

通过网址www.pishu.com.cn访问皮书数据库网站或下载皮书数据库APP，进行手机号码验证或邮箱验证即可成为皮书数据库会员。

会员福利

- 已注册用户购书后可免费获赠100元皮书数据库充值卡。刮开充值卡涂层获取充值密码，登录并进入"会员中心"—"在线充值"—"充值卡充值"，充值成功即可购买和查看数据库内容。
- 会员福利最终解释权归社会科学文献出版社所有。

数据库服务热线：400-008-6695
数据库服务QQ：2475522410
数据库服务邮箱：database@ssap.cn
图书销售热线：010-59367070/7028
图书服务QQ：1265056568
图书服务邮箱：duzhe@ssap.cn

社会科学文献出版社 皮书系列
SOCIAL SCIENCES ACADEMIC PRESS (CHINA)
卡号：**744226139518**
密码：

S 基本子库
SUB DATABASE

中国社会发展数据库（下设 12 个子库）

整合国内外中国社会发展研究成果，汇聚独家统计数据、深度分析报告，涉及社会、人口、政治、教育、法律等 12 个领域，为了解中国社会发展动态、跟踪社会核心热点、分析社会发展趋势提供一站式资源搜索和数据服务。

中国经济发展数据库（下设 12 个子库）

围绕国内外中国经济发展主题研究报告、学术资讯、基础数据等资料构建，内容涵盖宏观经济、农业经济、工业经济、产业经济等 12 个重点经济领域，为实时掌控经济运行态势、把握经济发展规律、洞察经济形势、进行经济决策提供参考和依据。

中国行业发展数据库（下设 17 个子库）

以中国国民经济行业分类为依据，覆盖金融业、旅游、医疗卫生、交通运输、能源矿产等 100 多个行业，跟踪分析国民经济相关行业市场运行状况和政策导向，汇集行业发展前沿资讯，为投资、从业及各种经济决策提供理论基础和实践指导。

中国区域发展数据库（下设 6 个子库）

对中国特定区域内的经济、社会、文化等领域现状与发展情况进行深度分析和预测，研究层级至县及县以下行政区，涉及省份、区域经济体、城市、农村等不同维度，为地方经济社会宏观态势研究、发展经验研究、案例分析提供数据服务。

中国文化传媒数据库（下设 18 个子库）

汇聚文化传媒领域专家观点、热点资讯，梳理国内外中国文化发展相关学术研究成果、一手统计数据，涵盖文化产业、新闻传播、电影娱乐、文学艺术、群众文化等 18 个重点研究领域。为文化传媒研究提供相关数据、研究报告和综合分析服务。

世界经济与国际关系数据库（下设 6 个子库）

立足"皮书系列"世界经济、国际关系相关学术资源，整合世界经济、国际政治、世界文化与科技、全球性问题、国际组织与国际法、区域研究 6 大领域研究成果，为世界经济与国际关系研究提供全方位数据分析，为决策和形势研判提供参考。

法律声明